미래정부연구센터
Institute for Future Government

FUTURE GOVERNMENT

혁신사례로 보는 미래정부

연세대학교 미래정부연구센터

문우사
MoonWoo

이 저서는 2017년 대한민국 교육부와 한국연구재단의 지원을 받아
수행된 연구임(NRF-2017S1A3A2067636)

들어가며

미래未來는 아직 다가오지 않은 시간을 의미한다. 과거는 이미 지나간 시간으로 결코 다시 돌아올 수 없으며, 바뀔 수 없다. 현재는 과거와 미래 사이에 존재하는 찰나일 뿐 현재라고 자각하는 순간 과거가 되어버리기에 실제 존재한다고 보기 어렵다. 결국, 과거, 현재, 미래 중 인간이 변화시킬 수 있는 대상은 미래뿐이다. 그래서, 더 나은 세상을 만들겠다 다짐하는 사람들은 미래에 가장 큰 관심을 가져야 한다. 또한, 현상학의 관점에서 볼 때 미래는 아직 오직 않은 시간에서의 현실이라고 할 수 있다. 미래는 시간의 흐름에 불과한 것이 아니라 그 시기를 살아갈 사람들의 현실이며 생활방식이고, 문화와 가치이다. 미래를 계획한다고 해서 계획대로 모두 이루어지는 것은 아니지만, 미래를 끊임없이 고민하는 것은 그 자체로 굉장히 중요한 발걸음이다. 현재의 선택과 노력, 그리고 미래에 대한 신념에 따라 우리의 미래는 지금도 바뀌고 있기 때문이다.

연세대학교 미래정부연구센터는 초변화 사회에서 깊이 신뢰받는 정부에 관한 국내외 다양한 문제의 실무적·학술적 대안을 논의하는 연구 플랫폼이다. 이 책은 2019년 하반기와 2020년 상반기에 걸쳐 연구팀이 수행한 정부혁신 사례연구의 성과를 엮은 결과물이다. 정부혁신은 모든 정권마다 조직 개편이나 제도 개선 등의 다양한 모습으로 제시되어 왔다. 그리고 이러한 노력들은 현재 진행 중인 정부서비스를 개선하고 새로운 정책 방향을 제시하여 미래정부를 구축하는 데 영향을 끼친다. 따라서, 주요 정부혁신사례를 살펴보는 것은 미래정부의 모습을 탐색하는 중요한 연구과제라고 할 수 있다. 이 책에서는 공공서비스의 질적 수준과 성과를 높이기 위해 도입되는 다양한 과학기술과 새로운 제도, 그리고 코로나19로 인해 야기될 것으로 예상되는 근시일 내의 변화에 대한 대응을 중심으로 정부혁신을 논한다.

제1장은 이 책의 서론 격에 해당하는 글로, 정부혁신이란 무엇이며 우리나라에서는 그것이 어떠한 방향으로, 그리고 어디에서 이루어지고 있는지를 소개하였다. 여기에서는 미래정부연구센터가 제시한 미래정부가 추구하는 상像을 바탕으로 지능적 정부, 민첩한 정부, 글로벌 대응 정부의 세 가지 혁신 방향을 제시하였다. 또한, UN의 정부 기능 분류를 활용하여 정부혁신의 기능적 범위를 분석하였다. 행정안전부 '정부혁신 1번가'에 제시된 중앙 및 지방 정부, 공사·공단 등 246개 기관의 514개 우수 혁신사례를 분석한 결과, 혁신 방향은 민첩한 정부와 관련한 사례가 가장 많았고, 기능은 일반 공공행정 및 사회보호 분야에 해당하는 경우가 많았음을 밝혀냈다. 이를 통해 정부혁신의 현황을 알 수 있으며, 이는 향후 혁신 정책의 방향과 기능 설정에 기여할 수 있을 것으로 기대된다.

제2장에서 제4장까지는 과학기술을 바탕으로 한 정부혁신사례를 다룬다. 제2장은 ICT 플랫폼을 구축하여 운영 중인 스마트시티 제주의 사례를 다루었다. 스마트시티 통합플랫폼 기반구축은 2015년부터 국토교통부와 경찰청, 그리고 국민안전처가 연계협약을 통해 지방자치단체에 확대와 보급을 추진하고 있는 공모사업이다. 여기서 '스마트시티'란 "첨단 ICT 기술을 활용하여 시민들의 삶의 질을 향상시키고, 도시경제를 활성화할 수 있는 포용력과 경쟁력이 있고 지속 가능한 국민 체감형 종합 도시관리 서비스를 제공하는 체계"라고 정의할 수 있다(소재현 외, 2019: 84). 이 장에서는 스마트시티 우수 사례로 꼽히는 제주특별자치도가 시행하고 있는 대중교통 기반 사물인터넷 안전 통합

플랫폼과 스마트시티 통합플랫폼의 정보를 공유한 방범·방재 통합관리, 그리고 디지털 사회혁신digital social innovation 플랫폼으로서 '가치더함'과 무장애관광에 대한 세부 사례를 소개하였다.

제3장과 제4장은 4차 산업혁명 시대의 핵심 기술인 빅데이터가 공공부문에 어떻게 적용되고 있는지를 다루고 있다. 빅데이터는 기존의 관리방법이나 분석체계로는 처리하기 어려운 방대한 양의 정형, 반정형, 비정형 데이터 집합을 의미한다(정보통신용어사전). 빅데이터의 구축은 인공지능 구현의 기본 기술일 뿐 아니라 빅데이터를 수집, 저장, 관리, 분석, 시각화하는 기술을 통해 다양한 부가가치를 창출할 수 있는 분야이다. 제3장은 빅데이터를 범죄예방 시스템에 도입한 사례를 다루고 있다. 미국 캘리포니아주에서 시작된 예측치안 시스템 프레드폴Predpol, 애리조나주와 애리조나 대학교University of Arizona의 협업으로 탄생한 COP-LINK 프로그램, 서울 영등포구의 여성안심 빅데이터 셉테드CPTED에 대한 사례 분석을 바탕으로 빅데이터의 활용을 통해 치안 서비스의 효과와 효율을 개선할 수 있음을 보여주는 동시에 빅데이터 도입이 가져올 수 있는 개인정보 보호의 문제나 법제도 개선 필요성 등을 제시하였다. 제4장은 빅데이터를 재난안전관리체계에 도입한 사례를 다루고 있다. 빅데이터를 활용한 재난안전관리는 2010년대 초반부터 이루어졌으며, 다양한 국가들이 이미 이를 도입해 시행하고 있다. 여기에서는 미국 연방재난관리청Federal Emergency Management Agency에서 운영하고 있는 국가위기관리정보시스템National Emergency Management Information System과 국가사고관리체계National Incident Management System를 비롯한 다양한 노력들과 일본의 재해정보시스템인 L-ALERT, 피닉스 방재 시스템, 미도리MIDORI 시스템, 그리고 강원도의 광역 기반 도시안전서비스와 산불위험지도 제작사례 등을 다루었다.

제5장과 제6장은 새로운 제도의 도입을 통한 정부혁신을 소개한다. 제5장은 지역화폐 도입사례를 통해 사회적 경제로서의 지역화폐를 다루고 있다. 지

역화폐는 지역경제 활성화와 지역 내 상호 호혜적 경제환경 구축을 위하여 특정 지역 안에서만 활용이 가능하게 만들어진 화폐를 의미한다. 이미 1980년대부터 지역화폐에 대한 연구가 시작되었고, 유럽, 남미, 아시아 각국은 물론 영국, 미국, 캐나다, 호주를 비롯한 국가의 약 2,000여 지역에서 시행되었다. 한국에서도 IMF 경제위기 극복과 사회적 경제 및 공동체 구축을 위한 대안적 사회운동의 하나로 소개되고 도입되었다. 제5장에서는 독일의 지역화폐인 뤠기오겔드Regiogeld와 영국의 지역화폐인 브리스톨파운드Bristol Pound를 소개하였다. 또한 한국의 지역화폐를 지방정부 주도의 지역화폐와 시민사회 주도의 지역화폐로 나누어 분석하였다. 그리고 지역화폐가 나아가야 할 방향으로 블록체인 기술의 도입을 통한 운영방식 혁신을 제시하였다. 제6장에서는 자연과학에서 활용되는 실험 설계 방법을 정책효과 평가에 적용하여 정책의 효과를 측정하고 입증하는 방법인 정책실험 사례를 소개한다. 정책을 일단 집행하고 난 후 결과를 평가하는 방식에서 벗어나 정책을 본격적으로 시행하기 전 일부 정책대상을 중심으로 정책효과를 평가해보는 방식으로, 이미 미국, 영국, 덴마크, 핀란드 등의 국가에서 적극적으로 도입되고 있다. 이 장에서는 이탈리아에서 시행된 공공조직 성과급 차등지급 실험, 영국의 고용 유지 및 선진화 실험, 핀란드와 네덜란드의 기본소득 정책실험을 소개하며 정책실험의 도입이 가져올 수 있는 이점과, 이를 위한 과제를 제시하였다.

마지막 제7장은 코로나19 팬데믹으로 인해 나타난 사회 변화를 중심으로 초변화 사회에 대응하기 위해 시행된 다양한 대책을 다루고 있다. 지난 2020년 1월 20일 한국에서 첫 코로나19 감염 사례가 발견된 후 우리 사회는 이제까지 경험한 적 없던 심각한 사회 변화를 겪었다. 특히 코로나 확산 방지를 위한 사회적 거리 두기 캠페인으로 인해 비대면이 강조되면서 비대면 사회, 언택트 사회가 도래하였다. 여기에서는 비대면으로 인해서 가장 큰 영향을 받을 것으로 여겨지는 유통, 문화예술, 교육, 직무, 그리고 사회복지에서 어떤 변화가 일어나고 있는지를 폭넓게 분석하였다.

미래정부는 예측의 대상이기도 하지만 만들어가야 할 결과물이기도 하다. 지금의 혁신 노력은 앞으로 만들어질 미래정부의 발전 방향과 범위에 직간접적으로 영향을 끼칠 것이다. 따라서, 다양한 정부혁신사례를 검토하는 것은 미래정부를 엿보는 계기가 되는 동시에 미래정부를 좀 더 효율적이고 효과적으로 만들어가기 위한 전략 수립에 도움을 줄 수도 있다. 이 책은 학생들의 연구를 엮은 책인 만큼 부족함도 있지만, 지금 가장 새로운 정부혁신의 사례를 살펴보고 익히는 데는 큰 도움이 될 것이다.

2021년 4월

연세대학교 미래정부연구센터

차 례

제1장

정부혁신의 방향과 범위 분석

본 장은 『국가정책연구』 제34권 제4호에 게재된
「정부혁신의 방향과 범위 분석」을 수정 및 보완하여 작성하였음.

Ⅰ. 서론

그동안 정부는 급변하는 행정수요와 대외환경에 조응하는 방향으로 다양한 방법론적 수단과 준거틀을 활용하였으며 혁신을 추구하였다. 정부의 혁신은 정부 단일의 변화에 국한되지 않고, 경제·사회·문화 등 우리 사회 곳곳의 여러 변화를 함께 추동하였다. 특히 정부가 추구하는 사회변화의 양식은 개발시대, 민주화 시대를 거치면서 정부의 존립 의미를 부여하는 정당성의 원천 역할을 하며 우리 사회 선순환적 기류를 형성하는데 큰 중추가 되었다.

그러나 최근 급격히 늘어난 사회적 난제wicked problem와 함께 기존 정부운영방식에 급제동이 걸리며 전통적 정부운영방식에 대한 회의와 비판이 늘어가고 있다. 사회 문제의 발현속도를 기존 체계로 해결하지 못하는 정부실패가 연속적으로 나타나면서, 정부가 추구하는 혁신 방향의 설계도 같이 변모하고 있다.

정부혁신은 모든 정권마다 조직 개편 등 다양한 모습으로 제시되어 왔고, 최근에는 문재인 정부의 출범과 함께 확대되었다. 문재인 정부는 핵심 국가비전인 포용국가를 달성하기 위해 체감 가능한 성과창출을 향한 정부혁신 방안을 제시하였다(관계부처 합동, 2019). 특히 「정부혁신 종합 추진계획」, '정부혁신 1번가' 등 다양한 혁신추구 정책을 내놓으면서 혁신추구에 대한 정부의 강한 의지를 대내외적으로 표방하였고, 지금까지 공공부문의 여러 형태의 변화를 일으키며 계속 진행되고 있다. 그리고 정부혁신의 시도와 변화를 지속적으로 홍보하고 공공부문 내에서의 경쟁을 강화하고 성과로 제시하고 있다.

이러한 정부혁신은 혁신이 시도되는 과정뿐만 아니라 그 결과가 국민들에게 체감될 수 있어야 한다. 또한, 정부혁신은 단순한 변화를 의미하는 것이 아닌 만큼 혁신의 방향성이 제시되어야 한다. 혁신의 거시적 방향은 외부 맥락의 영향을 받으며, 정부의 내부적인 여건은 상대적으로 미시적인 부문에 영향을 미친다(윤태범, 2009). 본 연구는 정부를 둘러싸고 있는 외부 맥락의 변화를 반영하는 미래정부의 상像을 제시하고, 집권세력과 행정기관의 특성, 공무원의 경험 등으로 구성된 내부 맥락을 거쳐 이루어진 혁신이 어떤 방향을 향하고 있는지, 현 정부의 혁신은 어떤 양상을 나타내고 있는지 탐색하고자 한다.

이에 본 연구는 현재 중앙정부, 지방자치단체, 공사·공단 총 246개의 기관에서 추진하고 있는 514개의 혁신사례를 검토하여 정부혁신의 방향을 포착하고 미래정부가 추구하는 정부 상을 개략적으로 그려보고자 한다. 상이한 공공기관 간의 혁신사례를 분석하기에 앞서 공통의 분류 틀을 우선 제시하였고, 다음으로 사회 문제 해결에 대한 정부의 역할을 제시하기 위해 연세대학교 미래정부연구센터의 '미래정부의 상'을 활용하였다. 이를 통해 본 연구는 현재 정부가 추구하는 있는 정부 변화의 모습과 향후 국민들이 기대하는 정부의 모습을 제시할 수 있는 탐색적·시론적 연구의 일환으로서 정부혁신에 대한 정태적 분석을 통해 혁신의 현주소를 파악하였다. 끝으로 미래정부가 갖추어야 할 기능범위를 고민하게 함으로써 정부혁신의 길라잡이가 될 수 있는 정책적 제언을 내놓고자 하였다.

II. 이론적 논의

1. 정부혁신의 변천과 의의

조직환경의 변화에 대응하며 정부는 지속적인 변화와 혁신을 시도한다. 정부의 기능과 형태 역시 정체되어 있지 않으며, 시대 흐름 및 시민들의 요구에 발맞추어 왔다. 지난 반세기 동안 정부운영의 패러다임으로 자리 잡은 신공공관리New Public Management는 신자유주의의 물결에 조응하여 공공부문의 효율성을 강조하고 경쟁을 추구하도록 변모시켰다. 공공조직 역시 성과관리가 의사결정에서 중요한 요소가 되었고, 시장원리와 관리주의가 강조되며 민간부문의 제도들이 도입되었다(Van Thiel & Leeuw, 2002: 268; Brown & Potoski, 2003: 446; Dahlström & Lapuente, 2010: 578).

우리나라는 이러한 변화를 가장 선도적으로 도입하고 대응하였으며, 정부조직의 개편과 정부관료에 대한 개혁이 권위주의 정권의 퇴진과 함께 우선적인 과제로 제시되었다(허철행, 2002). 작지만 강한 정부로 일컬어지는 행정개혁은 신보수주의적 성향의 정권과 함께 본격적으로 추진되었다. 이러한 행정개혁은 크게 두 가지의 특징으로 정리된다(Gamble, 1994). 보다 자유롭고, 개방적이고, 경쟁적인 시장경제를 활성화하기 위하여, 정부 주도의 공공서비스를 감축하고 민영화 및 민간위탁을 확대하며 작은 정부를 추구하였다. 또한, 자유시장경제의 유지와 국가의 권위를 유지하기 위한 강한 정부를 실현하고자 하였다. 이를 위하여 정부의 정책조정능력을 강화하고, 정부 행정에 관리주의managerialism를 도입하였다(Kim, 1995). 하지만 2000년대 신공공관리의 관리 패러다임은 이론적, 현실적 한계에 직면한다. 이론적으로는 정부에 도입한 경쟁적 관리가 논리적 전개에 비하여 경험적 증거를 면밀히 찾아내는 데 어려움이 존재하였으며, 현실적으로는 지나친 분업과 분절, 경쟁의 도입으로 공공부문의 근본적 가치인 책임성과 반응성 등이 약화되는 결과를 초래하였다(Hood, 1994; O'Flynn, 2007).

이러한 신공공관리론에 대한 비판은 정부가 공공가치를 강조하면서도 공공서비스의 질적 역량을 증진시킬 수 있는 방안에 대해 고찰하는 계기를 만들었다. 이러한 변화를 정부혁신government innovation이라고 할 수 있다. 정부혁신은 그동안 작은 정부를 강조하면서도 결국 정권마다 정부 규모가 증대되는 결과를 초래하며 고질적인 비대화와 비효율성의 타파를 논의하였다. 나아가 정부의 조직, 제도, 기능, 절차 등에서 보다 창의적인 변화를 창출하고자 하였다(Barzelay, 2001).

여기에서 혁신innovation이란 새로운 아이디어ideas, 목표goals 및 관행practices이 새로이 창조create, 개발develop, 재발명reinvent 되는 일련의 과정과 그 산물을 의미한다(Aiken & Hage, 1971; Kimberly & Evanisko, 1981; O'Toole, 1997; Rogers, 1995). 그러나 새로운 전략과 아이디어를 혁신으로 변환시키기 위해서는 구현과 실제 상용이 무엇보다 중요하다(Damanpour & Evan, 1984; Boyne et al., 2005). 정

부혁신은 시민들에게 제공하는 직접적인 서비스의 개선 차원에서 이해되기도 하며, 일부 기관들의 경우 기관의 정당성을 증진시키기 위한 목적으로, 그리고 사용자에게 더 나은 서비스를 제공하기 위한 조직의 관리 과정에서 추구되기도 한다(Feller, 1982).

공공부문은 조직 정당성을 위해 표면적으로만 혁신을 시도하기도 하기 때문에 진정한 조직 변화를 위해서는 혁신전략의 수립 등 가시적인 측면과 더불어 실질적인 이행implementation을 강조해야 한다는 지적도 존재한다(Walker, 2006). 즉, 정부혁신은 공공부문에서 이루어지는 일련의 혁신추구 과정과 그 결과물을 모두 포괄하는 개념으로 이해해야 한다. 따라서 정부혁신은 조직 내부 및 외부의 환경변화에 대응하여 혁신전략을 수립하고 개발하여 이를 구현해야 한다(Newman et al., 2000; Walker & Jeanes, 2001; Downe et al., 2004; Osborne, 2013).

정부혁신은 혁신에 대응하는 과정과 그 결과물, 부수적으로 발생되는 혁신을 통해 제시되며 수많은 연구를 통해 적용되어 왔다(Walker et al., 2002). 이들 연구는 공통적으로 제품혁신과 과정혁신 간에 개념적·운영적인 측면에서 유사성이 높다는 경험적 증거로 제시되고 있다(Archibugi et al., 1994; Edquist et al., 2001; Damanpour & Aravind, 2006). 정부혁신의 유형은 조직이 생산해내는 재화와 관련된 서비스 혁신service innovations과 서비스 생산을 위한 조직 구성원, 구조, 역할 등 조직과 관련한 조직 혁신organizational process innovations으로 구분할 수 있다(Walker, 2008). 정부혁신의 경우, 개별 조직별로 처한 상황과 이해관계자 간의 조정 속에서 혁신의 유형과 추진방법이 각각 달라질 수 있고 혁신추구라는 정부개혁의 공통적 목표 속에서 다소 유연한 형태로 세계 각국에서 추진되고 있다.

우리나라에서는 정권의 교체시기를 중심으로 정부혁신이 핵심 키워드로 제시되어 왔으며, 이에 따라 조직 개편 및 다양한 혁신 정책들이 추진되어 왔다. 현 정부 역시 정권의 출범과 함께 정부혁신을 핵심 국정과제로 설정하였다. 문재인 정부에서는 2017년 행정안전부 산하에 정부혁신 전략수립 TF를 설치하였고, 관계부처(국무조정실, 기획재정부, 행정안전부, 인사혁신처 등) 협의 등을 거쳐 「정부혁신 추진방향(안)」을 수립하였다. 2018년 대통령 신년기자회견에서 「정부혁신 종합 추진계획」의 수립을 추진하겠다고 선포하였고, 그해 3월 국민 중심의 정부운영, 국민 삶의 질 개선을 위한 「정부혁신 종합 추진계획」을 확정하여 발표하였다. 문재인 정부가 추진하는 정부혁신의 비전은 '국민이 주인인 정부'의 실현으로, 이를 달성하기 위해 3대 전략 및 핵심과제, 10대 중점사업을 수립하였다(관계부처 합동, 2018). 2019년에는 핵심 국가비전인 혁신적 포용국가를 지원하기 위하여 사회적 가치 중심의 국정운영을 강조하였고, 국민이 생활 속에서 실질적으로 체감할 수 있는 성과창출형 정부혁신 방안을 제시하였다(관계부처 합동, 2019). 즉, 정부혁신은 국민들이 체감하는 결과로서 인정받을 수 있다는 것을 의미한다.

2. 미래정부의 상

정부혁신은 지향하는 방향성이 존재한다는 점에서 일반적인 변화와는 차이가 있다(윤태범, 2009). 정부의 변화가 방향성, 즉 분명한 원칙이나 우선순위 없이 이루어지면 환경의 불안정성과 위험 위에 정부의 변화가 더해지는 것이 되기 때문이다(WEF, 2012). 따라서 정부혁신은 정부의 미래 방향성, 즉 한 나라의 정부가 추구하고자 하는 목표 및 기대와 그 맥락을 같이 하게 된다. 중앙부처와 지방자치단체, 공공기관들이 추진하고 있는 혁신사례들 역시 현재 정부가 변화해나가는 방향과 미래정부에 대한 국민들의 기대를 반영하고 있다. 특히 혁신의 거시적 방향은 외부 맥락의 영향을 받는데, 오늘날 정부는 개방체계로 이해할 수 있기 때문이다. 이는 정부가 단순히 환경과 상호작용한다는 의미를 넘어 체계의 생존을 위하여 환경과의 상호작용이 필수적이라는 것을 의미한다(Buckley, 1967). 따라서, 정부혁신은 미래 행정환경의 변화의 특성을 정확히 파악하고 대응함으로써 정부가 사회 변화의 안내자, 촉진제, 공헌자로 기능할 수 있도록 추진되어야 한다.

미래정부가 직면하게 될 환경은 복잡하고, 서로 연결되어 있으며, 빠르게 '변화'하고 있다는 것이 특징이다(WEF, 2011). 특히 미래정부가 주목해야 할 변화는 기술의 변화, 그리고 국내 및 국제 사회의 변화이다. 먼저 기술적 측면에서, 정보통신기술Information and Communication Technology, ICT의 발달은 전 세계가 서로 영향을 주고받는 개방체계의 특성을 강화했으며 제4차 산업혁명으로 대표되는 인공지능Artificial Intelligence, AI, 사물인터넷Internet of Things, IoT 등 다양한 기술의 발전은 산업구조와 일하는 방식에 큰 변화를 예고하고 있다(문명재, 2017). 둘째, 국내사회의 변화는 난제가 증가하고 있다는 것으로 설명할 수 있다. 난제는 문제를 정의하기 어렵고, 원인에 대해 다양한 설명이 가능하며, 다른 문제와 연관되어 있고, 지속적으로 변화하여 명쾌한 해결책이 존재하지 않는다(Rittel & Webber, 1973). 셋째, 국제사회의 경우, 기후 문제를 비롯한 환경 문제, 코로나바이러스와 같은 감염병 문제, 테러의 위협이나 북핵 문제, 보호무역주의와 한일 문제 등 해결해야 하는 다양한 이슈들이 다른 국가와 연결되어 있으며 예측하기 어려운 형태로 변화하고 있다.

이러한 세 가지 주요 환경변화에 대응하는 '미래정부의 상'은 정부의 미래 변화상과 방향성, 목표를 담고 있으며 정부가 고유기능을 넘어 어떠한 방향으로 발전해나가는지에 대한 관찰과 정부혁신의 방향성을 분석할 수 있다는 점에서 연구의 가치가 존재한다. 미래정부의 상은 기술을 활용하는 '지능적' 정부와, 국내사회 변화에 따른 난제를 해결하는 '민첩한' 정부, 그리고 국제이슈를 해결하는 '글로벌 대응' 정부로 구성된다.

먼저, 정부혁신의 기준이 되는 미래정부의 상 중 첫 번째는 지능적 정부이다. 미래정부는 진보하는 기술을 충분히 활용할 수 있어야 하며 기술에 능한 인력을 필요로 한다. 전 세계가 지식정보 기반 사회, 과학 기반 사회로 급격한 전환을 맞고 있으며 지식·정보·기술의 중요성이 어느 때보다 커지고 있다(이선우, 2017). 인공지능, 로봇, 드론, 자율주행차량 등의 무인·자동화 기술, 홀로그램, 가상·증강현실기술 등을 활용하여 환경과 사회 문제에 대응하려는 노력을 기울이고 있다(Bilbao-Osario et al., 2013: 3). 두 번째는 민첩한 정부이다. 효과적이고 혁신적인 미래정부는 날마다 변하는 국민들의 필요에 대해 민첩하고, 조정이 가능하고, 반응적이어야 한다. 미래 행정환경은 행정수요의 다원화와 책임성 요구 확대로 더 다양한 기능 수행을 요구받게 될 것이다. 그리고 동시에 인구구조의 변화와 경기둔화로 예산제약이 심화될 것으로 예상된다(이창원, 2016). 정부가 이에 적절히 대응하지 못한다면, 정부의 역량에 대한 신뢰가 하락하는 위험이 따르게 될 것이다(WEF, 2012). 마지막은 글로벌 대응 정부이다. 미래정부는 세계화가 유발하는 변화들에 대해 국민들이 준비될 수 있도록 하고, 각국 중앙정부와 다양한 수준의 지방정부 간 협력을 위해 더 효과적인 모델을 만들어내는 데 더 힘을 쏟아야 한다. 저성장, 대량실업, 재정 및 금융 불균형, 기후변화와 환경적 위험들, 거대한 빈곤, 인구이동, 테러리즘, 그리고 가장 최근의 코로나바이러스감염증-19 문제까지 복합적이고 대규모인 세계적 위험risks들은 각 국가 및 지역 정부에 전례 없는 어려움을 안겨주고 있다.

지능적 정부, 민첩한 정부, 글로벌 대응 정부만이 미래정부의 모습을 대변하지는 않을 것이다. 그러나 이 광범위한 기준에서의 세 가지 미래정부의 상은 정부 변화를 보다 구체적이고 혁신적으로 이끌 것이다. 지능적 정부의 구체적인 예라고 할 수 있는 모바일 정부m-government는 전자정부e-government가 모바일 플랫폼으로 확장한 것을 의미한다. 모든 종류의 무선, 모바일 기술, 서비스, 애플리케이션, 기기를 전략적으로 활용함으로써 시민, 사업체, 정부기관 등 전자정부와 관련된 행위자들에게 더 큰 혜택을 제공하고자 한다(WEF, 2012). ICT는 공공서비스 전달을 가능하게 할 뿐만 아니라 공무원과 시민이 소통하고, 서로에 반응하고, 서로를 이해할 수 있는 수단이 되기도 한다(WEF, 2011). 인공지능 기술은 정부가 자원을 더 공평하고 효율적으로 분배하는 데 활용될 수 있으며, 실시간으로 국민의 의견을 수렴하고 정책 결과 시뮬레이션을 통하여 최적의 의사결정을 지원할 것이다(서용석, 2016). 앞서 논의한 바와 같이, 변화가 과정뿐만 아니라 실질적인 체감까지 이루어지는 결과까지 포괄하고 있는 것이다. 정책적·법률적·규제적 틀과 절차들은 네트워크화된 세계의 역동성에 맞추어 재설계되어야 하며 정보 인프라는 새로운 방식의 협력과 정보 집약적인 거버넌스를 지원할 수 있어야 한다(WEF, 2011).

한편, 민첩한 정부는 적응력이 있는, 인간 중심의, 포용적이고 지속 가능한 정책결정을 가능하게 하는 거버넌스를 가지고 있는 정부를 의미한다(WEF, 2018). 핵심은 정부가 신속하게 변화를 읽어내고, 사전 혹은 사후적으로 변화를 받아들이고, 변화를 통해 학습하도록 부단히 준비되어 있어야 한다는 것이며 이를 통하여 실제 혹은 인지된 최종사용자의 가치에 기여할 수 있어야 한다는 데 있다(Dingsøyr et al., 2012). 민첩성은 효과적·혁신적인 정부의 필수 요소로서 조직구조와 절차, 서비스전달 모델, 공무원과 정부사업으로 고용된 사람들, 규제·법률 구조 측면에 모두 적용된다(WEF, 2011). 즉, 민첩한 정부는 외부환경을 살필 수 있어야 하는데 이를 통하여 사업이 타당한지, 본래 목적을 달성하고 있는지 평가하고 다른 주체가 더 효과적인 방식으로 비슷한 사업을 추진하고 있지는 않은지 확인해야 한다(WEF, 2012). 또한, 문제를 빠르게 해결하기 위하여 스스로를 조직화·탈조직화함으로써 공적·사적 자원을 결집시키는 능력이 필요하다(WEF, 2011).

글로벌 대응 정부의 경우 보다 거시적인 차원에서 정부의 변화를 의미한다. 정부가 국경을 넘어 직면하고 있는 문제들은, 그 해결을 위하여 각국 또는 지방정부가 감당할 수 있는 수준을 훨씬 넘어서는 자원과 전문성을 요구하고 있다(WEF, 2011). 지구 온난화, 미세먼지 등 대기오염 문제, 물 부족 문제 등 민관 간, 국가 간 공조를 필요로 하는 환경 문제의 심화는 변화하는 국제 거버넌스 속에서 정부의 정치·외교적 역량을 점점 자주 시험대에 올리고 있다(이선우, 2017).

Ⅲ. 연구설계

본 연구는 정부혁신의 방향성과 범위를 탐색하는 것을 목적으로 한다. 이를 위하여, 행정안전부의 '정부혁신 1번가'에서 제공하는 중앙행정기관, 지방자치단체, 공사·공단 혁신 우수사례를 활용하여 정부혁신의 방향성을 분석하고자 한다. 온라인에서 제공되는 사례를 연구진이 정리하여 분석에 활용하였다. 사례는 두 차례에 걸쳐 수집하였으며, 1차는 2020년 2월 4일부터 2020년 2월 5일까지 중앙행정기관의 혁신사례를 수집하였다. 이후 추가된 자료들을 반영하고 공사·공단으로 자료의 범위를 확대하여 2020년 4월 5일에 2차로 수집하였다. 수집 과정을 통해 중앙행정기관, 지방자치단체, 공사·공단을 합하여 총 246개 기관의 514개 혁신사례를 정리하였다. 구체적으로 수집된 자료는 정부혁신사례의 사례명과 해당 사례를 주관한 기관, 기관 내 정부혁신 진행 담당부서, '정부혁신 1번가'에서 각 사례들을 분류하여 제시한 사례분야 유형, 키워드 및 사례 내용 등이다.

중앙행정기관은 현 정부의 의지와 목표를 보다 명확하게 보여줄 수 있다는 장점이 존재하며, 공사·공단 및 지방자치단체의 경우 공공부문 전체의 혁신 및 변화 방향을 파악할 수 있다는 점에서 의미가 있다. 정부혁신의 방향성을 파악할 수 있도록 정부혁신사례 및 기관의 주요 기능과 해당 사례와 관련된 정부의 역할을 분석하기 위해 이론적 논의에서 검토한 미래정부의 상을 중심으로 분류하였다. 추가로 정부의 기능적 범위와 역할에 대한 검토를 위한 기준으로 UN에서 개발하여 활용하고 있는 정부기능분류Classification of the Functions of Government, COFOG를 활용하였다.

미래정부의 상은 이론적 논의에서 검토한 지능적 정부, 민첩한 정부, 글로벌 대응 정부로 구분하여 활용하였다. 지능적 정부는 기술을 활용하여 문제를 해결하는 정부로, 빅데이터big data 분석 등 신기술을 사용하여 기존의 행정처리 방식을 변경하였거나 정책실행 과정에서 신기술을 활용하는 사례의 경우 지능적 정부에 관련된 정부혁신사례로 분류했다. 민첩한 정부는 난제를 해결하는 정부로, 기존에 행정기관에서 일상적으로 처리해온 업무의 방식을 바꾸거나 새로운 사회 문제를 해결하는 혁신사례일 경우 민첩한 정부 관련 혁신사례로 구분했다. 글로벌 대응 정부는 국제이슈를 해결하는 정부의 모습으로, 환경 문제 등 국제사회의 화두가 된 사회 문제를 해결하거나 국제사회와 협력하여 해결하기 위한 변화사례일 경우 글로벌 대응 정부 태그를 붙였다.

<표 1-1> 정부기능분류(COFOG)

분야(10개 기능, 총 69개 부문)
701 일반 공공행정
702 국방
703 공공질서 및 안전
704 경제활동
705 환경보호
706 주거 및 지역사회 시설
707 보건
708 휴양, 문화, 종교
709 교육
710 사회보호

자료: 정성호·김성자·문하은(2016: 10-11) 참고하여 저자 재구성.

추가적인 분석 기준인 정부기능분류는 정부의 활동에 따른 지출 내역을 정부에서 수행하는 기능별로 분류하기 위해 고안된 분류체계로, 〈표 1-1〉과 같이 일반 공공행정, 국방 등 10개의 대분류로 구성된다(정성호·김완희, 2015). 주로 재정 내역을 구분할 때 사용되지만 본 연구에서는 정부혁신사례가 정부의 어떤 역할에 관련된 것인지, 담당기관이 어떤 정부기능을 주로 수행하고 있는지 분류하기 위해 정부기능분류를 활용하였다. 단, 혁신사례 분류 시 한 사례에 다수의 기능과 정부의 상이 포함되어 있는 경우가 많아 모든 사례를 단일 카테고리로 분류하기 어려웠다. 이에 사례를 더욱 정확히 파악할 수 있도록 일부 사례는 기능 또는 정부의 상을 다수의 카테고리로 분류하였다.

위의 두 가지 분류기준을 바탕으로 혁신사례와 담당 기관의 주요 기능 및 관련된 정부역할을 분류하되, 더욱 엄밀한 분류를 위하여 2차에 걸쳐 분류작업을 시행하였다. 정부혁신사례의 경우 연구자가 바라보는 관점에 따라 그 분류가 달라질 수 있다는 점에서 연구진 간 코딩일치도를 확인하고, 분류결과에 대하여 미래정부연구센터 워크숍 및 포럼에서 발표하여 전문가들의 조정을 통해 최종 확정하였다. 먼저 두 명의 연구자가 각각 코딩을 실시한 후 비교하고, 1차 분류에 참여하지 않은 연구자들과 검토 및 논의를 통해 2차 분류를 진행했다. 1차 분류에서 실제 코딩 작업이 이루어졌고, 2차 분류에서는 검토 및 조정이 이루어졌기 때문에 연구자 간 코딩결과 유사도는 1차 분류에 들어간 연구자들의 코딩결과 간 유사도를 비교했다. 유사도는 전체 사례에서 두 연구자가 동일하게 분류한 사례의 비율을 확인하였다. 그 결과 두 연구자의 코딩결과 간 정부기능분류에 따른 기관 분류는 0.97, 정부기능분류에 따른 사례 분류는 0.94, 미래정부의 상 분류에 따른 사례 분류는 0.93의 유사도를 보여 두 연구자의 분류 간 이질성이 낮은 수준임을 확인하였다. 2차 분류에서는 1차 코딩결과를 바탕으로 다수의 연구자가 논의하여 각 사례 및 기관에 대한 분류를 확정하였다. 미래정부의 상 및 정부기능분류에서는 연구자 간 의견 조정을 통해 미분류 및 중복 분류를 포함[1)]하였다. 이를 바탕으로 정부혁신의 방향성과 범위에 대한 내용분석을 실시하였다.

Ⅳ. 분석결과

1. 기초현황 분석

먼저, 분석에 활용된 자료의 기초현황을 〈표 1-2〉에 제시하였다. 각 기관 분류별 정부혁신사례 수를 살펴보면, 전체 자료에 중앙행정기관, 지방자치단체, 공사·공단을 합하여 총 246개 기관의 514개 혁신사례가 포함되어 있다. 그중 〈표 1-2〉에 제시된 것과 같이 DB에 등록된 기관 수와 사례 수가 가장 많은 기관은 지방자치단체이다. 중앙행정기관은 사례를 등록한 기관 수가 43개로 가장 적지만 사례 수는 119개로 공사·공단의 사례보다 많다. 이를 기

<표 1-2> 정부혁신사례 분석 대상 (단위: 개)

기관 구분	기관 수	사례 수	평균 사례 수
공사·공단	54	95	1.75
중앙행정기관	43	119	2.76
지방자치단체	149	300	2.01
계	246	514	2.08

1) 미분류는 '실패박람회(행정안전부)', '국민과 함께하는 감동 있는 정부기념식(국방부)' 등의 사례로 미래정부의 세 가지 상(像)으로 명확하게 구분하기 힘든 경우 미분류로 정리하였다. 중복 분류의 경우 '바다현장119(해양수산부)'와 같이 어업인들에 대한 보호와 국외선박들에 대한 적발과 통제 등을 동시에 수행하는 사례를 중복사례로 정리하였다.

관 분류별 사례 등록 수 평균으로 비교해보면 중앙행정기관이 평균 2.76개로 평균적으로 정부혁신사례 등록 수가 가장 많고, 그다음으로 지방자치단체가 2.01개, 공사·공단이 1.75개 순서로 나타났다. 정부혁신사례의 경우, 각 기관에서 자율적으로 등록하고 있으나 정부혁신에 대한 기관의 정당성과 의지를 보여줄 수 있다는 점에서 적극성을 띠고 있는 기관들을 확인할 수 있다.

2. 정부혁신의 방향성 및 범위 분석

정부혁신의 방향성과 범위를 미래정부의 상에 따라 분석하고, 분석결과를 〈표 1-3〉에 제시하였다. 분석결과, 상대적인 비중의 차이는 존재하나 우리나라 공공기관이 중점적으로 지향하고 있는 미래정부의 모습은 민첩한 정부로 나타났다. 특히, 지방자치단체의 경우 전체 사례의 95.7%가 민첩한 정부와 관련한 혁신이 나타나고 있는 것을 알 수 있다. 공사·공단도 80%가 넘는 것으로 나타났으며, 중앙행정기관 역시 70%에 가까운 혁신의 비중이 민첩한 정부에 있는 것으로 확인되었다. 지능적 정부의 경우 중앙행정기관이 그 비중은 가장 높았으나 전체 사례의 빈도는 지방자치단체가 가장 많은 것으로 나타났다. 반면, 글로벌 대응 정부에 대한 모습은 그 비중 및 빈도 모두 매우 적게 나타났다. 민첩성이 가장 높게 나타나는 것은 신공공관리의 도입으로 공공부문에 강화된 경쟁의 영향으로 이해할 수 있다. 또한, 기존의 업무방식을 변화

<표 1-3> 기관유형별 정부의 상 기준 사례분석 (단위: 개)

구분	중앙행정기관	공사·공단	지방자치단체	총합계
민첩한 정부	83 (69.7%)	77 (81.1%)	287 (95.7%)	447 (87.0%)
지능적 정부	30 (25.2%)	16 (16.8%)	47 (15.7%)	93 (18.1%)
글로벌 대응 정부	12 (10.1%)	9 (9.5%)	8 (2.7%)	29 (5.6%)
미분류	4 (3.4%)	1 (1.1%)	0 (0.0%)	5 (1.0%)
총사례 수(중복 포함)	129	103	342	574
총사례 수(중복 미포함)	119	95	300	514

주: 괄호 안 숫자는 중복 미포함 총사례 수 기준 비율(소수점 둘째 자리에서 반올림).

시키는 형태의 혁신방법이 신기술의 사용 및 적용이나 글로벌 이슈의 대응보다는 상대적으로 수월하다는 점과 즉각적으로 국민들에게 보여줄 수 있다는 점에서 그 빈도가 높다고 판단된다. 즉, 정부혁신이 여전히 가시적인 측면에 머물러 있다는 한계도 존재한다고 할 수 있다.

반면, 미래정부의 상이 나타나는 기능 영역이 무엇인지는 추가적인 분석이 필요하다. 우선, 정부기능분류별로는 그 현황이 어떻게 나타나는지 〈표 1-4〉에 제시하였다. 중앙행정기관 및 공사·공단, 지방자치단체 모두 일반공공행정의 비중이 상대적으로 높은 것으로 나타났다. 중앙행정기관의 경우 경제활동에 대한 정부혁신이 중점적으로 나타난 반면, 지방자치단체는 사회보호 분야에 대한 역할이 중점적으로 제시되고 있었다. 공사·공단의 경우 중앙행정기관과 지방자치단체의 중간자적 역할로서 경제활동과 사회보호가 일정 수준 균형을 맞추며 정부혁신을 시도하고 있었다.

다음으로 정부혁신의 방향성과 기능 범위를 분석하기 위해 미래정부의 상

<표 1-4> 기관유형별 정부기능 기준 사례분석 (단위: 개)

구분	중앙행정기관	공사 · 공단	지방자치단체	합계
일반 공공행정	42 (35.3%)	20 (21.1%)	74 (24.7%)	136 (26.5%)
국방	11 (9.2%)	0 (0.0%)	0 (0.0%)	11 (2.1%)
공공질서 및 안전	13 (10.9%)	7 (7.4%)	28 (9.3%)	48 (9.3%)
경제활동	29 (24.4%)	20 (21.1%)	54 (18.0%)	103 (20.0%)
환경보호	9 (7.6%)	13 (13.7%)	23 (7.7%)	45 (8.8%)
주거 및 지역사회 시설	3 (2.5%)	13 (13.7%)	37 (12.3%)	53 (10.3%)
보건	2 (1.7%)	4 (4.2%)	20 (6.7%)	26 (5.1%)
휴양, 문화, 종교	6 (5.0%)	9 (9.5%)	12 (4.0%)	27 (5.3%)
교육	3 (2.5%)	4 (4.2%)	24 (8.0%)	31 (6.0%)
사회보호	14 (11.8%)	21 (22.1%)	90 (30.0%)	125 (24.3%)
미분류	0 (0.0%)	2 (2.1%)	1 (0.3%)	3 (0.6%)
총사례 수(중복 포함)	132	113	363	608
총사례 수(중복 미포함)	119	95	300	514

주: 괄호 안 숫자는 중복 미포함 총사례 수 기준 비율(소수점 둘째 자리에서 반올림).

과 정부기능 분류를 교차 분석하였다(<표 1-5>). 우리나라 공공부문 전체를 살펴본 결과, 민첩한 정부(중복 제외)는 사회보호 기능에서 가장 중점적으로 나타나고 있었다. 사회보호 영역에서 민첩한 정부혁신이 일어난 사례는 '산재신청 시 사업주 날인제도 폐지(고용노동부)', '공동육아 프로젝트(강동구도시관리공단[시설])', '촘촘한 마을복지(광주시 북구)' 등이 있다. 지능적 정부(중복 제외)는 경제활동 기능에서 가장 높은 빈도를 보여주었는데, '농업인 맞춤 기상정보「들에서 콜」(기상청)', '송도컨벤시아 스마트 MICE 조성사업(인천관광공사)', '산골마을 ICT로 스마트하게 변신(강원도 화천군)' 등이 있다. 마지막으로 글로벌 대응 정부(중복 제외)는 환경보호에서 절대적인 역할과 기능을 하고 있는 것으로 나타났다. 주요 사례로는 '수입주류 친환경 폐기방법 도입(관세청)', '종이 없는 스마트 행정(전주시시설관리공단)', '찾아가는 자원순환마을 교육 운영(충청북도 진천군)' 등이 있다. 중복을 포함하여 살펴보면, 민첩한 정부의 모습은 일반 공공행정 기능

<표 1-5> 사례 기능 및 정부의 상 기준 사례분석 (단위: 개)

미래 정부의 상 / 사례의 기능	민첩한 정부	민첩한 정부 & 지능적 정부	민첩한 정부 & 글로벌 대응 정부	지능적 정부	지능적 정부 & 글로벌 대응 정부	글로벌 대응 정부	미분류	합계
일반 공공행정	98	21	0	9	0	4	4	136
국방	6	2	0	3	0	0	0	11
공공질서 및 안전	31	11	1	5	0	0	0	48
경제활동	85	5	1	11	0	1	0	103
환경보호	13	5	1	2	2	22	0	45
주거 및 지역사회 시설	45	4	0	2	0	2	0	53
보건	24	2	0	0	0	0	0	26
휴양, 문화, 종교	23	1	1	2	0	0	0	27
교육	25	3	0	1	0	1	1	31
사회보호	115	7	0	2	0	1	0	125
미분류	3	0	0	0	0	0	0	3
합계	468	61	4	37	2	31	5	608

주: 미래정부의 상, 기능 분류 시 중복코딩을 허용하여 중복을 포함한 수치를 제시.

이 사회보호 기능과 함께 높은 비중을 차지하고 있었다. 지능적 정부의 경우, 경제활동 기능과 더불어 공공질서 및 안전 기능의 비중이 높은 것으로 나타났으며, 글로벌 대응 정부의 경우에는 여전히 환경보호에서 가장 높은 것으로 확인되었다.

종합하면, 정부혁신은 국민들에게 변화의 모습을 가시적으로 보여주면서도 빠른 변화와 적용이 가능한 분야에서 더 적극적으로 나타나고 있었다. 미래정부의 세 가지 상에 있어서 사회보호 분야와 일반 공공행정에서 민첩성이 높게 나타나고, 경제활동과 공공질서 및 안전 기능에서 지능적 정부의 모습을 강조하고 있으며, 환경보호는 글로벌 대응 정부의 모습을 담아내고 있었다.

중앙행정기관의 경우, 일반 공공행정이 민첩한 정부로 가장 높은 비중을 보이고 있으며 지능적 정부로는 경제활동, 글로벌 대응 정부의 역할은 환경보호에서 가장 높게 나타났다. 지방자치단체의 경우, 민첩한 정부는 사회보호 기능, 지능적 정부는 공공질서 및 안전과 일반 공공행정이 높게 나타났으며, 글로벌 대응 정부는 역시 환경보호가 높게 나타났다. 공사·공단의 경우에도 글로벌 대응 정부는 환경보호가 높았다. 반면 공사·공단의 경우 민첩성은 경제활동에서 높게 나타났으며, 지능적 정부는 주거 및 지역사회 시설과 일반 공공행정에서 높은 것으로 나타났다. 기관별 결과와 전체 통합된 공공부문의 결과가 크게 차이가 나지는 않으나, 공사·공단의 경우 다소 차이를 보이고 있었다.

V. 결론 및 함의

정부는 외부환경의 요구에 맞추어 동적으로 변화해왔으며, 이 과정에서 크고 작은 혁신이 나타났다. 이러한 정부혁신은 시민과 시장, 더 나아가 국제사회의 요구를 수용하는 것이기 때문에 특정한 방향성을 보이게 되므로 미래정부의 모습을 그릴 수 있는 퍼즐 조각이라고 볼 수 있다. 그런 배경에서 본 연구는 정부의 혁신사례를 분석하여 미래정부의 상에 비추어 본 혁신의 방향성과 범위를 분석하였다.

분석결과, 우리나라 공공부문의 정부혁신은 혁신의 과정뿐만 아니라 결과에서 국민들에게 체감도를 높이고자 노력하고 있었다. 다만, 정부혁신의 모습이 변화를 가시적으로 보여주면서도 빠르게 적용 가능한 분야에서 적극성을 띠고 있는 것으로 나타났다. 미래정부의 상으로 제시한 민첩한 정부, 지능적 정부, 글로벌 대응 정부의 모습 중에서는 민첩한 정부의 모습을 가장 높게 보이고 있었다. 정부기능에 있어서는 사회보호 기능에서는 민첩한 정부를, 경제활동 기능에서는 지능적 정부를, 환경보호 기능에서는 글로벌 대응 정부의 모습으로 변화를 만들어가고 있었다. 즉, 국민들이 체감할 수 있는 사회복지 및 보호 서비스를 제공하면서도 경제발전과 국제사회의 환경 이슈에 대응하고 있는 정부로 변화해가고 있다고 평가할 수 있다.

기관별로는 전체적인 결과와 유사하게 나타났으며 중앙행정기관은 경제적 기능의 혁신을 시도하는 반면, 지방자치단체는 사회보호 영역에서의 정부혁신이 중점적으로 나타났다. 공사·공단의 경우 경제영역과 사회영역의 균형을 잡으며 혁신을 시도하고 있었다.

결론적으로, 우리나라 공공부문의 경우 미래정부의 상 중에서 민첩한 정부 혁신이 가장 높게 나타나고 있었으며 이는 사회보호 등 국민의 삶의 질을 제고시키기 위한 노력으로 이해할 수 있다. 그러나 글로벌 대응 정부의 모습이 상대적으로 그 비중이 매우 작다는 점과 단순한 기술의 활용을 넘어 지능적인 정부의 모습을 담아내기에는 아직 부족한 면이 나타났다. 즉, 상대적으로 혁신의 결과가 빠르게 나타나고, 더 가시적인 측면에서 변화가 시도되고 있다는 것으로 이해할 수 있으며, 미래정부의 장기적인 변화 방향은 이러한 세 가지 측면에서 균형 잡힌 모습이 필요할 것이다.

본 연구는 현재 정부가 시도하고 있는 혁신사례들을 분석하여 정부의 방향성을 검토하는 것이다. 민첩성에 대한 높은 혁신 시도에 비하여 상대적으로 지능적인 모습과 글로벌 대응의 모습은 부족하다는 점을 확인하였다. 본 연구는 기존의 혁신에 대한 이론적인 논의를 넘어 실증적으로 우리나라의 공공부문을 미래정부의 상으로 유형화하고 구분하였다는 점에서 연구의 기여와 함의가 존재한다. 정부혁신이 과정과 결과를 넘어 전체적인 정부기능의 적절한 균형이 필요하다는 것을 확인했다는 점에서도 정책적인 의미를 제시하였다. 더불어 현재 정부혁신의 그림이 어느 정도 구체성을 가지고 있는지, 그림이 그려져 있는지에 대한 성찰의 기회를 제시하였다는 점에서 다양한 후속 연구로의 발전 가능성이 높다.

정부는 환경변화에 대응하고 새로운 사회 문제를 해결하기 위한 목적뿐 아니라 조직의 정당성을 확보하기 위하여 혁신하기도 한다는 점에서(Feller, 1982) 여러 후속 연구를 기대할 수 있다. 예를 들어 혁신의 정의와 우리 정부의 주요 혁신전략을 함께 적용하여 우리나라 정부혁신의 목적과 성격을 보다 명확하게 규명하는 연구도 가능할 것이다. '정부혁신 1번가'에 제시된 혁신사례들은 현 정부의 정부혁신 3대 전략인 참여와 협력, 사회적 가치 중심 정부, 신뢰받는 정부 중 하나로 분류되고 있다. 그런데 일반적으로 혁신은 공공서비스의 생산과 공급, 혹은 이를 위한 조직관리 과정에서 새로운 아이디어·목표·관행을 창조·발전·재발견하는 것이다(Aiken & Hage, 1971; Kimberly & Evanisko, 1981; O'Toole, 1997; Rogers, 1995). 즉, 우리 정부의 주요 혁신전략과 일반적인 혁신의 정의를 동시에 적용할 경우, 특정 사례에 대한 혁신성의 판단이 달라질 수 있다. 이에 따라, 해당 사례들이 얼마나 각 기준에 부합하는지 분석한다면 우리나라 정부혁신의 목적과 성격을 보다 명확하게 규명하고 정부혁신에 대한 정책적 함의를 이끌어낼 수 있을 것이다.

참고문헌

관계부처 합동. (2018). 「2018 정부혁신 종합 추진계획」. 행정안전부.

__________. (2019). 「2019 정부혁신 종합 추진계획」. 행정안전부.

문명재. (2017). 「제4차 산업혁명과 초연결 지능형 미래정부」. 『행정포커스』, 127, 16-22.

서용석. (2016). 「첨단기술의 발전과 미래정부의 역할과 행태」. 『Future Horizon』, 28, 22-25.

윤태범. (2009). 「정부혁신의 맥락과 관리혁신의 논리」. 『GRI 연구논총』, 11(1), 51-73.

이선우. (2017). 「미래 정부역할 변화와 중앙정부 기능의 재창조」. (박재완·김성배·이주호 공편.). 『국가 재창조를 위한 정부개혁』(pp. 203-265). 한반도선진화재단.

이창원. (2016. 6. 23-25.). 「대한민국 정부의 미래」. 2016년 한국행정학회 60주년 기념 하계 공동학술대회 및 국제학술대회 발표자료, 충청북도 청주시.

정성호·김성자·문하은. (2016). 「정부기능별분류(COFOG)의 체계적 고찰 및 활용」. 『국민계정리뷰』, 2016(3), 1-27.

정성호·김완희. (2015. 12.). 「정부기능분류(COFOG)의 체계적 고찰」. 한국조세재정연구원.

허철행. (2002). 「신관리주의 지방정부혁신의 평가와 전망」. 『한국정책학회보』, 11(3), 167-193.

Aiken, M., & Hage, J. (1971). The Organic Organization and Innovation. *Sociology, 5*(1), 63-82.

Archibugi, D., Evangelista, R., & Simonetti, R. (1994). On the Definition and Measurement of Product and Process Innovations. In Y. Shionoya & M. Perlman (Eds.), *Innovation in Technology, Industries and Institutions: Studies in Schumpeterian Perspectives* (pp. 7–24). University of Michigan Press.

Barzelay, M. (2001). *The New Public Management: Improving Research and Policy Dialogue* (Vol. 3). University of California Press.

Bilbao-Osorio, B., Dutta, S., & Lanvin, B. (Eds.). (2013). *The Global Information Technology Report 2013: Growth and Jobs in a Hyperconnected World*. World Economic Forum, & INSEAD. https://reports.weforum.org/global-information-technology-report-2013/#section=preface.

Boyne, G. A., Gould-Williams, J. S., Law, J., & Walker, R. M. (2005). Explaining the Adoption of Innovation: An Empirical Analysis of Public Management Reform. *Environment and Planning C: Government and Policy, 23*(3), 419-435.

Brown, T. L., & Potoski, M. (2003). Transaction Cost and Institutional Explanations for Government Service Production Decisions. *Journal of Public Administration Research and Theory, 13*(4), 441-468.

Buckley, W. (1967). *Sociology and Modern Systems Theory*. Prentice Hall.

Dahlström, C., & Lapuente, V. (2010). Explaining Cross-Country Differences in Performance-Related Pay in the Public Sector. *Journal of Public Administration Research and Theory*, *20*(3), 577-600.

Damanpour, F., & Aravind, D. (2006). Product and Process Innovations: A Review of Organizational and Environmental Determinants. In J. Hage & M. Meeus (Eds.), *Innovation, Science, and Industrial Change: A Research Handbook* (pp. 38-66). Oxford University Press.

Damanpour, F., & Evan, W. M. (1984). Organizational Innovation and Performance: The Problem of "Organizational Lag." *Administrative Science Quarterly*, *29*(3), 392-409.

Dingsøyr, T., Nerur, S., Balijepally, V., & Moe, N. B. (2012). A Decade of Agile Methodologies: Towards Explaining Agile Software Development. *The Journal of Systems and Software*, *85*, 1213-1221.

Downe, J., Hartley, J., & Rashman, L. (2004). Evaluating the Extent of Inter-organizational Learning and Change in Local Authorities through the English Beacon Council Scheme. *Public Management Review*, *6*(4), 531-554.

Edquist, C., Hommen, L., & McKelvey, M. D. (2001). *Innovation and Employment: Process versus Product Innovation*. Edward Elgar Publishing.

Feller, I. (1982). Innovation Processes: A Comparison in Public Schools and Other Public Sector Organizations. *Knowledge*, *4*(2), 271-291.

Gamble, A. (1994). *Britain in Decline: Economic Policy, Political Strategy and the British State*. Macmillan International Higher Education.

Hood, C. (1994). *Explaining Economic Policy Reversals*. Open University Press.

Kim, K. (1995, December 18-19). *A Comparative Study on the Politics of Public Personnel Reduction in Britain, Japan, and The United States*. Paper presented at the joint conference of the KAPA-ASPA, Jeju, Korea.

Kimberly, J. R., & Evanisko, M. J. (1981). Organizational Innovation: The Influence of Individual, Organizational, and Contextual Factors on Hospital Adoption of Technological and Administrative Innovations. *Academy of Management Journal*, *24*(4), 689-713.

Newman, J., Raine, J., & Skelcher, C. (2000). *Innovation and Best Practice in Local Government: A Research Report*. Department of the Environment, Transport and the Regions.

O'Flynn, J. (2007). From New Public Management to Public Value: Paradigmatic Change and Managerial Implications. *Australian Journal of Public Administration*, *66*(3), 353-366.

Osborne, S. P. (2013). *Voluntary Organizations and Innovation in Public Services*. Routledge.

O'Toole Jr, L. J. (1997). Implementing Public Innovations in Network Settings. *Administration & Society, 29*(2), 115-138.

Rittel, H. W., & Webber, M. M. (1973). Dilemmas in a General Theory of Planning. *Policy Sciences, 4*(2), 155-169.

Rogers, E. M. (1995). Diffusion of Innovations: Modifications of a Model for Telecommunications. In M. W. Stoetzer & A. Mahler (Eds.), *Die Diffusion von Innovationen in der Telekommunikation* (pp. 25-38). Springer.

Van Thiel, S., & Leeuw, F. L. (2002). The Performance Paradox in the Public Sector. *Public Performance & Management Review, 25*(3), 267-281.

Walker, R. M. (2006). Innovation Type and Diffusion: An Empirical Analysis of Local Government. *Public Administration, 84*(2), 311-335.

__________. (2008). An Empirical Evaluation of Innovation Types and Organizational and Environmental Characteristics: Towards a Configuration Framework. *Journal of Public Administration Research and Theory, 18*(4), 591-615.

Walker, R. M., & Jeanes, E. L. (2001). *Managing Public Services Innovation: The Experience of English Housing Associations*. Policy Press.

Walker, R. M., Jeanes, E., & Rowlands, R. (2002). Measuring Innovation-Applying the Literature-based Innovation Output Indicator to Public Services. *Public Administration, 80*(1), 201-214.

WEF. (2011). The Future of Government: Lessons Learned from around the World. World Economic Forum. https://www.scribd.com/document/57291809/The-Future-of-Government-Lessons-Learned-from-around-the-World.

____. (2012). Future of Government: Fast and Curious. World Economic Forum. https://www.weforum.org/reports/future-government-fast-and-curious.

____. (2018). Agile Governance: Reimagining Policy-making in the Fourth Industrial Revolution. World Economic Forum. https://www.weforum.org/whitepapers/agile-governance-reimagining-policy-making-in-the-fourth-industrial-revolution.

미래정부연구센터 홈페이지. "비전 및 목표", http://www.futuregov.re.kr/home/info/2028.

정부혁신 1번가 홈페이지, https://innogov.go.kr.

제 2 장

스마트시티 제주
: ICT 플랫폼으로 기술, 정보, 가치를 공유하다

Ⅰ. 서론

최근 스마트시티 통합플랫폼 기반구축사업 대상자로 선정된 지자체들이 앞다투어 국비 지원을 획득했다는 정책홍보를 통해 성과를 과시하고 있다. 스마트시티 통합플랫폼 기반 구축은 2015년부터 국토교통부와 경찰청, 그리고 국민안전처가 연계협약을 통해 지방자치단체에 확대와 보급을 추진하고 있는 공모사업이다. 이는 방범–방재, 교통 등의 분야별 정보시스템을 기반으로 하여 스마트시티 통합플랫폼에 연계된 지능화된 도시 기반을 조성하는 것을 목표로 하고 있다. 즉, 도시의 방범, 방재, 교통, 환경 정보가 유기적인 연계를 통해 도시 관리의 효율성을 제고시킴으로써 지역주민의 삶의 질 향상을 도모하고 있는 것이다.

이러한 현상은 국내에 국한된 것이 아니다. 이미 전 세계적으로 도시화에 따른 다양한 문제 해결을 위해 '스마트시티'가 대안으로 제시되었고, 스마트 모빌리티에 대한 중요성이 강조되고 있다. 여기서 '스마트시티'란 "첨단 ICT 기술을 활용하여 시민들의 삶의 질을 향상시키고, 도시경제를 활성화할 수 있는 포용력과 경쟁력이 있고 지속 가능한 국민 체감형 종합 도시관리 서비스를 제공하는 체계"라고 정의할 수 있다(소재현 외, 2019: 84). 스마트시티의 진화는 3단계로 구분할 수 있는데, 2015년은 스마트시티가 수요자에 중점을 둔 서비스, 민관협력, 시민참여를 통한 체감형 서비스 창출이라는 smart city 2.0 수준에 해당되고, 이후 일부 도시가 선제적으로 smart city 3.0 모델을 채택하였다(Cohen, 2015). Smart city 3.0이란 시민이 문제의 정의와 해결을 직접 해나가고 그에 따른 혜택을 공유한다는 부분에서 사회혁신 체계로서의 도시 플랫폼의 일환으로 정의된다(김유미·구자훈, 2019: 512). 이와 관련해 디지털 사회혁신의 측면에서 스마트시티가 성공적으로 운영되기 위해서는 지방자치단체의 정책 및 제도적 환경이 뒷받침되어야 하고, 자치단체장의 추진 의지, 스마트시티 전담 조직의 구축이 중요하다는 의견이 제시되었다(김유미·구자훈, 2019: 519).

한편, 한국교통연구원에서는 중앙정부 차원에서 스마트시티 관련 정책과 다양한 시범사업이 추진되고 있지만 구체적이고 체계적인 교통부문의 구축전략과 실행방안이 부재한 상태임을 지적하며, 국내 개별 도시의 특성에 따른 최적의 스마트시티 교통체계의 구축전략과 실행방안을 개발하기 위해 수준진단과 평가방법론, 스마트시티 교통서비스 선정방법론을 개발하고, 법제도 및 거버넌스 구축방안을 제시한 바가 있다(김태형 외, 2018). 이러한 스마트시티는 신기술을 통한 삶의 질 향상이라는 기술적 측면이 강조된 개념에서 이제는 시민이 참여하고 주도하는 사회적 측면이 강조되고 있다.

2020년 2월 12일 화성시에서는 시민주도형 스마트시티 구현을 위해 LH(한국토지주택공사)와 함께 동탄2 신도시에 '스마트시티 리빙랩 프로젝트'를 추진한다고 발표하였다. 스마트 리빙랩은 시민이 사회 문제의 발굴에서부터 정보통신기술ICT을 활용하여 해결방안을 모색하고 사업평가에 이르기까지 전체 의사결정 과정을 주도하는 것을 의미한다. 그뿐 아니라 공공기관과 민관기업의 참여가 이루어지고, 산·학·연 전문가로 구성된 자문단의 지원이 이루어지는 거버넌스 형태로 구축되어 있다. 이와 관련하여 화성시 스마트시티과장은 "시민 모두가 체감하고 만족하는 차별화된 스마트시티로 도약할 수 있도록 주민들의 많은 참여와 관심을 부탁한다."고 언급하였다(김태성, 2020. 2. 13.). 이러한 사례에서 볼 수 있듯이 스마트시티는 개별 지자체가 지역 주민의 삶의 질 제고와 자신들의 역량 수준이 강화되었음을 증명하는 수단으로 활용되고 있다. 시민참여를 확대하고, 공유경제와 공유복지의 개념으로까지 확대되면서 다양한 부문에 영향을 미치고 있는 것이다.

본 장에서는 스마트시티 구현의 우수사례로서 제주특별자치도를 선정하여 최신 기술을 활용한 대중교통 기반 사물인터넷 안전 통합플랫폼과 스마트시티 통합플랫폼의 정보를 공유한 방범·방재 통합관리, 그리고 디지털 사회혁신Digital Social Innovation 플랫폼으로서 '가치더함'과 무장애관광에 대한 세부 사례를 소개하고자 한다. 이를 통해 스마트시티의 구현과 구축전략을 모색 중인 타 지방자치단체에 정책적 시사점을 제시하여 제주도의 어떠한 선제적인 노력과 해결방안 모색이 정보통신기술 기반 플랫폼 구축을 통해 스마트시티로 구현되었는지를 살펴보고자 한다.

II. 기술의 공유: 대중교통 기반 사물인터넷 안전 통합플랫폼

1. 제주특별자치도 빅데이터 사업

제주특별자치도의 빅데이터 사업은 예측과 예방으로 도민과 관광객의 삶의 질을 제고하고 스마트 행정을 구현하는 것을 목표로 삼고 있다. 구체적인 실천 전략으로 데이터 기반의 과학적 행정을 구현하고 스마트워크로써 내부 업무의 혁신을 이뤄내는 것, 빅데이터에 근거한 도민 중심의 정책을 개발하고 도민맞춤형 서비스를 제공하는 것, 스마트 제주 관광을 이뤄내는 것, 빅데이터 및 공간정보 융합을 활성화하고 고품질 데이터 활용 기반을 마련하는 것 등을 포함한다. 현재 제주도 빅데이터 사업은 2018년에 1단계, 2019년에 2단

<표 2-1> 제주도 빅데이터 단계별 발전 계획

구분	1단계(2018년)	2단계(2019년)	3단계(2020년)
발전계획	빅데이터 정보화전략계획(ISP)수립, 빅데이터 서비스 과제 발굴, 빅데이터 센터 기반 조성	제주 데이터 허브 고도화	빅데이터 서비스 개발
		중장기 분석과제 수행	장기 분석과제 수행
		빅데이터 센터 설립	빅데이터 센터 운영 및 지원 체계 고도화
과제수행	제주도 빅데이터 분석 및 활용을 위한 환경 마련	제주특별자치도 정책 분야별 빅데이터 과제 분석으로 정책 수립에 활용	예측 기법 등 빅데이터 분석 모델 고도화
			도민 주도 분석과제 수행 및 서비스 개발
과제활용	서비스 과제 도출, 빅데이터 분석 과제 고도화	혁신적이고 효과가 큰 중기과제 분석	민관 데이터 융합 및 장기과제 분석
데이터	도청 내부 보유 데이터 공공데이터 중심	유관기관 데이터 연계	수집 데이터 확장 및 비정형 데이터 융합
		상용 데이터 등 외부 데이터 활용	
인프라	기존 빅데이터 플랫폼 활용	제주 데이터 허브 증설 및 고도화	개발 환경 구축 및 인프라 확장
	빅데이터 분석 플랫폼 확대 및 고도화	빅데이터 센터 구축	최신 ICT 기술 융합 분석 환경구축

자료: 제주특별자치도(2019).

계를 거쳐 2020년에는 3단계에 진입한 상태이다. 2단계를 완수한 2019년에는 제주 데이터 허브의 고도화를 이뤄냈으며 빅데이터 센터를 구축해냈다. 2020년에는 3단계에 진입하여 빅데이터 센터 운영과 지원체계를 고도화하고 도민 주도의 분석과제를 수행하는 것을 계획 중이다.

2. 제주도 빅데이터 통합플랫폼의 운영방식 및 현황

'빅데이터 통합플랫폼'은 공급자가 일방적으로 정보를 제공하는 기존의 방식에서 벗어나 사용자 입장에서 정보 제공이 이뤄지고 이러한 정보를 바탕으로 다양한 시각화 서비스를 제공하는 방식이다. 정책 수립 지원을 위해 분야별 빅데이터 분석이 이뤄지며 데이터 기반의 정책 수립 체계도 구축되어 운영되고 있다. 특히 교통, 관광, 생활, 기초통계, 물 관리, 감귤 등의 6개의 각기 다른 주제의 영역별로 분석된 자료는 시각화 서비스를 통해 도민 누구나 이용 가능하도록 지원하고 있다. 교통 영역의 경우 통행 정보, 버스정보 데이터의 분석 화면 등이 제공되며, 관광부문에서는 관광객 소비 동행, 입도객 추이 등을 조회할 수 있다. 더불어 음식물 쓰레기, 종량제 봉투 판매량, 대형 폐기물 배출량 등 지역 환경과 관련된 데이터 분석 역시 제공되며, 지하수 수위 및 수질 데이터, 감귤 생산 현황 등의 감귤 관련 데이터 자료 등도 공유되고 있다. 빅데이터 통합플랫폼 구축은 행정 집행의 효율성을 높이고 표준화된 양식에 따른 데이터 제공으로 도민들의 데이터 접근성을 높이는 결과를 가져왔다.

3. 대중교통 기반 사물인터넷 안전 통합플랫폼

'이동형 사물인터넷 플랫폼'은 정해진 시간에 주기적으로 운행하는 버스에 글로벌 위성항법시스템Global Navigation Satellite System, GNSS 기반의 고정밀 위치정보 단말기와 사물인터넷 센서를 설치한 것이다. '이동형 사물인터넷 플랫폼'과 버스에 설치된 와이파이는 확장성이 높은 데이터 수집 체계가 마련되었음을 의미한다. 다양한 데이터의 확보와 활용은 스마트시티 구축과 과학적 행정 구현, 민관협력의 확보 등을 위해 필수적인 요소이다(한국지역정보개발원, 2019).

1) 구성요소 및 운영원리

버스에 설치된 개별 디바이스는 첨단 운전자 보조 시스템Advanced Driver Assistance System, ADAS, 스마트밴드, 운전자 리듬 및 상태파악 지원 시스템Driven State Monitoring, DSM 등으로 구성되며 설명과 기능, 효과 등은 다음과 같다. ADAS는 복잡한 차량 제어프로세스에서 운전자를 돕고 보완하고 궁극적으로 대체할 수 있도록 개발된 시스템이다. ADAS가 제공하는 기능에는 사각지대 모니터링, 차선 이탈 경고, 나이트 비전 및 충돌 경고 시스템 등이 포함된다. 능동적인 ADAS는 자동차 움직임을 파악하여 운전자에게 경고함으로써 사고를 방지하도록 설계되어 있으며, 이러한 운전자 지원 시스템은 운전자의 안전과 승객의 안전한 여행을 위한 서비스 제공의 필수 요소라 할 수 있다. ADAS의 센서 정보에서 추돌 예측을 감지하고 알고리즘 기반의 전자제어유닛Electronic Control Unit, ECU을 통해 비상자동제동장치Advanced Emergency Braking, AEB를 작동시켜 과속에 의한 추돌 등 사고를 방지하는 차량 제어시스템의 기능을 구현하고 있다.

스마트밴드, DSM은 운전자의 건강 상태와 부주의 등의 상황을 파악하여 졸음 또는 이상 신호 발생 시 차량 안전운행을 지원하고 운전자에게 주의 상태를 신호로 알림으로써 안전운행을 보조할 수 있는 중요한 기술로 활용되고 있다. 최근 이용률이 증가하는 개인용 스마트밴드를 활용해 디지털 헬스케어 기능을 자동차에도 이용할 수 있도록 관련 기술 개발에 박차를 가하고 있고, 스마트밴드는 기존 자동차의 스마트 기능을 제공하면서 동시에 개인의 혈압이나 심전도 등을 측정, 자동차 커넥티드 기술과 연동해 건강 정보를 내부 디스플레이에서 공유하는 기능을 가진다.

차량에 부착된 사물인터넷 기반의 센서들을 종합하여 메인 센터에서는 동공 정보, 맥박 정보, 가속도 정보와 차선이탈 정보 들을 종합하여 사고 유무를 파악하고 센서들로부터 수집되는 정보의 시간별 정보를 매칭하여 이상을 감지하여 긴급제동장치를 강제적으로 작동시키고 사고 발생 등 긴급상황 시 e-Call 서비스를 통해 유관기관과 연계하여 골든타임에 구조할 수 있는 체계를 운영하여 신속한 사고대응 체계를 구축하여 운영할 수 있도록 하였다.

고정밀 위치정보 기반의 교통관제 플랫폼 사업은 현재 운영 중인 버스 와이파이 기반을 이용해 대중교통 버스 139대, 제주도교육청 특수학교 버스 11대 등 총 150대를 대상으로 실시간 정확한 교통정보 서비스를 제공하게 된다. '대중교통 기반 사물인터넷 안전 통합플랫폼'을 통해 안전 서비스 향상으로 운행 위험 감소 및 무사고 목표에 다가서는 데 도움이 될 수 있으며 나아가 차량의 운행 및 연료 소비를 보다 효과적으로 관리할 수 있는 친환경 서비스를 제공할 수 있다. 또한 모든 차량 정보는 사물인터넷에 더욱 긴밀하게 접속되므로 운행 차량으로부터 더 많은 안전운행 데이터가 수집되며, 운전자에게 맞춰져 수집된 정보를 기반으로 AI 학습을 통해 운전방식에 따른 빅데이터 분석과 운전자 맞춤형 재교육으로 운전자 및 승객의 서비스 만족도와 안전운행은 지

[그림 2-1] ICT 통합체 구성도

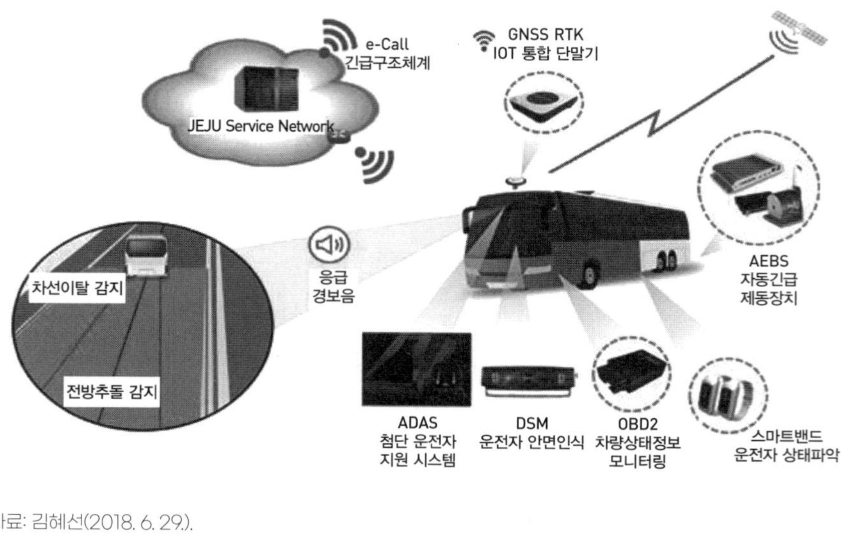

자료: 김혜선(2018. 6. 29.).

<표 2-2> 개별 디바이스 기능

구분	내용	대상(버스)
글로벌 위성항법시스템 (Global Navigation Satellite System, GNSS)	위치정보 수집, 운행시간, 운행거리, 운전패턴 수집	일반 급행
	※ 총버스노선 771대 2018년 완료	
첨단 운전자 보조 시스템 (Advanced Driver Assistance System, ADAS)	전방추돌 및 차선이탈 감지, 차량 상태정보 수집	공영
운전자 리듬 및 상태파악 지원 시스템 (Driven State Monitoring, DSM)	안면 및 동공인식 졸음 유무, 부주의 상태 파악	급행
스마트밴드	생체신호(맥박, 가속도 정보 검출)	급행
비상자동제동장치 (Advanced Emergency Braking System, AEBS)	차량의 추돌 및 사고 감지 발생 시 자동긴급제동 작동	급행

자료: 조문호(2018. 6. 29.).

속적으로 향상될 것으로 기대된다(한국지역정보개발원, 2018).

사물인터넷 환경 또는 스마트폰이나 내비게이션 단말기가 있으면 언제 어디에 있는지 쉽게 알 수 있고, 일반적으로 범지구위치결정시스템Global Positioning System, GPS에 의한 위치 범위는 10m 전후의 큰 오차를 포함하고 있다. 일반적인 GPS 수신기의 경우 독자적인 보정 정보의 취득이나 위치관제를 위해서는 별도의 구성이 필요하나 지능형 GNSS 사물인터넷 실시간 이동측위Real Time Kinematic, RTK 디바이스는 제주 GNSS 플랫폼을 통하여 근처의 GNSS 기지국으로부터 GNSS 위성의 보정 정보를 수신하여 고정밀 측위와 실시간 관제가 가능하고, 제주도에서 기술적 검증이 확보된 GNSS 플랫폼을 이용하면 센티미터(cm)급의 고정밀 위치보정과 실시간 위치관제가 가능하여 고품질의 이동 경로와 속도, 고도, 거리 등을 지도에 표시하고 시각화하여 데이터를 제공하므로 다양한 분석서비스 등에 활용할 수 있다.

2) 협력을 통한 운영

대중교통 기반 사물인터넷 안전 통합플랫폼은 제주특별자치도와 ㈜ 카카

<표 2-3> 협력 기관별 역할

구분	기관명	주요 역할
주관	제주특별자치도 ICT 융합담당관	사업 총괄 및 시스템 구축
협조	대중교통과	대중교통 버스 단말기 부착 협조
		제주 버스정보시스템(Bus Information Sytem, BIS) 연계 지원 등
	㈜ 카카오	실시간 버스 운영 정보앱 개발
		차량별 데이터 수집을 통합 배차 간격 등 분석 협업체계 구축

자료: 조문호(2018. 6. 29.).

오의 민관협력방식으로 운영된다. 제주도는 과학기술정보통신부·한국정보화진흥원 공모 사업으로 GNSS 단말기를 제주 지역 모든 대중교통 버스에 설치하였다. 즉 제주도는 지방자치단체로서 국민의 안전과 대중교통 서비스 질 향상을 위해 장비를 설치하고 데이터를 수집하는 관제 시스템, 사고를 감지하여 긴급 호출하는 부분에 집중하였고, 카카오는 포털 서비스의 장점을 살려 제주도에서 실시간으로 제공되는 버스 이동 정보를 카카오 맵을 통해 「제주 버스」 서비스를 발굴하여 전국적으로 중점 확대 전략을 수립하고 있다.

데이터는 민관 간의 대등한 협력을 위한 중요한 도구가 된다. 특히 사물인터넷 데이터는 다양한 결과물로 가공될 수 있는 원시 데이터로 데이터 생산처 data source가 인터넷과 실시간 연결되기 때문에 실시간 모니터링 및 실시간 데이터 가공 및 판단 등을 가능케 해준다(한국지역정보개발원, 2019).

3) 성과

제주특별자치도는 2019년 5월 과학기술정보통신부가 주관하는 「2019년 정보통신기술 기반 공공서비스 촉진 사업」 공모에서, 「대중교통 기반 통합 사물인터넷 첨단 안전 시스템(졸음탐지 및 대응서비스) 구축 사업」(이하 '대중교통 졸음 탐지 및 대응 서비스 구축 사업')이 최종 선정되었다. 과기부가 추진하는 정보통신기술기반 공공서비스 촉진 사업은 신기술 기반의 공공서비스를 발굴해 수요 창출 및 활용을 촉진하기 위한 목적으로 추진하는 사업이다. 더불어 제주특별자치도의 '대중교통 이동형 사물인터넷 통합 정보 개방체계' 구축 사업이 행정안전부 2019년도 국가중점데이터 개방 지원 사업 공모에 최종적으로 선정되었다. 국가중점데이터는 국민이 쉽게 공공데이터를 활용할 수 있도록 활용가치가 높은 데이터를 선정해 개방하는 것으로 제주도의 '대중교통 사물인터넷 통합 데이터' 는 지자체 중 유일하게 국가중점데이터로 선정된 것이다.

여러 지자체 중에서도 제주도가 공모에서 선정된 이유는 특이한 정보를 제공하였기 때문이다. 기존에 대중교통 운행에 관한 정보는 한국교통안전공단 Korea Transportation Safety Authority, TS이 독점적으로 수집하고, 주행 정보를 수직적으로 수급하는 서비스체계로 운영되어 왔다. 하지만 기존의 방식에서 벗어나 제주도는 버스에 설치된 이동형 사물인터넷 Agent를 통해 차량의 위치/속도를 수집하고, 차선이탈, 추돌 감지, 운전자 졸음(동공 파악 및 맥박 정보)을 파악하여 일차적으로 운전자에게 스피커를 통해 전달하고, 센터에서는 데이터 기반으로 졸음 탐지 및 위험 운행 정보를 정량화하여 수치로 관리하는 대중교통 안전운행 관리의 새로운 시도를 하였다.

서비스 제공의 대상이 되는 지역주민과 제주도 관광객은 버스의 정확한 도착 시간을 알 수 있어 편리하게 버스를 탑승하고 환승할 수 있게 되었다. 더불

<표 2-4> 시행 전후 비교

시행 전	시행 후
○(지역주민) - 혼잡하고 부정확한 교통 정보 제공으로 인한 생활 불편 ○(지역 중소상공인) - 고정밀 동적 사물인터넷(IoT) 데이터 없음 - 지역적 특성으로 인한 최신 정보기술 선제 확보 어려움 ○(관광 방문객) - 대중교통 정보 만족도 저하 - 차별점 없는 일반 서비스 범람	○(지역주민) - 정확한 대중교통 정보 제공으로 생활 불편 해소 ○(지역 중소상공인) - 다양하고 정확한 데이터 제공으로 서비스 활용 생태계 조성 및 일자리 창출 선순환 구조 확산 ○(관광 방문객) - 제주만의 고정밀 대중교통 실시간 도착 정보 서비스로 만족도 향상 - 개방형 API 서비스 활용한 공간 정보 기반 스타트기업 유입 유도 등 산업 활성화

자료: 「정부혁신 1번가」 홈페이지(https://www.innogov.go.kr).

어 '대중교통 이동형 사물인터넷 통합 정보 개방체계'로 생산되는 정보는 초당 데이터로 국내에서 유일하게 위치와 속도, 차선 정보들을 제공하는 고가치, 고수요의 데이터로서 국가공공데이터 포털을 통해 정보를 제공하며, 이 정보들을 활용하여 다양한 개인 및 회사들은 새로운 서비스를 생산하고 사업화할 수 있는 기회가 열리게 되었다. 예컨대 정확한 데이터 기반의 안전운행 서비스 구축으로 의사결정권자, 운송업체 대표자의 서비스 정책 자료로 활용하여 질 좋은 서비스 체계로 발전할 수 있는 기반자료로 활용되고 있다. 이외에도 데이터를 기반으로 교통사고 발생 시 원인을 규명할 수 있으며, 사고 위치에 대한 지형정보와 매핑을 통해 위험 구간 파악과 안전장치 설치에 필요한 기본 자료로 활용되고 있다.

궁극적으로 생산되는 모든 정보는 초당 안전운행 지표를 수치화하여 운전질 향상의 기반자료로 활용되며, 시간대별, 계절별, 출퇴근 시간, 관광 기간 등은 또 다른 다양한 결과를 생성할 수 있는 새로운 지표로 발전하고 있다. 예컨대, 기상 정보를 연계한 서비스 확대를 통해 기후에 따른 도로 주변, 관광지의 오늘의 메뉴를 제공할 수 있는 기반도 확대될 예정이며, '맛집을 찾아 떠나는 제주 대중교통서비스'로 확대하여 지역의 특산물, 계절별 맛거리 정보와 대중교통의 서비스 매칭 콘텐츠도 발전시켜 나갈 계획을 수립하는 단계에 있다.

Ⅲ. 정보의 공유: 스마트시티 통합플랫폼을 활용한 방범 · 방재 통합관리

1. 첨단 정보통신기술을 활용한 방범·방재 CCTV 정보의 통합관리

우리나라를 비롯하여 전 세계적으로 공공장소 및 사적장소에서 폐쇄회로 텔레비전closed-circuit television(이하 'CCTV')에 대한 설치가 증가하고 있는 이유는 방범 및 방재와 관련해서 CCTV가 긍정적인 효과를 나타내고 있기 때문이다(조정래 외, 2017). 최근 우리 사회에 4차 산업혁명 시대가 도래하면서 CCTV 시스템 또한 단순 영상을 제공하던 단계에서 진일보할 수 있게 되었다. 기존의 CCTV 시스템이 현장의 영상을 소방이나 경찰 등 타 기관 시스템과 연계되지 않은 고립된 상태에서 운영되었다면(이성길·황귀현, 2017), 오늘날에는 스마트시티 통합플랫폼을 통해 방범과 방재 등의 단절된 각종 정보 시스템들을 첨단 정보통신기술을 활용하여 유기적으로 연계하고, 통합함으로써 스마트시티 안전망을 구축할 수 있게 되었다.

스마트시티 통합플랫폼이란 스마트시티 통합운영센터에서 도시 상황의 통합관리를 위해 활동하는 기반 소프트웨어로서 방범·방재, 교통, 환경, 시설물관리, 교통, 행정 분야 등 스마트 서비스 및 도시관리를 위해 운영 중인 각종 정보시스템을 센터로 연계하고 운영할 수 있도록 지원하는 기능을 한다(스마트시티협회 홈페이지, 2020). 방범·방재 분야에서도 발생할 수 있는 다양한 상황 또한 스마트 통합플랫폼을 활용한다면, 긴급상황 발생 시 골든타임 확보를 위한 소방기관, 경찰기관, 재난재해 유관기관 등 안전체계의 연계를 통해 실시간 대응 및 사전예방으로 피해를 최소화할 수 있는 환경을 구축할 수 있게 된다.

이렇듯 방범·방재 분야에서 긴급상황 발생 시 핵심수단이 되어줄 CCTV임에도, 그동안은 대부분의 CCTV를 보유하는 지자체와 경찰·소방 당국과 협업체계 부재로 제대로 활용되지 못하였다. 그러나 스마트 통합플랫폼의 구축됨에 따라 ① 112센터 긴급영상 지원, ② 112 긴급출동 지원, ③ 119 긴급출동 지원, ④ 재난 상황 긴급대응 지원, ⑤ 사회적 약자 지원 등 5대 연계서비스 제공이 가능해졌고, 사고현장 주변 CCTV 영상이나 교통 정보의 실시간 공유를 통해 위급상황 발생 시 신속한 상황파악과 더불어 연계를 통한 상황에 맞는 현장대응과 골든타임 확보가 가능하도록 개선되었다.

[그림 2-2] 방범 및 재난 등 통합플랫폼 서비스 연계도

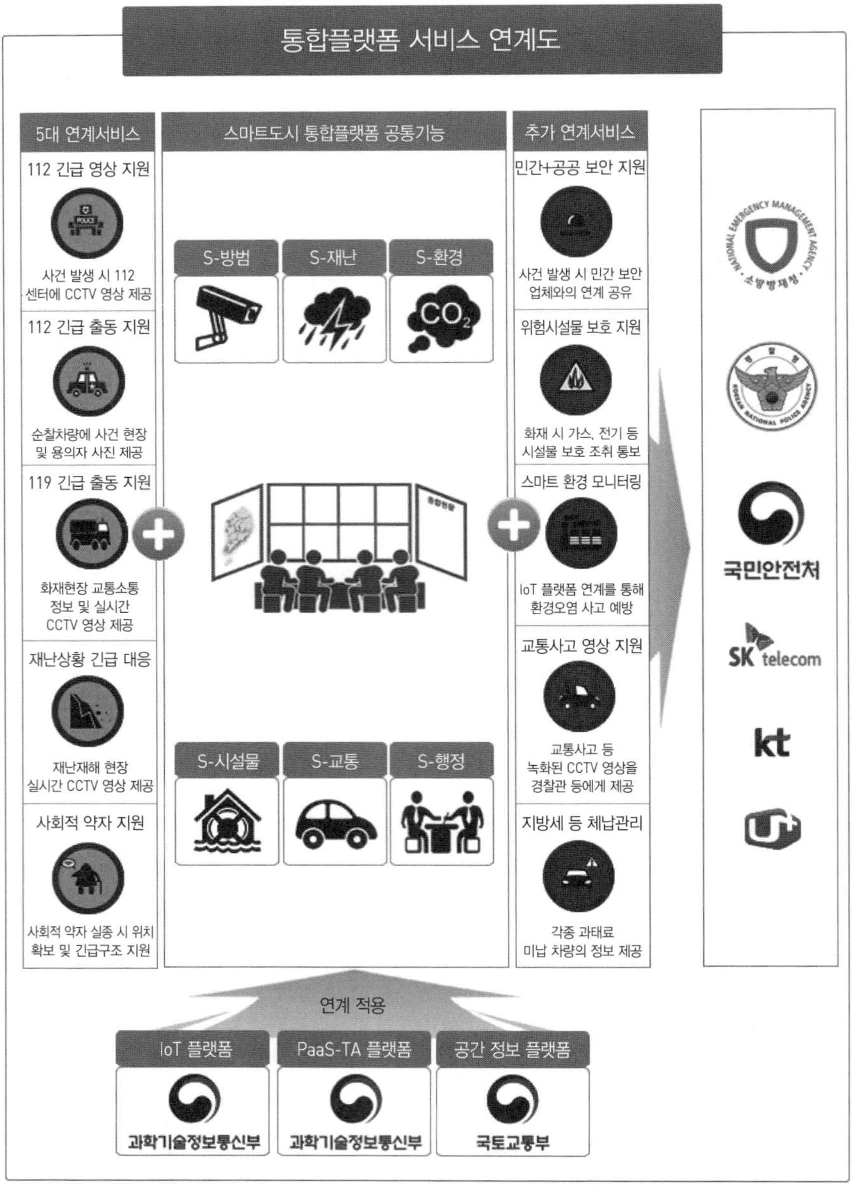

자료: 스마트도시협회 홈페이지(http://www.smartcity.or.kr).

<표 2-5> 통합플랫폼 5대 연계서비스

구분	서비스명	주요 내용
①	112 긴급영상 지원	납치·강도·폭행 등 신고 시 CCTV 영상을 경찰상황실에 실시간 제공하여 현장대응 지원
②	112 긴급출동 지원	현장출동 경찰관에게 현장 사진 또는 범인 도주 경로 정보 등을 실시간 제공
③	119 긴급출동 지원	화재·구조·구급 등 상황 시, 소방상황실에 실시간 영상, 교통 정보 등을 제공하여 골든타임을 확보할 수 있도록 지원
④	재난 안전 상황지원	대형 재난·재해 발생 시 CCTV 영상을 재난상황실에 실시간으로 제공
⑤	사회적 약자 지원	아동·치매 환자 등 긴급상황 발생 시 이동통신사와 연계하여 위치 정보를 제공 받아 CCTV 영상을 경찰상황실에 제공

자료: 국토교통부(2017).

2. CCTV 통합관제센터를 활용한 제주도의 스마트시티 통합플랫폼

국토교통부가 2018년 스마트시티 통합플랫폼 사업 대상지로 제주도를 선정하면서, 제주도에서도 스마트시티 통합플랫폼을 구축하게 되었다. 또한, 제주도는 방범·재난 등 다양한 도시 상황을 통합 관리하는 스마트시티 운영체계를 갖추게 되면서, 그동안 방범을 중심으로 운영 중이던 '제주 CCTV 관제센터'를 '제주특별자치도 CCTV 통합관제센터'로 그 기능을 고도화하여 방범기능뿐만 아니라 재난, 교통 등 단절된 정보들을 유기적으로 연계하여 활용하는 방향으로 발전하게 되었다.

제주도에서 방범·방재를 위해 설치된 CCTV는 크게 재난감시용 CCTV와 방범용 CCTV로 용도가 구분된다. 먼저 재난감시용 CCTV의 경우 주로 해안가나 하천, 재해위험지구 등 재난·재해가 발생할 수 있는 위험지역을 중심으로 재난·재해를 모니터링하는 용도로 원거리를 촬영하도록 설치되어 있고, 방범용 CCTV의 경우 범죄취약지역 및 안심 귀갓길에 주로 사람을 중심으로 단거리를 확보하여 개개인을 관찰하는 형태로 설치되고 있다. 보다 구체적으로 재난감시용 CCTV는 풍랑이 심한 상황에서 낚시 또는 캠핑 등 위험 상황이 발생

[그림 2-3] CCTV 통합관제센터를 활용한 제주도의 스마트시티 5대 연계서비스

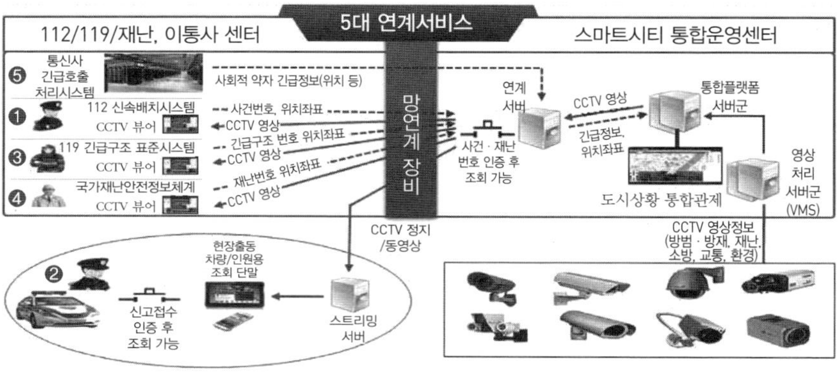

❶ 112 센터 긴급영상 지원 서비스 ❷ 112 긴급출동 지원 서비스 ❸ 119 긴급출동 지원 서비스
❹ 재난안전 상황 긴급대응 지원 서비스 ❺ 사회적 약자 지원 서비스

자료: 국토교통부(2017: 16).

할 것으로 판단될 때에는 '제주특별자치도 CCTV 통합관제센터'에서 읍·면·동에 연락하여 즉각적으로 조치를 취하는 식으로 활용되고 있는 반면, 방범용 CCTV는 납치나 강도, 폭행 등으로 인해 112 신고가 들어왔을 때, 스마트시티 플랫폼을 통해 CCTV 통합관제센터의 현장 영상을 실시간으로 즉시 확인하여 범인 도주 경로 등을 제공하는 방식으로 운영되어 비상시 경찰기관, 소방기관, 유관기관과 영상을 공유함으로써 상황 판단 및 신속한 대응을 통해 골든타임 확보가 가능하게 한다.

이러한 대응이 가능한 데는 통합관제센터의 역할이 크다. '제주특별자치도 CCTV 통합관제센터'의 재난감시용 CCTV는 크게 두 부분에서 과거에 비해 개선되었다고 평가된다. 첫째, CCTV 통합관제센터를 기반으로 원활한 협업체계가 구축된 점이다. 2007년 제주도에 상륙한 태풍 '나리'는 하루에 500mm 이상의 폭우를 퍼부으며 해안가와 시가지에 위치한 주요 하천들의 범람을 일으켜 12명의 사망자와 1,300억 원의 재산피해를 발생시키는 등, 제주도 기상 관측사상 가장 큰 피해를 남긴 것으로 기록된다. 재난을 겪은 이후 제주도는 재해위험지구에 CCTV를 설치하여 상황에 따라 주의, 경계, 대피 등 방송

과 안내를 할 수 있는 시스템 체계를 갖추게 되었다. 그러나 이는 CCTV를 보유하는 지자체와 경찰·소방 당국과 협업 체계 부재로 제대로 활용되지 못하였다. 이후 CCTV 통합관제센터를 갖추게 되면서 비상시 경찰기관, 소방기관, 유관기관과 연계를 통해 단절되었던 정보들을 유기적으로 연계하여 적극적이고 신속하게 대응할 수 있게 되면서 주민의 생명과 재산 피해를 예방하는 등 기존의 시스템을 더욱 효과적이게 사용할 수 있게 되었다. 또한, CCTV 모니터링을 통해 얻는 실시간 정보를 스마트시티 통합플랫폼을 통해 제주도, 제주시, 서귀포시 간 공유가 가능하게 하였으며, 경찰청과 소방청 또한 이러한 실시간 정보를 확보 가능하게 하여, 재난 상황의 의사결정에 중요한 정보를 제공할 수 있게 되었다. 경찰이나 소방관이 출동하기 전 소방차 진입로 확보 여부와 같이 대략적인 상황을 파악하는 등 주변 환경 파악이 가능해짐에 따라 CCTV 영상을 기반으로 원거리 지휘체계를 구축할 수 있게 된 것이다.

둘째, CCTV 통합관제센터를 기반으로 공간적·업무적 통합이 달성되었다. 2020년 1월 30일에 실시한 제주특별자치도 재난대응과課 담당 공무원과의 인터뷰 내용에 따르면, 제주도는 2018년 재난상황실을 통합하여 운영함으로써 민방위, 재난 안전기능을 공간적으로도 업무적으로도 통합하여 시행하고 있다. 따라서 재난 발생 시 재난관리책임기관과 재난안전대책본부가 상황별로 합동 근무를 하여, 통합 CCTV 활용, 통합 재난예·경보시스템을 운영한다. 담당 공무원에 따르면 해당 시스템은 월 1회 전수조사를 시행하고, 유지보수의 경우 입찰 과정을 통해 지역 업체를 용역 위탁하는 형태를 취하며, 두 명의 상주 직원을 통해 도청 직원과 한 공간에서 근무, 일일보고 형식을 실시하고 있기 때문에 비교적 소통 및 관리가 잘 이뤄지고 있다고 설명했다.

방범용 CCTV의 경우도 그 활약이 적지 않다. 실제로 제주특별자치도 CCTV 통합관제센터에는 제주도에 설치된 6,780대의 CCTV를 117명의 관제요원이 불철주야 모니터링을 함으로써 도민들의 안전과 생명을 지키는 '제주안전지킴이' 역할을 톡톡히 하고 있다. 제주특별자치도 안전정책과課 담당 공무원에 의하면 2018년 스마트시티 통합플랫폼 및 CCTV 통합관제센터 운영 이후 2018년에는 절도 미수, 주취자, 폭행, 청소년 비행행위 등 2,100여 건에 대한 현장 영상 확보를 통해 즉각적인 초동조치를 할 수 있었고, 수배자 검거 및 범죄 예방 효과를 거두었으며, 2019년에는 3,000여 건이 넘는 사건·사고의 현장 영상을 실시간으로 경찰관서에 제공하면서 범인 검거 등 제주도의 안전한 생활환경 조성에 많은 도움을 받았다고 한다. 또한, 방범용 CCTV는 범죄 예방에서도 효과적인 결과를 제공하고 있어 그 수요가 지속해서 증대되고 있다(조정래 외, 2017). 특히 최근 각종 범죄 사건이 해안가, 펜션, 생활 공원 등 다양한 공간에서 발생하고 있어, 방범용 CCTV에 대한 설치 민원이 늘고 있는 실정이다(박성연, 2019). 2020년 1월 30일에 실시한 제주도청 안전정책과課 담당 공무원과의 인터뷰에 따르면, 방범용 CCTV 설치와 관련된 민원 증가에 따라 제주특별자치도 안전정책과課 CCTV 통합관제센터는 행정안전부에서 제공하는 방범용 CCTV 설치 지표를 바탕으로 인근 '112 신고 건수', '5대 강력 범죄 신고 건수', '3거리보다는 4거리 우선', 'CCTV 설치가 중복되지 않는 지역' 등을 고려하여 한정된 예산 내에서 가장 효과가 높은 지역부터 방범용 CCTV를 설치하고 있다고 밝혔다. 아직까지는 1차적으로 수요 중심의 CCTV 설치를 진

[그림 2-4] 제주도 재난안전대책본부에서 제공되는 실시간 CCTV 정보

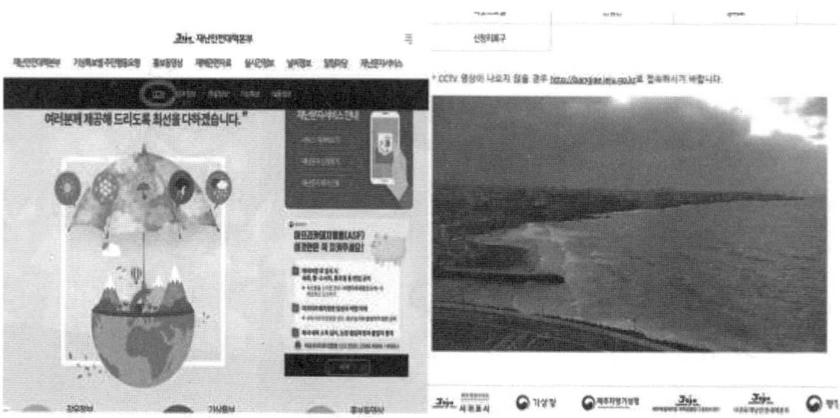

자료: 한국전자통신연구원(김태환, 2020. 1. 2. 재인용).

행하고 있으나, 앞으로는 빅데이터를 기반으로 우범지역을 파악하여 적절한 지역에 CCTV를 설치하는 방향으로 개선하기 위해 노력하는 상황이라고 설명을 덧붙였다.

이에 그치지 않고, 제주도는 2021년에 지방비 88.6억 원을 투입하여 CCTV 통합관제 도민 안전망을 추가적으로 확대 구축할 계획이다(이승록, 2021. 2. 9.). 제주도 도민안전실 담당 공무원은 "1,254대의 CCTV를 추가 설치하여 24시간 영상 관제를 통해 재난·재해사고 및 각종 범죄에 대응할 계획이며, 2021년까지 CCTV 확대 및 기반시설 고도화 사업에 집중 투자해 더욱 촘촘한 사회안전망을 구축함으로써 도민과 관광객이 안심할 수 있는 생활환경 조성과 범죄로부터 안전한 제주 이미지 제고를 위해 노력하겠다."라고 설명하였다.

3. 통합관리를 넘어 AI로 범죄를 예측하는 CCTV 분석기술을 향해

이렇듯 제주도는 기존에 운영 중이던 '제주 CCTV 관제센터'를 '제주특별자치도 CCTV 통합관제센터'로 그 기능을 고도화하고, CCTV 모니터링을 통해 얻는 실시간 정보를 스마트시티 통합플랫폼을 통해 유기적으로 연계·통합함으로써 스마트시티 안전망을 구축할 수 있었다.

한국전자통신연구원Electronics and Telecommunications Research Institute, ETRI에 따르면 다가오는 미래에는 통합관리를 넘어 CCTV 기술의 고도화, AI로 범죄를 예측하는 CCTV 분석기술이 개발될 것이라고 설명한다. 대표적으로 미국의 범죄 예측 프로그램인 '프레드폴PredPol'이 있으며, 해외 여러 국가에서 과거에 발생한 범죄 수법이나 시공간, 환경적 통계 정보를 바탕으로 분석하여 실시간 범죄 지도를 구성하는 등 예측 치안 연구가 활성화되고 있다. 국내 또한 범죄 위험 상황이 다가올 가능성을 예측하는 인공지능 기술을 개발하여 CCTV를 통해 실시간으로 상황을 분석하고, 어떤 유형의 범죄가 발생할지 확률적으로 발생할 수 있는 우범률을 퍼센트 단위로 표시하여 보여주는 기술을 개발하고 있다.

[그림 2-5] CCTV의 AI 기반 위험 예측 기술 개발 계획

자료: 한국전자통신연구원(김태환, 2020. 1. 2. 재인용).

앞으로 CCTV 통합관제센터 등에 이 기술이 적용되면 범죄 발생 위험도를 실시간으로 확인할 수 있을 것으로 기대된다. 또한, 제주도는 법무부, 위치추적 중앙관제센터, 경찰청, 서울 서초구 등과 함께 시범 적용에 참여하기로 하였으며, 이를 통해 단순히 범죄 발생을 감지하는 CCTV 역할을 넘어 스스로 위험 발생 가능성을 예측하고 예방할 수 있는 미래형 첨단 사회안전시스템 발전으로 도약을 준비하고 있다.

Ⅳ. 가치의 공유: 디지털 사회혁신Digital Social Innovation 플랫폼으로서 '가치더함'과 무장애관광

1. 디지털 사회혁신

2010년 유럽연합은 기존 경쟁 중심의 발전 전략에서 벗어나 사회적 가치 창출을 새로운 발전 전략으로 채택하였다. 이에 사회적 가치를 창출하는 사회

혁신 분야를 가장 중요한 분야로 선정하고 시민과 디지털 기술을 활용한 사회혁신, 이른바 디지털 사회혁신을 활성화하고자 노력하고 있다(EU, 2010). 유럽연합은 디지털 사회혁신을 "사회 문제와 전 지구적 도전을 해결하기 위해서 사람들의 참여를 모으고, 협업과 집단 혁신을 촉진하는 데 디지털 기술을 사용하여 이전에 상상하기 어려웠던 해결책을 찾아내는 것"으로 정의하였는데(EU, 2015), 최근 저성장 국면으로 접어든 우리나라도 IT 강국이라는 강점을 적극 활용하여 디지털 사회혁신을 통한 사회적 가치 창출을 새로운 발전 전략으로 고려할 필요성이 있다(김종선 외, 2016). 디지털 사회혁신은 중앙집권적이며 경쟁 위주의 경제적 이득을 중시하는 IT 혁신과는 다르게 시민 중심의 분산적이고, 사회적 가치를 중시하면서 협력하는 방식으로 작동하므로 시민의 요구에 보다 정확히 부응할 수 있다는 장점이 있다. 즉, 디지털 사회혁신은 시민참여를 바탕으로 디지털기술을 활용해 사회 문제를 해결함으로써 효율성과 효

[그림 2-6] 디지털 사회혁신의 작동방식

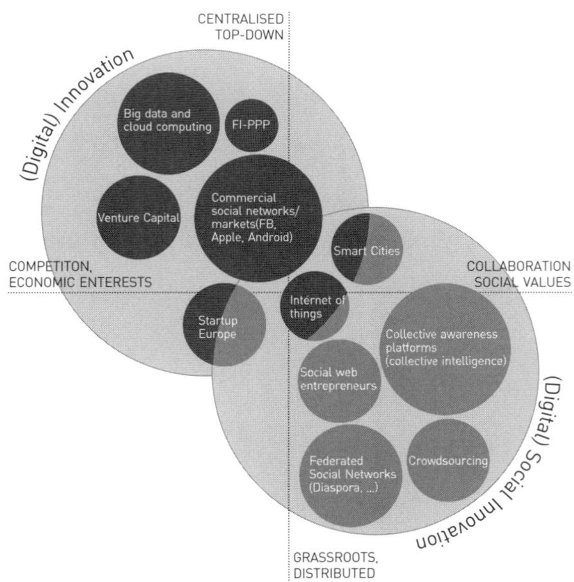

자료: EU(2015).

과성, 공공투명성을 증진하는 활동으로, 시민이 직접 참여한다는 측면에서 시민참여형 문제해결로 각광받고 있다.

2. 디지털 사회혁신 플랫폼 '가치더함'

'가치더함'은 디지털 기술의 활용과 적극적인 시민참여가 동반된 디지털 사회혁신을 실천해나가기 위해 제주도가 개설한 플랫폼이다. '가치더함'의 제안 절차를 통해 도민들이 스스로 지역문제를 찾아내고, 디지털 기술을 활용해 해결방안을 찾아가는 환경이 조성되었다(홍창빈, 2019). 또한, '가치더함'을 통해 선정된 프로젝트는 지역주민, ICT 활동가, 지자체 담당자를 포함한 '스스로해결단'을 구성해 문제를 해결하게 된다(김호천, 2018). 협업을 통해 지역 현안을 발굴하고 디지털 기술을 활용하여 문제를 개선하고 해결해 나가는 '스스로해결단'은 주민이 성과를 체감하고 성취감을 느낄 수 있어 주민의 지속적인 참여로 이어지는 선순환으로 이어질 것이 기대된다. 구체적으로 '가치더함' 플랫폼에서는 일련의 과정을 통해 프로젝트로 등록이 이루어진다. 1단계에서는 모바일이나 PC를 통한 간단한 회원가입을 하고 누구나 제안을 등록한다. 제안등록 이후 100명의 공감대를 얻으면 2단계 문제정의로 넘어가 제안을 등록한 시민과 스스로해결단(주민참여협의체)이 문제를 구체적으로 정의하고, 3단계에서 토론을 통해 해결방안을 도출한다(제주도, 2019). 이렇게 지역주민, ICT 전문가, 지자체 담당자 등이 협의를 통해 정의한 문제와 그 해결방안에 대해 500명의 동의를 얻으면 프로젝트로 등록되어 사업이 추진된다. 등록된 프로젝트는 크라우드 펀딩이나 공공정책 제안을 통해 추진되거나 외부위원의 별도 심사를 거쳐 공공사업화를 통해 진행된다.

가치더함 플랫폼을 통해 선정된 디지털 사회혁신의 대표적인 예 중 하나가 제주도의 무장애관광 사업이라 할 수 있다. 제주도는 2014년부터 관광취약계층이 관광활동을 하는 데 있어 불편함을 느끼지 않도록 무장애관광 사업을 추진하고 있다. 대표적인 디지털 사회혁신 사례인 무장애관광 사업은 적극적인

[그림 2-7] '가치더함'을 통한 도민의 아이디어 제안

자료: 가치더함 홈페이지(https://www.jejudsi.kr).

[그림 2-8] '스스로해결단' 운영 방안

스스로해결단 구성	지역현안 발굴	해결방안 찾기	성과공유 확산
서비스 수혜자인 주민을 반드시 포함하고 주민이 대표가 되도록 구성	지역주민의 현안 및 요구사항 수집 ↓ 교육, 토론회, 아이디어 공유회 등을 통해 주민과 지자체 간의 소통과 협업 기회 확대	다양한 구성원 간 협업을 통해 창의적 해결방안 모색 ↓ 관련 전문가 및 기술사업자 등을 통한 해결방안의 실제적 구현	주민 간의 성과 및 경험 공유 기회를 조성 (성과공유회 등) ↓ 주민이 성과를 체감하고 성취감 극대화 → 주민의 지속적 참여

자료: 가치더함 홈페이지(https://www.jejudsi.kr).

시민참여와 디지털 기술의 활용을 통해 사회적 가치를 창출하였다는 점에서 디지털 사회혁신을 구현해냈다는 평가를 받고 있다. 본 사업을 진행하는 데 있어서 주민들의 적극적인 아이디어 제안이 있었으며, 스스로 나서서 자신의 지역 내 위치한 관광지에 장애인들에게 문제가 될 만한 것들이나 미흡한 편의 시설들이 있는지 보고하고, 직접 가서 경사도와 출입구 폭 등을 측정하여 데이터를 제공하며, 일부 마을에서는 관광지 내에 있는 계단을 허물고 휠체어가 지나다닐 수 있는 경사로를 설치하는 등 많은 역할을 수행함으로써 큰 기여를 하였다. 특히 무장애관광 사업은 다음의 두 가지 측면에서 강점을 지닌다. 첫 번째는 발달된 디지털 기술의 활용이다. 디지털 기술의 활용으로 보다 많은 데이터를 발굴 및 수집하여 제공되는 정보의 양과 정확성을 높이고, 기구축 및 신규 관광지에 대한 데이터를 검증할 수 있게 됨으로써 보다 신뢰할 수 있는 정보를 제공할 수 있게 되었다. 디지털 기술이 아니었더라면 데이터의 신뢰도를 높이는 핵심 작업인, 축적된 데이터베이스를 바탕으로 지속적으로 확인하고 개선하는 환류feedback 작업을 수행해나갈 수 없었을 것이다. 두 번째는 시민들의 적극적인 참여를 이끌어낸 것이다. 시민참여를 통한 사회 문제 발굴부터 해결까지 전 과정에 시민들의 참여를 이끌어냄으로써 보다 시민들의 요구에 맞는 방향으로 사업을 운영해나갈 수 있게 되었다. 다음에서 보다 구체적으로 무장애관광에 대해 소개하도록 하겠다.

3. 무장애관광의 개념과 의의

무장애관광은 장애인은 물론 노약자, 어린이 등 관광약자들이 장애 없이 관광이 가능한 것을 의미한다. 이는 '장애 또는 장벽이 없다'는 뜻을 가진 배리어프리barrier free의 개념이 관광에 적용된 것으로, 배리어프리는 건축물에서 장애인이나 노인들에게 불편을 주는 장애물을 제거하거나, 대안을 제공하여 그들이 자유롭게 활동할 수 있도록 배려하는 것을 의미한다(신동일, 2017). 예를 들면 계단 대신에 휠체어를 타고 오를 수 있는 경사로를 만드는 것, 휠체어를 타고도 편안하게 용변을 볼 수 있는 장애인용 화장실을 설치하는 것 등이 이에 해당한다. 관광약자들을 위한 배려의 일환인 배리어프리는 일찍이 서구사회를 중심으로 확산되어 왔다. 일례로, 미국의 경우 1968년에 「건축장애물제거법(the Architectural Barriers Act of 1968)」을 제정하여 연방정부의 재정지원을 받아 설립되는 건물은 장애인의 접근과 이용이 용이하도록 의무화하였다. 이후, 그 적용 대상을 숙박시설, 교통시설, 박물관, 식당, 극장 등 관광시설의 경우로 확장하여 장애인들이 관광을 함에 있어 불편함을 최소화하였다(김혜진, 2017). 이 외에도 프랑스에서는 관광시설이 갖추고 있는 장애인 편의시설의 수준을 기준으로 평가하여 인증하는 THTourism & Handicaps 제도를 운영하고 있으며, 일본에서도 이와 비슷한 무장애 적합증 제도를 운영하고 있다(최승철, 2013).

우리나라의 경우 2007년 「장애인 차별 금지 및 권리 구제 등에 관한 법률」을 제정하여 "모든 생활영역에서 장애를 이유로 한 차별을 금지하고 장애를 이유로 차별받은 사람의 권익을 효과적으로 구제함으로써 장애인의 완전한 사회참여와 평등권 실현을 통하여 인간으로서의 존엄과 가치를 구현함"을 목적으로 하고 있다. 특히, 동법 제19조(이동 및 교통수단 등에서의 차별 금지), 제24조(문화 및 예술 활동의 차별금지) 조항, 이 외에 「관광진흥법」 제47조의 3(장애인 관광 활동의 지원), 제47조의 4(관광 취약계층의 관광 복지 증진 시책 강구) 조항을 통해 보다 구체적인 법적 근거를 마련하고 있다.

이러한 법적 근거하에 문화체육관광부는 2015년부터 '열린관광지' 사업을 통해 선정된 기존 관광지를 개·보수하여 관광 취약계층에게 보다 친화적인 관광지를 조성하고자 노력하고 있다. 이 사업은 2019년 기준으로 24개소가 운영되고 있으며, 매년 장애인을 대상으로 한 만족도 조사결과, 접근 편리도 등 전반적인 항목에서 만족도가 상승함을 보였다(문화체육관광부, 2018). 한국관광공사 또한 무장애 여행 정보 사이트를 운영하면서 장애인 여행 추천코스, 영유아 추천코스, 어르신 추천코스 등으로 구분하여 관광 약자들에게 적합한 관광코스 정보를 제공하고 있다.

무장애관광은 기본적으로 장애인의 인권을 보장한다는 측면에서 그 의의를 가진다. 이명철(2012)은 장애인을 대상으로 관광활동이 갖는 영향력을 살펴본 결과, 관광활동을 통해 삶의 질을 향상시킬 수 있음은 물론, 자신에 대한 효능감, 사회구성원으로서의 자기 역할 인식, 삶에 대한 의욕 등에 긍정적인 영향을 미침을 제시함으로써 장애인들이 관광활동을 영유하는 데 있어 많은 지원과 관심이 필요함을 주장하였다. 이 외에도 김혜진(2017)은 장애인들과의 인터뷰를 통해 현재 장애인의 관광활동과 관련된 법률이 제정되어 있지만, 이것이 실질적인 행동으로 이어지지 못하고 있음을 비판하면서, 여전히 상당수의 관광지가 장애인을 위한 시설물이 미비하여 장애인들이 해당 장소에 접근하거나 이용하는 데 어려움을 겪고 있다고 밝혔다. 이러한 연구결과를 종합해보면, 무장애관광을 통해 장애인들이 보다 쉽게 관광활동을 즐길 수 있게 되는 것이 장애인 인권의 증진으로 이어질 수 있음을 알 수 있다.

4. 디지털 사회혁신으로서의 제주도 무장애관광

불과 30여 년 전만 해도 한국인들의 신혼여행지로 선망의 대상이었던 제주도는 오늘날, 교통수단의 발달로 누구나 쉽게 방문할 수 있는 대중적인 관광지로 자리매김하였다. 2019년 기준으로 한 해 동안 약 1,500만 명의 관광객[1]이 제주도를 찾는 등 명실상부한 관광명소로 널리 그 명성을 떨치고 있다. 그러나 관광 취약계층인 장애인들에게 여전히 제주도는 선망의 대상으로 남아 있다. 불편한 몸을 이끌고 제주도에 도착한다고 해도 장애인 편의시설이 잘 갖춰진 관광지가 어디인지 알 수 없기 때문이다. 이에 제주도는 2013년 5월 「제주특별자치도 관광 약자의 접근 가능한 관광환경 조성 조례」를 제정하여 무장애관광을 실천할 수 있는 법적 근거를 마련하고 이듬해인 2014년, 시각장애인을 위한 제주관광 홍보 점자책 『함께 아름다운 제주를 바라봅니다』를 발간함으로써 무장애관광을 위한 첫걸음을 내디뎠다. 점자책은 시각장애인들의

1) 2019년 기준 제주도 관광객은 내국인 1,356만 4명, 외국인 172만 6,132명으로 총 1,528만 6,136명이다(제주특별자치도관광협회 홈페이지, http://www.visitjeju.or.kr).

선호 관광지를 조사한 후 이를 중심으로 제주의 볼거리, 먹거리, 즐길거리 등 다양한 제주 관광 정보를 담고 있으며 전국 주요 시각장애인복지관 등에 배부되었다(신동일, 2018). 관광이라는 것의 초점이 보는 것에 있음을 감안해볼 때 상대적으로 소외되어 있던 시각장애인을 대상으로 진행한 제주도의 홍보 점자책 발간은 전국의 시각장애인에게 큰 감동을 안겨주었다.

2015년, 제주도는 무장애 관광환경 실태조사를 통해 제주 지역 50개소를 대상으로 실태 점검에 나섰다. 조사결과 관광지 50개소 중 44개(88%)는 관광약자들이 접근할 수 있는 보통 수준이며, 나머지 6개(12%)는 미흡한 시설로 나타났으며, 조사항목 중 가장 양호한 비율이 높았던 시설은 출입구(50%)이고, 가장 미흡한 비율이 높았던 시설은 시각·청각 장애인을 배려한 안내시설(98%)로 나타났다. 제주도는 이러한 실태 조사 결과를 바탕으로 미흡한 시설을 보강하고 안내시설을 확충하는 등의 노력을 기울였다.

제주도는 현재 구축한 정보를 제주데이터허브(www.jejudatahub.net)를 통해 무료로 공개하고 있으며 무장애 관광 안내 책자를 발간하여 오프라인을 통해 온라인 접근이 어려운 계층을 대상으로도 적극적으로 홍보하고 있다. 안내 책자에는 관광지 내에서 휠체어로 이동할 수 있는 동선뿐만 아니라, 노면 상태, 경사도, 장애물 등 다양한 정보가 담겨 있으며 장애인 화장실의 남녀 구분 여부,

[그림 2-9] 제주관광 홍보 점자책

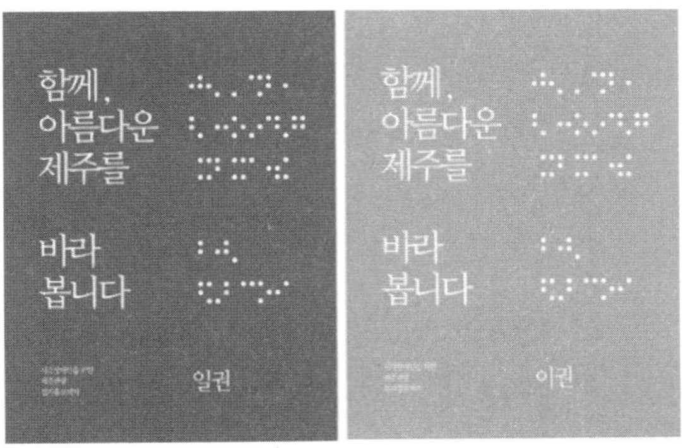

자료: 신동일(2018).

<표 2-6> 제주지역 관광지 무장애 관광환경 조사(2015) 결과

구 분	사례 수	양 호		보 통		미 흡					
						소계		미흡		미설치	
		개소	%	개소	%	개소	%	개소	%	개소	%
출입구	50	25	50	25	50	-	-	-	-	-	-
주차장	50	2	4	36	72	12	24	11	22	1	2
화장실	50	-	-	44	88	6	12	-	-	6	12
안내시설	50	-	-	1	2	49	98	38	76	11	22
편의시설	50	8	16	19	38	23	46	23	46	-	-
보행시설	50	5	10	30	60	15	30	15	30	-	-

주: 편의시설-등받이 의자 설치, 휠체어 이용 휴게 공간 등
보행시설-보행유도 점자판, 연속 손잡이 설치 등

자료: 신동일(2018) 재인용.

접근로 폭과 화장실 문 폭, 변기 위치, 추천 화장실 정보와 같이 기존에 찾아보기 힘들었던 상세한 정보도 담고 있다. 특히 이동약자를 비롯한 주민이 중심이 되어 직접 조사부터 책자 완성까지 참여하였다는 점에서 상당히 높은 평가를 받고 있다.

이에 그치지 않고 제주도는 무장애 여행 데이터 구축 교육과 세미나 개최를 통해 지속적인 홍보를 진행하고 데이터 품질 관리 및 디지털 사회혁신 활성화에도 노력을 기울이고 있다. 2020년에는 무장애관광 모바일 길찾기 앱 '같이올레' 서비스도 함께 공급을 시작할 예정이다. 이러한 성과를 인정받아 행정안전부로부터 2년 연속 장관상을 수상하였고, 「주민 체감형 디지털 사회혁신 활성화 공모 사업」에서 우수상을 수상하는 등 쾌거를 거두었다. 이처럼 제주도의 무장애관광 사업은 단순히 장애인을 비롯한 이동약자의 편의성을 높이는 것뿐만 아니라, 제주관광의 가치와 이미지를 제고하여 질적 성장을 달성하는 디지털 사회혁신의 좋은 선례 중 하나로 자리매김하고 있다.

대다수의 지자체가 민관협력에 대해 소극적인 자세로 임하고, 이전에 해왔던 사업이 아니면 부정적인 태도를 먼저 취하는 반면, 제주도청은 도지사를

비롯한 관官에서 강력한 이니셔티브와 함께 실질적인 지원책을 제공하여 시민참여를 이끌어내고 이를 지속될 수 있도록 하였다. 또한 외부 민간전문가를 적극적으로 활용하여 시민참여에서 발생할 수 있는 전문성 부재의 문제를 보완하였다는 점에서 성공적인 민관협력을 통한 사회 문제 해결 사례로 볼 수 있다.

제주도의 무장애 여행 사례는 크게 다음과 같은 세 가지의 의의를 가진다. 첫째, 디지털 사회혁신을 성공적으로 구현해냈다. 여기에는 디지털 기술의 활용과 시민의 적극적인 참여, 그리고 이것이 지속될 수 있도록 하는 제주도청의 노력과 지원이 뒷받침되었기에 가능한 것이었다. 특히, IT 강국으로서 발달된 디지털 기술을 가지고 있는 우리나라의 여건을 고려해보았을 때, 디지털 사회혁신은 새로운 국가 발전 전략으로 고려해 볼 만하다. 둘째, 관광 취약계층인 장애인과 관광 약자들의 인권 증진이라는 사회적 가치와 제주도의 이미지 개선을 통한 경제적 가치를 동시에 달성하였다. 다시 말해, 무장애 여행

[그림 2-10] 제주도 무장애 관광 안내 책자

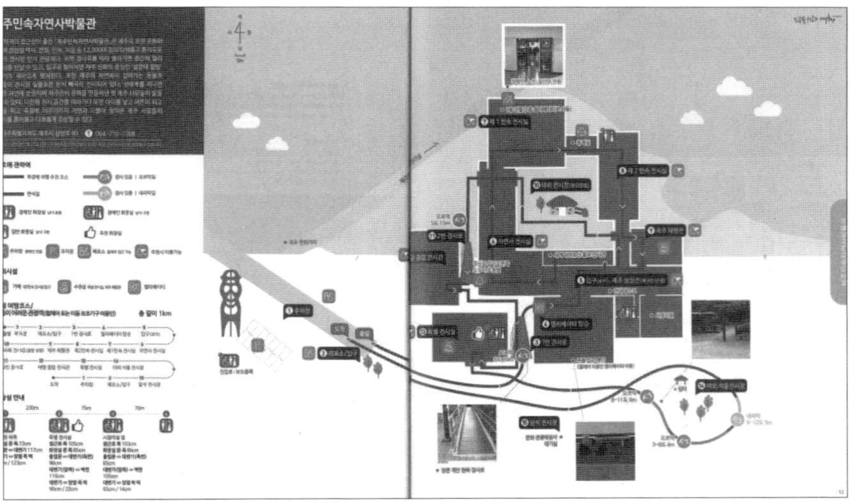

자료: 제주특별자치도 공식 블로그(https://blog.naver.com/happyjejudo/221699562536).

서비스를 제공함으로써 그동안 관광에서 소외되었던 사람들의 인권을 보호하고, 이러한 노력들이 인정받게 됨으로써 제주도의 관광 이미지까지 개선되었다. 이는 장기적으로 보았을 때 제주도의 관광 산업에도 긍정적인 영향을 가져오며 막대한 경제적 가치로 이어질 수 있다. 셋째, 제주도는 성공적인 민관협력과 적극행정의 사례를 보여주었다. 공공부문뿐만 아니라 민간부문의 행위자들이 힘을 합쳐 문제를 해결하는 거버넌스가 강조되는 사회에서 성공적인 민관협력은 상당히 중요하다. 그러나 한국의 경우, 대다수의 지자체가 민관협력에 대해 소극적인 자세로 임하고 부정적인 태도를 취하고 있다. 또한, 기존에 해오던 사업이 아니면, 굳이 위험을 무릅쓰고 새로운 사업을 추진하기 꺼려 하는 소극적인 문화가 팽배하다. 이와는 달리, 제주도청은 도지사를 비롯한 관官에서 강력한 이니셔티브와 함께 실질적인 지원책을 제공하여 시민참여를 이끌어내고 이를 지속될 수 있도록 하였다. 또한 외부 민간 전문가를 적극적으로 활용하여 시민참여에서 발생할 수 있는 전문성 부재의 문제를 보완하였다. 즉, 적극행정과 함께 성공적인 민관협력을 통해 사회 문제를 해결한 사례로 그 의의를 가진다.

V. 결론

스마트시티는 많은 지자체들이 추진하고 있고 중앙정부 차원에서도 적극적인 지원을 지속하고 있다. 각자의 수준과 특성을 반영한 스마트시티를 구현하고 있는 지방정부 차원에서 스마트시티는 경쟁적 도구로서 제시되기도 하고 지역주민의 삶의 질을 향상시키는 정책수단으로도 활용되고 있다. 스마트모빌리티를 통해 개별적으로 기능하던 서비스를 통합하고 통합플랫폼 기반의 데이터 통합과 연계·공유를 통해 지역주민의 삶의 만족도를 향상시키고, 이러한 성과는 해당 지역이 스마트시티로서 발전을 지속해나갈 수 있는 기반을 제시함과 동시에 유기적인 법·제도의 지원 체계를 필요로 하고 있다. 여전히 기술을 뒷받침하는 제도적 지원이 미비한 경우 지속 가능한 스마트시티의 발전이 어렵기 때문이다. 그뿐 아니라 소유를 넘어선 공유의 개념이 되고 있는 스마트시티는 행정 거버넌스 체계의 구축과 운영의 측면에서도 사회 문제 해결을 위한 다양한 대안으로 활용되고 있다. 정부 주도만으로 달성하기 어려웠던 민간과의 협력을 자연스럽게 유도해내고 신산업 분야를 창출하는 등 다양한 순기능을 창출하고 있는 것이다. 제주도는 이러한 스마트시티와 모빌리티의 기능을 통해 대중교통의 편리성과 관리의 효율성을 향상시킴과 동시에 방범·방재 통합 관리의 고도화를 목표로 하고 있으며, 디지털 사회혁신을 통한 무장애관광에 이르기까지 다양한 사회적 가치를 실현하고 있다. 이는 기술의 발전과 사회적 가치를 동시에 추구함으로써 지역주민뿐만 아니라 제주도를 방문하는 관광객과 이동약자에 대한 배려까지 엿볼 수 있다는 측면에서 더욱 우수한 사례로 제시할 수 있다. 즉, 제주도가 구현하는 스마트시티는 기술과 정보와 가치를 공유하는 형태로 발전해나가고 있는 것이다.

빅데이터 분석을 제공하는 빅카인즈 홈페이지에서 신문기사를 대상으로 '스마트시티'와 관련된 연관어 분석을 실시해보면, [그림 2-11]과 같은 결과가 나타난다. 세부 키워드를 살펴보면 부산, 아세안, 국토교통부, LH, 세종시, 전문가, 신도시, ICT, 지자체, 사물인터넷, 인공지능, 빅데이터, 도시문

[그림 2-11] 스마트시티 연관어 분석 결과

자료: 빅카인즈 홈페이지(https://www.bigkinds.or.kr, 검색 기간: 2015년 1월~2020년 2월).

제, 업무협약, 지속가능 등의 단어를 살펴볼 수 있다. 2015년 국토교통부가 공모한 스마트시티 통합플랫폼 기반 구축 사업의 성과로 지방자치단체가 스마트시티로서의 면모를 강조하고, 경쟁적으로 성과를 홍보하다 보니 위와 같은 결과가 도출된 것으로 사료된다. 즉, 기술과 지방자치단체, 그리고 중앙정부와 관련 공공기관의 역할이 강조되고 이를 도시문제의 해결과 업무협약을 통한 운영으로 보여주고 있는 것이다. 그러나 기술의 발달과 협력의 고도화로 인해 스마트시티에서는 소유의 개념을 넘어서 공유의 개념으로 발전하고 이러한 공유가 많은 지자체 차원으로 확산될 경우, 스마트시티의 연관어 분석결과 또한 변화하게 될 것이다. 초기에는 기술적 면모만이 강조되었기 때문에 사물인터넷이나 빅데이터, ICT 등 기술 관련 단어의 연관어 비중이 높았던 반면, 향후에는 지역주민의 삶과의 연계성이 강화되어 교통, 주거, 사회적 약자, 재난, 방범 등의 키워드 비중이 보다 높아지지 않을까 예측해볼 수 있다. 스마트시티는 기술적 구현에 그치지 않고, 주민의 삶에 스며들어 더 이상 기술적·사회적 혁신이 아닌 자연스러운 수단이자 공공서비스로 녹아들 것이다.

이러한 측면에서 제주도의 빅데이터 통합플랫폼과 대중교통 기반 사물인터넷 안전 통합플랫폼의 운영사례에는 협력과 성과를 동시에 창출해낸 결과로 타 지자체에 모범사례로 제시할 수 있는 정책적 시사점이 있다. 그뿐 아니라 제주도의 스마트시티 통합플랫폼을 활용한 방범·방재 통합관리의 사례는 2018년 국토교통부가 스마트시티 통합플랫폼 사업 대상지로 제주도를 선정함에 따라 방범기능과 더불어 재난, 교통 정보를 유기적으로 연계하여 활용함으로써 지속적인 발전과정 선상에 놓여 있다. 개인정보 보호나 경찰청과의 정보공유 측면에서 법적 제약이 여전히 존재하기는 하지만, 통합 관리를 넘어 AI로 범죄를 예측하고 재난상황에 즉각적인 대응을 할 수 있는 CCTV 분석기술을 향해 나아가고자 노력하고 있다. 마지막으로 제주도는 기술을 기반으로 한 업무혁신뿐만이 아니라 디지털 사회혁신을 바탕으로 한 무장애관광을 통해 이동약자에 대한 정보 제공과 삶의 질 향상을 적극적으로 구현해내고 있다. 이는 스마트시티가 단순한 기술적 발전과 경쟁 위주의 전략을 모색하는 것이 아니라 사회적 약자에 대한 배려가 일상 속에 녹아들어 사회적 가치를 창출하는 제주도만의 스마트시티의 특성을 보여주는 사례로 제시할 수 있다. 또한 제주도의 시민참여를 바탕으로 사회 문제 발굴 및 해결 사례와 협력을 통한 업무혁신사례는 타 지자체에 거버넌스 협력에 따른 지역문제 해결이 민관뿐만이 아니라 시민사회가 동시에 성장해나갈 수 있는 계기로 작동하고 있다는 시사점을 제시해 주고 있다. 즉, 중앙정부나 지방정부 차원의 공공주도형 사업이 아닌 시민참여가 전제가 되고 아이디어 제공과 문제 해결 과정에 민관협력이 이루어질 수 있는 환경을 조성하는 것이 디지털 사회혁신 측면에서의 지향점이라고 볼 수 있다(김유미·구자훈, 2019: 519). 이와 같이 제주도가 구현하고 있는 스마트시티는 기술의 발전과 더불어 사회적 약자에 대한 배려와 사회혁신적 면모를 동반한 따뜻한 감성을 가진 주체로 성장해나가고 있음을 확인하였다. 제주도는 ICT 플랫폼에서 기술과 정보, 그리고 가치를 공유하며 스마트시티로서의 역량을 제고시키는 과정에 있다. 마지막으로 앞의 [그림 2-11]에 나타난 스마트시티 연관어 분석결과는 향후 몇 년 이내에 '제주도'라는 단어가 추가되면서 그 존재감을 확장시켜 나갈 것임을 예상해본다.

참고문헌

국토교통부. (2017). 「스마트시티(U-City) 통합플랫폼 기반구축 사업 공모 및 선정평가 계획」.

김유미·구자훈. (2019). 「디지털 사회혁신관점의 스마트도시 평가지표 설정에 관한 연구」. 『한국콘텐츠학회논문지』, 19(10), 511-521.

김종선·송위진·성지은·김지혜. (2016). 「국내 디지털 사회혁신 현황 분석과 시사점」. 『STEPI Insight』, 192, 1-36.

김태형·최정민·이호·소재현·김미정. (2018). 『스마트시티 교통체계 구축전략 및 실행방안 연구』. 한국교통연구원.

김혜진. (2017). 「지체 장애인의 도시 관광권 연구」. 서울대학교 환경대학원 석사학위논문.

박수정·신동빈·이미숙. (2018). 「IoT 플랫폼과 스마트시티 통합플랫폼의 연계방안 연구」. 『한국지능시스템학회 논문지』, 28(6), 582-588.

소재현·김태형·김미정·강지원·이호·최정민. (2019). 「스마트시티와 스마트시티 교통부문의 개념 정립 연구」. 『대한교통학회지』, 37(2), 79-91.

신동일. (2017). 「국내·외 무장애 관광 사례를 통한 제주에의 시사점 및 과제」. 『JRI 정책이슈브리프』, 제280호.

_____. (2018). 『제주지역 무장애 관광도시 조성 방안 연구』. JRI 기본연구.

이명철. (2012). 「지체장애인의 관광활동 만족, 삶의 질, 행동의도 간의 관계」. 계명대학교 대학원 박사학위논문.

이성길·황귀현. (2017). 「스마트도시 통합운영센터와 센터 운영 시스템인 통합플랫폼의 기능 및 요건 연구」. 『한국통신학회지(정보와 통신)』, 34(9), 9-12.

이준우·박소영. (2014). 「3차원 공간정보기반 스마트 CCTV 재난관리방안 연구」. 대한공간정보학회 학술대회, pp. 237-238.

제주특별자치도. (2019). 「2019 제주특별자치도 빅데이터 시행계획」.

____________. (2019. 4. 24.). 「도, 디지털 참여 플랫폼(가치더함) 시범 운영: 지역문제 해결에 디지털 기술 활용 온라인 플랫폼 선보여」. 미래전략국 보도자료.

____________. (2019. 5. 17.). 「대중교통 기반 통합 첨단안전시스템 구축한다」. 미래전략국 보도자료.

____________. (2019. 5. 21.). 「'대중교통 이동형 사물인터넷(IoT) 통합 데이터' 국가중점데이터로 개방」. 미래전략국 보도자료.

____________. (2019. 9. 4.). 「제주도, 데이터에 가치 더했다 '초정밀 버스 위치 정보 서비스' 전국 최초로 선보여」. 미래전략국 보도자료.

조정래·김희숙·채두걸·임숙자. (2017). 「사물인터넷 환경에서 스마트 CCTV 방범 서비스」. 『한국디지털콘텐츠학회 논문지』, 18(6), 1135-1142.

최승철. (2013). 「배리어프리 인증 건축물에 대한 유니버설디자인 적용 연구」. 경희대학교 대학원 박사학위논문.

한국지역정보개발원. (2018). 「대중교통 기반 제주 IoT 통합플랫폼 서비스체계 구축」. 『지역정보화』, 113권, 7-10(4).

________________. (2019). 「대중교통 기반의 데이터 수집·활용으로 스마트시티 구현: 제주도, 버스 Wifi 활용해 '이동형 IoT 플랫폼' 구축」. 『지역정보화』, 117권, 20-21(2).

Cohen, B. (2015). The 3 Generations of Smart Cities. Inside the Development of the Technology Driven City.

EU. (2010). *Europe 2020: A Strategy for smart, sustatinable and inclusive growth*.

___. (2015). *Growing A Digital Social Innovation for Europe*.

강용택. (2008. 7. 12.). 「태풍 '나리' 이후 달라진 모습」. 『제주일보사』.

공희연. (2020. 2. 7.). 「제주도 '대중교통 이동형 IoT 통합정보' 서비스 시작」. 『교통뉴스』.

김태환. (2020. 1. 2.). 「ETRI, AI로 범죄 예측하는 CCTV 분석 기술 연구」. 『조선비즈』.

김혜선. (2018. 6. 29.). 「대형버스 졸음운전, 전국최초 ICT 기술로 막는다!」. 『일간제주』.

김호천. (2018. 10. 18.). 「제주도민 디지털 참여 플랫폼 '가치 더함' 연말 구축」. 『연합뉴스』.

______. (2018. 12. 11.). 「똑똑한 제주 버스…충돌·차선이탈 경고하고 졸음운전 방지도」. 『연합뉴스』.

박미영. (2020. 1. 23.). 「제주도, 올해 88.4억원 투입해 CCTV통합관제 도민안전망 확대 구축」. 『보안뉴스』.

박성연. (2019. 10. 15.). 「'범죄 없는 안전 제주'를 만드는 초석, CCTV」. 『헤드라인제주』.

윤현기. (2019. 9. 9.). 「카카오맵, 제주도서 초정밀 버스 위치 정보 서비스 시작」. 『데이터넷』.

이승록. (2021. 2. 9.). 「제주도, 안전 사각지대 없앤다...CCTV 설치 88억원 투자」. 『제주의소리』.

조문호. (2018. 6. 29.). 「제주도, 대형버스 졸음탐지 국비확보」. 『제주도민일보』.

좌승훈. (2018. 11. 4.). 「'스마트시티 제주' 연내 구축 "범죄의 섬 오명 벗겠다"」. 『파이낸셜뉴스』.

주미령. (2018. 7. 2.). 「제주도, ICT 기술 융합 대형 버스 졸음운전 막는다. 2018 정부 지원사업 선정, 첨단 센서 기반 안전 지원… 위험 발생 시 자동긴급제동」. 『국민일보』.

홍창빈. (2019. 12. 4.). 「'제주 가치더함' 플랫폼 정책제안, 문제해결 프로젝트 가동」. 『헤드라인 제주』.

가치더함 홈페이지, https://www.jejudsi.kr

빅카인즈 홈페이지, https://www.bigkinds.or.kr

스마트도시협회 홈페이지, http://smartcity.or.kr/business/ueco_sub0101.php (검색: 2020. 2. 8.)

정부혁신 1번가 홈페이지, https://www.innogov.go.kr
제주특별자치도 가치더함 홈페이지, https://www.jejudsi.kr
제주특별자치도 공식 블로그, https://blog.naver.com/happyjejudo/
제주특별자치도 재난안전대책본부 홈페이지, http://bangjae.jeju.go.kr
제주특별자치도 홈페이지, https://www.jeju.go.kr
제주특별자치도관광협회 홈페이지, http://www.visitjeju.or.kr

제 3 장

빅데이터를 활용한 정부혁신 : 국내외 범죄예방시스템 사례를 중심으로

Ⅰ. 서론: 4차 산업혁명 기술, 공공부문에서 활용이 가능할까?

최근 4차 산업혁명과 관련된 다양한 이슈가 사회적으로 지속적으로 대두되면서 그 관심도가 급증하였다. 4차 산업혁명으로 인해 산업, 경제, 교통, 안전, 교육 등 다양한 분야에서 변화가 일어나고 있으며, 빅데이터, 인공지능, 사물인터넷 등과 같은 기술들이 국내 산업의 거의 모든 분야에 점차적으로 적용되고 있는 실정이다. 이러한 변화와 관심도의 추세는 [그림 3-1]과 같이 간단한 트렌드 분석으로 살펴볼 수 있다.

그림과 같이 4차 산업혁명 키워드 곡선은 2016년 이후 급증하였음을 알 수 있으며, 2018년 이후 4차 산업혁명과 IoT와 관련된 이슈는 점점 잦아짐에도 불구하고, 빅데이터와 AI 관련 이슈는 지속적으로 상향 곡선을 보이고 있는 경향성을 볼 수 있다. 이러한 추세는 빅데이터, AI가 산업이나 경제적으로 지속적으로 활용되고 있을 뿐 아니라 다양한 분야에서 활용도가 높음을 반증한다고 볼 수 있다.

[그림 3-1] 4차 산업혁명 관련 트렌드 분석

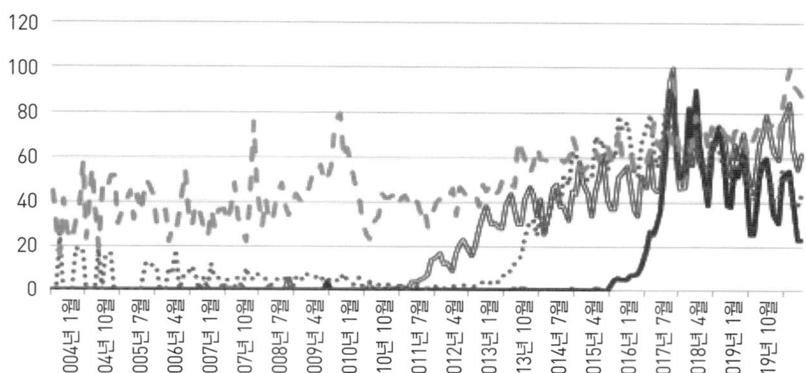

자료: Google trend(https://trends.google.co.kr), 각 키워드 입력 결과.

이러한 이슈의 흐름에도 불구하고 공공분야에서 4차 산업 관련 기술의 적용은 실제로 이루어지고 있는지, 공공분야에서도 빅데이터, AI와 같은 기술이 활용되어 국민들에게 실익을 가져다줄 수 있는지에 대해서는 가시적으로 국민들이 체감하고 있는 체감도가 44.5~57.8%로 높다고 할 수 없다(엠브레인 트렌트모니터, 2017; 2018). 또한 연세대학교 미래정부연구센터 주관으로 진행된 「미래정부 모델과 정부의 질」 설문조사[1]에 따르면 4차 산업혁명과 관련된 과학기술의 변화(빅데이터 알고리즘, 인공지능, 블록체인 등)와 관련하여 인간이 예측하지 못하는 다양한 문제가 생길 것이라는 부작용(범죄, 전쟁, 유전자 조작, 오작동, 개인통제 등)에 대한 국민의 인식도가 5점 척도에서 평균 3.9점으로 매우 높게 나타났다.

이러한 국민들의 체감 부족과 부작용에 대한 우려와 같은 문제가 있지만, 국민들은 대체로 4차 산업혁명의 결과로 과학기술이 발전하게 되면 그에 따른 편익도 증가할 것이라는 기대도 가지고 있다. 엠브레인 트렌드모니터에서 진행된 4차 산업혁명과 관련된 기대, 우려에 대한 조사결과 [그림 3-2]와 같이 4차 산업혁명과 관련된 기대가 점점 커지고 인식이 개선되고 있는 것을 볼 수 있다.

[그림 3-2] 4차 산업혁명에 대한 기대와 우려 인식조사

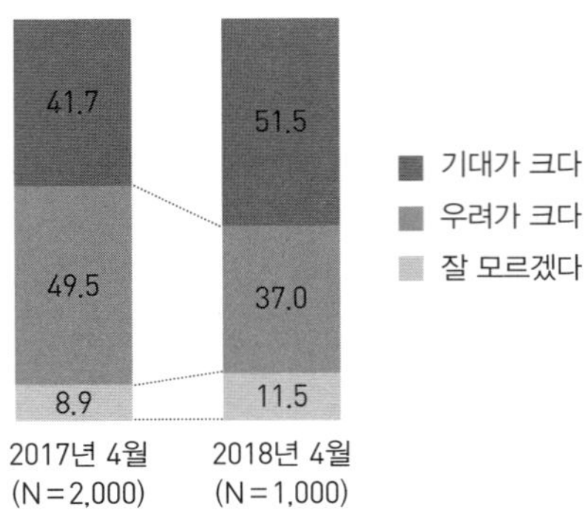

자료: 엠브레인 트렌드모니터 홈페이지(https://www.trendmonitor.co.kr/).

1) 연세대학교 SSK 사업단 미래정부연구센터. (2019). 「미래정부 모델과 정부의 질 2차 설문조사」. EMBRAIN.

이렇게 4차 산업혁명과 관련된 부정적인 인식과 긍정적인 인식이 공존하는 상황에서 향후 공공부문이 4차 산업혁명 관련 기술을 어떻게 이용하고, 수용하여 공익을 증진하는지가 4차 산업혁명 기술의 긍정적 인식을 지속적으로 증진시키고, 향후 관련 기술 발전을 가지고 올 수 있는 핵심 열쇠라고 할 수 있다. 본 연구에서는 이러한 연구 배경에 따라 향후 4차 산업혁명의 핵심적인 기술이라고 할 수 있는 5가지 기술 중 활용 가능성이 높고 공공부문에 실현, 적용 가능성이 높은 빅데이터를 연구 대상으로 한다. 빅데이터를 공공부문에서 어떻게 활용하여야 하는지에 대한 정책적인 고려를 진행하기 위해 선행연구와 해외사례 등을 통해 살펴본 후 현재까지 진행된 선행연구와 사례조사를 통해 향후 공공부문에서 빅데이터의 활용을 통해 공익을 증진시킬 수 있는 방안에 대한 고민을 해보고자 한다.

선행연구와 해외사례를 검토하여 얻은 통찰에 근거하여 선행연구 및 해외사례를 바탕으로, 현재 우리나라 공공부문에서는 어떻게 빅데이터 시스템을 구축, 활용하고 있는지 분석을 해보고자 한다. 이러한 일련의 과정을 통해 향후 우리나라에서 정책적으로 활용할 수 있는 다양한 빅데이터 활용사례를 탐색해보고 현재 진행된 긍정적인 사례를 바탕으로 빅데이터 기술의 공공부문 적용의 긍정적인 발전 방향을 제시해보기로 한다.

II. 선행연구와 해외사례 분석

1. 4차 산업혁명과 빅데이터의 정의

4차 산업혁명은 다양한 학문(물리, 디지털, 바이오 등)이 융합되어 기술적 혁명이 일어나는 것을 의미[2]하며, 매우 빠른 속도로 진행된다는 특징을 바탕으로

2) 2016년 1월 20일 스위스 다보스에서 열린 세계경제포럼에서 클라우스 슈바프(Klasus Schwab) 회장이 처음으로 언급하였다.

전 산업 분야에서 파괴적 기술에 의한 구조 재편이 이루어지고 생산, 관리, 지배구조 등 다양한 시스템의 변화가 예측되는 산업혁명이다. 더하여 사물인터넷, 인공지능 등 4차 산업을 주도하는 기술과 공유경제, 온디맨드 경제[3] 등 기술기반 플랫폼 사업과 같은 새로운 기술이 다양한 부문에 적용되고, 새 산업적인 모델이 창출될 것으로 예상되는 사회적 변화이다(정재웅 외, 2017; 현대경제연구원, 2016).

이러한 4차 산업혁명은 무인운송수단, 3D 프린팅, 로봇공학, 신소재 등의 물리적 기술, 빅데이터, 사물인터넷, 인공지능 등의 디지털 기술, 유전공학(합성생물학 등), 스마트 의료 등의 생물학적 기술이 적용되어 산업 전반의 기술적인 도약을 가져올 것으로 예상된다(천기우, 2017; 현대경제연구원, 2016). 앞서 서술한 대로 4차 산업혁명은 플랫폼 기술에 기반을 둔 다양한 기술 도약을 가져올 것으로 보이지만 그중 현재 가시적으로 실현가능성이 높고 성과가 있는 분야는 5개 기술 분야가 있다(천기우 외, 2017; OECD, 2017).

해당 기술은 빅데이터, 3D 프린팅, 사물인터넷, 인공지능, 클라우드 컴퓨팅 등이다. 먼저 빅데이터는 이전의 데이터베이스 처리방식으로 수집, 저장, 검색, 분석이 어려운 방대한 데이터로 정형/비정형 데이터를 포괄하는 정보이다(조화순, 2015). 이러한 빅데이터는 AI 구현의 기본 기술일 뿐 아니라 대량 데이터를 수집, 관리하는 방식으로 데이터베이스에서 패턴을 파악하여 신뢰성을 높이고 데이터로 다양한 부가가치를 창출할 수 있는 기술이다(Bühlmannet et al., 2016).

또한 3D 프린팅은 입력된 설계도에 따라 특정한 조형물을 3차원 형상으로 만들어내는 기술로 제조업 생산성을 높이고 프로토타입 개발 비용을 줄여줄 수 있는 기술이다. 특히 최근에는 제조용 3D 프린트 기술 개발이 일어나면서 다품종 소량생산 체계가 더욱 심화될 수 있는 기반을 제공하고 있기 때문에 이러한 기술이 향후 온디맨드 경제에 직접적인 기반을 제공해줄 수 있을 것으

3) 온디맨드 경제(On Demand Economy)란 모바일 기술 및 IT 인프라를 통해 소비자의 수요에 따라 즉각적으로 제품 및 서비스를 제공하는 경제활동을 의미한다(현대경제연구원, 2016).

로 보인다(최은지 외, 2013; Bassoli et al., 2007).

사물인터넷은 가전제품이나 다양한 사물 객체에 컴퓨터 기반 통신기능을 적용함으로써 인터넷과 사물의 연결망을 구성하고, 센싱, 네트워크, 보안 체계를 구축하여 다양한 정보를 사용자에게 제공하며, 인공지능과의 결합을 통해 사용자 환경을 좀 더 사용자와 친밀하게 구현함과 동시에 다양한 부가가치를 창출할 수 있는 데이터 구축에도 도움을 줄 수 있는 기술이다(신동희 외, 2013; 천기우 외, 2017; Geng, 2017).

이러한 기술적 진보와 함께 4차 산업혁명에서 대두되고 있는 기술은 인공지능 기술이다. 인공지능은 실제 지능의 의사결정 구조와 지식을 활용하는 기술을 모사한 인공적인 지식 표현, 활용 시스템 구현 기술로서 다양한 스마트 서비스 환경에서 활용될 수 있다(Russell, 2015). 이러한 지식 활용을 이용한 인공지능 구현은 기호와 통계에 기반을 두고 있으며 추론과 빅데이터에 근거한 지식 적용 등을 이용하여 이용자의 편의성을 극대화하고 새로운 가치 창출이 가능한 기술이다(천기우, 2017).

마지막으로 클라우딩 컴퓨팅 기술은 분산 컴퓨터 시스템을 활용하여 서버의 모든 컴퓨터를 온라인 상태에서 시간과 장소에 상관없이 업무 환경을 구성하고 클라우드 컴퓨팅 개체를 활용한 서비스 처리 극대화를 추구한다고 볼 수 있으며, 이러한 분산 컴퓨팅 개체를 관리하는 방법 등을 연구하여 기술의 발전을 이룩하고 있다(Furht et al., 2010). 앞서 열거한 기술은 모두 4차 산업혁명에서 급진적으로 발전하고 있는 기술일 뿐 아니라 향후 우리에게 상당한 편익을 제공해줄 것으로 보인다.

이러한 기술 중 본 연구에서는 빅데이터에 주목하여 빅데이터의 정의와 활용에 대한 선행연구를 살펴보고 해외에서 빅데이터를 활용하고 있는 사례를 탐색해본다. 그리고 이를 기반으로 현재 우리나라에서 빅데이터 시스템을 구축하고 있는 사례를 찾아 빅데이터의 공공부문에 대한 적용가능성을 살펴본 후, 빅데이터 시스템 활용을 통한 긍정적인 발전과 개선 방향을 고안해보기로 한다.

2. 공공부문 빅데이터 기술 활용 관련 선행연구

앞서 4차 산업혁명과 빅데이터를 비롯한 관련 기술의 정의를 살펴보았다. 4차 산업혁명을 이끄는 5가지 기술 중 앞서 서술한대로 빅데이터를 중심으로 공공부문에서 해당 기술을 어떻게 활용할 수 있는지에 대한 논의를 진행해보기로 한다. 이러한 논의를 이끌어내기 위해 선행연구 정리를 통해 이론적 근거를 정리해보기로 한다.

먼저, 우리나라의 빅데이터 관련 연구는 4차 산업혁명에 대한 연구와 함께 다루어지는 경향성이 있다. 이러한 연구를 살펴보면 첫째, 천기우 외(2017)의 연구에서는 4차 산업혁명 관련 5대 플랫폼 기술의 연구 수준을 기술적descriptive으로 분석하여 한국의 연구 수준이 세계 평균을 하회하는 수준이라고 밝혔다. 특히 해당 연구에서는 한국의 유수의 대학(KAIST, 서울대학교 등)의 연구 수준이 세계 100위권에 머무르면서 글로벌 연구성과가 질적 측면에서 뒤처져 있음을 밝혔다.

둘째, 정재웅 외(2017)의 연구에서는 4차 산업혁명과 관련된 기술에 대한 정보를 수집하여 국내 연구개발R&D의 경향성을 밝혀냈다. 특히 그래핀, 빅데이터, 바이오마커 등을 대표 키워드로 선정하여 관심도를 측정하였는데 국내외 관심패턴이 유사함을 밝혀냈으나 국내의 각 기술에 대한 관심도가 해외의 관심도와 대비하여 상대적으로 낮은 수준임을 주장하였다.

셋째, 현대경제연구원(2016)의 연구에서는 4차 산업혁명의 등장이 글로벌 경제의 저성장을 벗어날 수 있는 원동력이 될 것이며 주요국(미국, 중국, 독일, 일본 등)의 4차 산업혁명 관련 산업의 성장세가 다른 산업에 비해 상대적으로 빠르다고 분석하였다. 하지만 해당 연구에서 우리나라의 4차 산업혁명 관련 기업의 성과는 다른 주요국과 비교해보았을 때 낮은 성과를 내고 있다고 보았기 때문에 향후 우리나라에서 새로운 기술과 산업구조를 형성해나가야 할 비전과 대응체계 형성을 강조하였다.

이러한 연구들을 분석해보면 현재 우리나라가 다른 선진국 대비 4차 산업혁명에 대한 준비가 미비하며, 연구 및 기업의 성과가 낮은 것으로 나타났다. 향후 4차 산업혁명 관련 기술이 지속적으로 발전하기 위해서 사회적인 지원과 연구, 기업에 대한 지원이 이루어져야 함은 물론 공공부문에서도 선도적으로 4차 산업기술을 활용해야 할 것이다. 특히 본 연구에서 연구하고자 하는 빅데이터와 관련하여 현재 우리나라의 공공부문에서 적용하거나 활용할 수 있는 분야는 대표적으로 거버넌스governance, 범죄, 안전, 재난, 전자정부, 환경 등이 있다. 해당 분야에 관한 연구는 다양하게 진행되고 있는데 뒤의 〈표 3-2〉, 〈표 3-3〉과 같이 살펴보기로 한다.

〈표 3-1〉과 같이 선행연구에서는 재해·범죄·테러 등의 탐색과 예방, 복구에 있어서 빅데이터를 활용하여 선제적으로 대응하거나 복구 과정에서 재난 피해자들의 다양한 욕구를 분석하여 맞춤형 대응을 할 수 있는 방안 등을 연구하였다. 자연 현상 관련, 소셜 매체 빅데이터는 선행연구에 근거하여 특히 재난의 관리·대응·복구에 긍정적인 영향을 줄 수 있는 것으로 보인다. 이러한 빅데이터의 특성을 공공부문에서 잘 활용하기 위해서 관련 시스템과 조직 개편 등이 필요함도 해당 연구들의 함의점으로 생각할 수 있다. 다음으로 전자정부·거버넌스와 관련된 논의는 〈표 3-2〉에서 다뤄보기로 한다.

〈표 3-2〉에서와 같이 다양한 연구들이 전자정부(e-government/governance), 정책 분야에 빅데이터를 활용하여 긍정적인 정책결과를 창출하거나 정부신뢰, 정책반응성을 높일 수 있음을 예측하고 있다. 또한 향후 빅데이터 활용을 위하여 정부조직 개편이나 데이터 관련 제도 확립이 필요하며, 거버넌스적 협력에 기반한 의사결정 및 관리 시스템 구축을 위한 정부의 노력이 수반되어야 할 것으로 보인다. 〈표 3-1〉, 〈표 3-2〉와 더불어 〈표 3-3〉에서는 범죄 분야에서 공공부문의 빅데이터 활용을 살펴보도록 한다.

〈표 3-3〉에서와 같이 선행연구들은 범죄 분야에서 빅데이터를 활용하여 범죄를 예방, 인지하거나 관리하여, 향후 시민들의 안전 확보 등에 활용할 수 있음을 보여주고 있다. 특히 범죄 예방에 있어서 데이터의 측정과 수집이 실시간으로 이루어질 수 있는 환경이 갖춰지면서 해당 데이터를 수집, 관리, 분

석할 수 있는 체계를 구축하는 형태로 범죄 관련 빅데이터 시스템이 향후에 구축되어야 할 뿐 아니라 관련 법제의 개편도 필요함을 각 연구들에 근거하여 정책적인 함의로 구체화할 수 있다.

<표 3-1> 안전 · 재난 부문 빅데이터 공공부문 활용 관련 선행연구

연구	연구대상	연구방법	주요 연구결과
나유경 외 (2019)	재난 관련 뉴스 크롤링을 통한 재난 빅데이터 활용 시나리오 플래닝	복합 시나리오분석	재난 복합 시나리오 분석을 통한 시나리오 선정 후 뉴스 빅데이터 분석을 이용한 호우, 홍수와 연계된 산사태 뉴스를 분석하여 호우-홍수-산사태가 하루 안에 연계하여 발생할 수 있음을 밝혀냄.
이동규 (2016)	재난관리 시스템 운용	분석 성숙도 모델에 근거한 단계별 데이터 수준분석	빅데이터를 활용한 재난 대응과 관련하여 한국은 재난 대비, 예방 차원에서 빅데이터를 활용하고 있었으나, 미국 · 영국에서는 현황파악과 원인을 이해하는 데 활용하여 향후 재난 위험 예측을 하고 있었음. 한국도 이러한 대응을 위하여 빅데이터 기반의 통합 재난관리시스템(스마트상황실) 등을 운용해야 하며 이에 따라 조직 등을 개편해야 함.
임상규 (2014)	빅데이터 활용 재난관리 체계 구축	사례 비교분석	미국(국립해양대기청 기상정보, 지질조사소 지진정보), 일본(기상청 지진정보), 싱가폴(RAHS), 브라질(리우 데 자네이루 지능형 운영센터) 등 다양한 재난관리시스템 사례를 분석하고 우리나라에서는 빅데이터 공유환경 마련과 데이터의 현재화, 참여형 재난관리체계(SNS 활용) 구축을 제안함.
Horita. et al. (2017)	oDMN+ Framework: a framework for connecting decision-making with data sources	모델링을 활용한 재해 예방시스템 구축 효과성 검증	브라질의 재해 관리를 위한 빅데이터 활용 방법 중 oDMN + Framework에 기반한 확장 모델링 과정을 이용하여 실제 데이터를 반영한 조직 의사결정에 빅데이터를 활용하는 방법을 고안하여 재난 예방에 관한 조직의 의사결정 체계 개선함.
J.R. Ragini. et al. (2018)	소셜 네트워크 활용을 통해 재난 후 시민들의 재난 피해 정서 파악	트위터 키워드 분석, 텍스트 마이닝	소셜네트워크(twitter)의 텍스트를 수집하여 재난 피해를 입은 시민들의 감정을 텍스트 마이닝 및 기계학습을 이용한 알고리즘으로 분석하여 소셜 미디어 빅데이터 구성 및 분류를 통한 재난 환경 관리 전략을 개발할 수 있기 때문에 빅데이터를 재난 관리에 활용할 필요성이 있음을 주장함.
T. Papadopoulos. et al. (2017)	재해 복원 공급망과 관련한 빅데이터 분석 및 지속가능성 탐색	비정형 데이터 분석, 확인 요인분석 (confirmatory factor analysis : CFA)	네팔 대지진 이후 재난 구조 활동에 참여한 봉사자와 매체(트위터, 뉴스, 페이스북 등) 빅데이터 분석을 통해 재해 복원 공급망의 지속가능성 탐색을 진행함. 빅데이터와 공공-민간 파트너십, 지원 네트워크 등의 강화를 주장함.
S. Dhamodaran. et al. (2015)	자연 재해 탐색과 대응에 있어 빅데이터 활용 자동 경보 시스템	데이터 마이닝(도메인 특정), 하둡(hadoop) 시스템 활용 분석	트위터(twitter)의 트윗을 분석하여 API를 구성한 후 크롤링을 통한 트위터 데이터베이스 구축 후 자연재난 관련 경보와 지역 정보를 확인하여 재난 대응 가능성을 탐색함.

<표 3-2> 전자정부(거버넌스)·정책 부문 빅데이터 공공부문 활용 관련 선행연구

연구	연구대상	연구방법	주요 연구결과
조화순 외 (2015)	빅데이터 관련 정책-기술 거버넌스의 모색	이론적 근거 기반 질적 방법론	빅데이터 생태계·행위자-네트워크 이론에 근거하여 기존 기술 거버넌스의 수직적 구조에서 벗어나 민간-공공의 이해관계를 모두 수렴해야 하며, 정부는 환경 빅데이터 과정에서 빅데이터의 근본적인 문제 해결을 위해 노력하며, 제도 설계, 규제 시행의 소극적 행위자가 아닌 시스템 내에서 적극적인 매개자 역할을 수행해야 한다고 주장함.
김현성 (2012)	한국의 정보화 추진과정과 향후 스마트 정부	사례분석	빅데이터를 활용하기 위한 주요 정보통신기술 패러다임으로 유비쿼터스 컴퓨팅, web 2.0, IT 컨버전스, 클라우드 컴퓨팅 등의 기술을 이용하여 향후 스마트 정부의 정보서비스 시스템 발굴, 빅데이터 관리체계 구축, 스마트 정부의 신뢰(투명성, 개인정보 보호) 향상의 필요성을 역설함
John Carlo Bertot et al. (2014)	빅데이터, 개방형 데이터	정책분석, 문헌분석, 인터뷰	개인정보, 데이터 재활용, 데이터 정확도, 데이터 보존 등에 대한 분석을 통해 향후 개방형 데이터 기반 정부 거버넌스 모델 구축을 위해 개인정보에 대한 보호를 위해 정확한 가이드라인 제공, 데이터 품질 기준 설정, 데이터 관리 시스템 구축 등을 제안함.
J. Höchtl (2016)	빅데이터 활용 정책 과정 설계	정책주기에 의한 단계별 정책 분석	정책결정에 있어서 데이터 기반 의사결정이 향후 정부 활동, 공공행정의 서비스 제공방식을 개선할 수 있으며, 정책주기별로 ICT에 근거한 데이터 기반 의사결정을 할 수 있으나 과잉 정보를 반영하여 비효율성을 증가시키거나 너무 이른 판단을 통한 정책 폐지 등에 대해 주의해야 한다고 주장함.
Sarah Giest (2017)	정책형성 (policy making) 과정에서 빅데이터 활용	사례분석 문헌분석 정책분석	정책형성 과정에서 증거 기반 정책, 전자정부 등과 관련한 기술적인 논의를 실현하기 위하여 정부 내 빅데이터 분석 활용을 위한 조직 개편이 필요하며, 디지털 공공서비스 관점에서 다양한 정책 분야별 활용을 위한 빅데이터 수집, 활용 데이터 특정, 운용 시스템 구축 (frameworks) 등이 필요함을 주장함.

<표 3-3> 범죄 부문 빅데이터 공공부문 활용 관련 선행연구

연구	연구대상	연구방법	주요 연구결과
권양섭 (2017)	국내외 수사기관 및 범죄 예방과 수사에 있어서 빅데이터 활용	사례분석 문헌분석	빅데이터를 반영하여 범죄 수사방법에 있어서 법적인 개선이 필요함을 인식하고 형사사법적 평가를 진행함. 이 평가를 통해 빅데이터분석 시스템이 향후 국민의 기본권 침해에 대한 문제를 해결한다면 정보수집활동으로 해당 시스템을 활용할 수 있음을 주장함.
김성준 (2017)	범죄 예방 빅데이터 시스템 구축	사례 및 기술 분석 문헌분석	기존 경찰 수사의 정형데이터와 빅데이터를 결합한 범죄 예방 시스템의 도입 필요성을 주장함.
박소랑 · 박재국 (2018)	범죄예방환경 설계 및 범죄취약지 추출	CPTED 및 통계자료 분석을 통한 GIS 분석	공간 및 범죄 데이터를 이용하여 유흥가 및 상업지역이 범죄에 취약성이 높음을 주장하였으며, 셉테드 감시요소(CCTV, 가로등 등)의 효과성을 입증하였음.
안동욱 · 임춘성 (2019)	소셜데이터 수집을 이용한 범죄수사기법	텍스트 마이닝, 웹크롤링	범죄가 소셜미디어로 전파, 모집, 광고되는 현상을 포착하여 수집 자동화와 알고리즘을 활용한 데이터 분석을 통해 불법 다단계 범죄에 대한 사전인지가 가능함을 증명함.
윤민우 (2017)	테러, 범죄 예방을 위한 공개출처 데이터 활용 데이터 베이스 구축	인과적 체인구조 이용 사례 분석 및 요인 분석	미국, 싱가포르 사례를 분석하여 공개출처정보(Open Source Intelligence: OSINT)에 근거한 테러 및 범죄 예방 데이터베이스 구축의 필요성을 주장함.
최민제 · 노규성 (2016)	특정 요인(CCTV, 보안등, 시간, 요일 등)과 범죄의 관계 규명	공공 데이터 기반 통계분석	보안등보다 CCTV의 범죄 예방 효과가 클 수 있으며, 특정 시간대(밤 9시~새벽 6시), 외국인 유입 등이 범죄에 영향을 미침을 확인함.

이상 〈표 3-1〉~〈표 3-3〉까지 앞서 선행연구를 살펴보았다. 빅데이터는 다양한 분야에서 활용될 수 있으나, 선행연구에서 살펴본 대로 아직 정부의 제도, 조직, 체계 등 다양한 분야의 개혁이 수반되어야 할 것으로 보인다. 더하여 범죄, 재난, 안전, 전자정부, 환경 등의 분야에서 빅데이터 분석을 통해 시민들의 안전을 보장하고 쾌적한 환경을 제공할 수 있는 증거 기반evidence based 정책이 형성될 수 있는 가능성이 있음을 확인하였다. 그렇다면 실제로 공공부문에서는 빅데이터를 어떻게 활용하고 있는지에 대해서 해외사례를 살펴본 후 한국의 빅데이터 구축, 활용 사례를 심화하여 살펴보기로 한다.

3. 공공부문 빅데이터 기술 활용 관련 해외사례

공공부문에서 빅데이터를 활용하는 국가는 상당히 많다. 미국, 중국, 싱가포르 등 다양한 국가에서 활용하고 있는데 각 국가 공공부문에서 빅데이터를 활용하고 있는 사례를 살펴보면 〈표 3-4〉와 같다.

〈표 3-4〉와 같이 여러 국가에서 빅데이터를 이용하여 정책적으로 활용하고 있다. 〈표 3-4〉에서 제시한 사례들은 일부에 불과하지만 해당 사례들을 통해 재난, 범죄의 위험을 관리하고 예측하거나 환경 파괴, 환경 오염과 관련한 데이터를 수집하여 환경 이슈에 대응하는 등 빅데이터가 다양한 분야에서 활용될 수 있음을 확인할 수 있다. 특히, 〈표 3-4〉의 사례 중 미국 산타크루즈 경찰서 사례와 같이, 최근 범죄 예측에 있어 빅데이터 사용이 증가하고 있는 점과 앞선 선행연구 검토에서 살펴보았듯이 다양한 분야에서 빅데이터를 활용함에도 불구하고 관련 연구에 대해 본 연구에는 해외사례로서 Predpol 및 COP-LINK 시스템을 중심으로 좀 더 상세히 서술한 후 국내 범죄 관리 시스템 사례인 CPTED 시스템을 심화하여 살펴보기로 한다.

1) Predpol 시스템 사례

예측치안Predictive Policing, Predpol이란 경찰이나 수사대와 같은 법집행기관이 인공지능artificial intelligence을 사용해 잠재적 범죄 활동을 통계적으로 예측하고 범죄 가능 패턴을 식별하는 기법을 말한다(Ferguson, 2014). 현재 세계 여러 도시에서는 인공지능 기술이 적용된 예측치안 시스템을 이미 도입하거나 시험 중에 있다. 이러한 예측치안 시스템은 미국의 여러 주州에서 도입된 사례를 통해 좀 더 자세히 살펴볼 수 있다.

먼저, 미국 캘리포니아에서 시작된 Predpol 시스템의 경우 범죄 예방과 치안 증진에 대한 수요가 증가하는 상황 속에서 경찰인력 확보 관련 예산이 지속적으로 삭감됨에 따라 효율성 증진 방안 모색의 필요성이 대두됨으로써 개발되었다(경기연구원, 2014). UCLA, 산타클라라대학 등의 연구진과 LA 및 산타

<표 3-4> 빅데이터 공공부문 활용 사례

국가	기관	활용 사례
미국	국립해양대기청(NOAA: National Oceanic and Atmospheric Administration)	기상 정보 수집(매일 35억 건 이상의 신규 데이터) 후 분석을 통해 기상 서비스, 다양한 분야에 활용함. 특히, 폭염특보, 고온건강경보시스템, 화재 위험성경고 등 기상 관련 정보 제공 및 경보에 활용함.
미국	지질조사소(USGS: United States Geological Survey)	1900년 이후 발생 지진에 대한 조사 및 피해 분석 데이터를 이용하여 향후 지진의 재난 피해 발생 관련 시나리오 플래닝, 미래 재해 및 사고 방지, 재난 시뮬레이션 등을 진행함.
미국	산타크루즈 경찰서(Santa Cruz Police Department)	범죄 데이터 분석을 활용한 PredPol 예측기법을 이용한 범죄 확률 예측 시스템을 구성하여 특정 시간대에 특정 지점에서 범죄 확률을 구하여 범죄 확률이 높은 지점을 먼저 순찰하여 범죄 대응성을 높였음.
미국	World Resources Institute(WRI)	소셜미디어 데이터 및 미국항공우주국, 구글의 인공위성 데이터를 활용한 전 세계 산림자원 손실 및 조림 현황 확인 모니터링 시스템을 구축하여 산림 파괴에 대한 감시체계 구축
브라질	리우데자네이루 지능형운영센터	날씨 예측 시스템(모델링)을 이용하여 폭우, 홍수, 산사태 등을 예측하고, 교통관제, 행사 제어 등 다양한 도시 통합제어시스템을 운용함.
싱가포르	국가안보조정사무국(NSCS: National Security Coordination Secretariat)	국가 안전 위협 요소, 환경변화 탐지를 위해 미래 예측 방법론, 기술 개발을 통한 데이터 분석으로 해상 테러, 해안 침투 등에 대비하는 안전 확보 의사결정 지원 정보처리 및 시각화 등을 진행하고 시나리오를 연구함.
이탈리아	밀라노 지능형 교통정보	교통 빅데이터 기반 지능형 교통 정보시스템을 구축하여 교통에 영향을 주는 다양한 요인들을 분석함.
중국	국세청	기업의 정보를 수집, 감독하는 조세시스템 FAPIAO를 이용하여 탈세를 사전에 방지하고 기업의 허가, 외환 통제, 환경 등 다양한 요소들을 관리함.
일본	기상청(JMA: Japan Meteorological Agency)의 국가 지진 네트워크, 국가방재과학연구소(NIED: National Research Institute for Earth Science and Disaster Prevention)	지진 네트워크를 이용한 지진 정보 모니터링 및 분석 정보를 정부기관에 제공함. 약 4000개에 이르는 관측소(계측기 포함)를 통해 수집된 지진 파동 데이터를 선제적으로 감시하여 경보를 통보하고 2차 재난을 예방함.

자료: 복경수 외(2013); 임상규 외(2014); 문명재 외(2019).

크루즈 경찰서의 범죄분석가 및 경찰관과의 긴밀한 협력을 통해 이루어졌으며, 2011년 7월부터 6개월간 시범적용 후 2012년 총 370만 달러 규모의 투자를 받아 상용화되었으며, 현재 미국경찰서 60개 이상에서 활용되고 있다.

Predpol은 범죄 발생 가능성이 가장 높은 시간 및 장소를 예측하여 범죄 예방의 효과를 극대화할 수 있는 경찰인력 배치방법을 찾는 것을 목적으로 개인의 행동적 특성, 과거 범죄이력 및 지리적 정보를 결합하여 범죄를 예측한다(과학기술정책연구원, 2014). 지진발생 예측 패턴을 범죄 예측에 응용하여 특정 유형의 범죄가 정해진 시간과 공간에서 지속적으로 반복되어 나타나는 사례에 근거해 알고리즘을 구성하고 있다(한국정보화진흥원, 2018).

과거 범죄 발생 지역을 6개월 단위로 학습하여 지역 단위의 범죄 유형을 예측한 후 지도상에서 범죄 발생 가능성이 높은 지역을 예측하며, 당일의 위험 지역hot spot을 일선의 경찰관에게 알려준 후 매 2시간마다 15분 이상 순찰하

[그림 3-3] Predpol 지도 모습

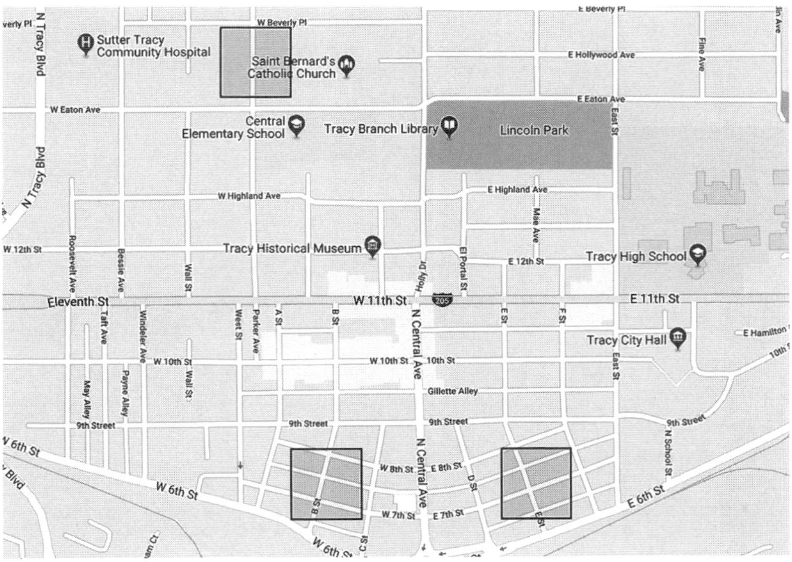

자료: Predpol 홈페이지(https://www.predpol.com/law-enforcement/#predPolicing).

도록 요청하는 등 주의를 기울이도록 한다. Predpol은 신규 범죄나 데이터가 프로그램에 반영될 때마다 갱신된 예측결과를 계속 업데이트하는데, 약 150m × 150m(500ft × 500ft)의 사각박스 형태로 범죄 발생 지역을 예측한다(경기연구원, 2014).

로스앤젤레스 경찰LAPD에서 사용하는 Predpol은 향후 12시간 동안 범죄가 발생할 위치와 시간을 예측하도록 설계되었고, 알고리즘은 범죄 유형, 날짜, 위치 및 시간을 포함하여 10년간의 데이터를 활용하고 있다(한국정보화진흥원, 2019). 산타크루즈 경찰서의 경우 지역별 범죄 데이터 외에 범죄자의 행동과 심리도 반영하여 지역별 범죄 위험도를 분석하고 표시하고 있다(한국전자통신 미래전략연구소, 2018).

Predpol은 경찰청 외부의 별도 조직에서 운영되고 있으며, FBI 및 경찰청 등으로부터 범죄 이력 및 과거 범죄 발생 데이터를 제공받아 범죄 예측 알고리즘을 구축하고, 이를 통해 범죄 패턴을 파악하여 범죄 발생 위험지역, 범죄 발생 특정날짜 등의 정보를 경찰청에게 제공하고 있다(수원시정연구원, 2015).

인공지능을 활용한 범죄 예측 시스템인 Predpol 프로그램의 효과성을 살펴보면, 먼저 미국 LA와 산타크루즈에서는 2011년도 도입 6개월 만에 강도 및 자동차 절도범죄가 전년 대비 12%에서 25%로 감소하는 성공적인 결과를 나

[그림 3-4] Predpol 운영 체계

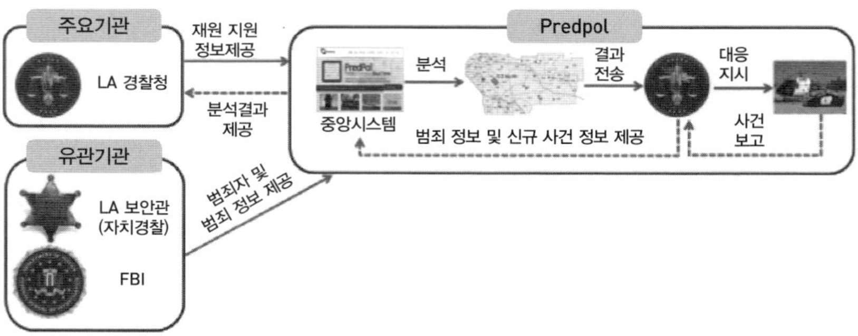

자료: 유영성 외(2014).

타냈다. 이후 영국을 비롯하여 사우스캐롤라이나의 수도 컬럼비아, 시애틀, 터코마Tacoma 등 미국 전역의 수십 개 도시에 Predpol이 도입되게 되었다.

산타크루즈의 경우 2011년 시스템 도입 이후 2012년 시내 범죄발생건수가 6% 감소했고, 2013년 범죄발생건수는 전년 대비 11%나 감소하는 성과를 거두었다(치안정책연구소, 2014). 산타클라라 경찰청은 2011년 7월, 프로그램 도입 후 절도범죄가 27% 감소하였고 범인 체포율이 56% 증가하는 등 실질적 효과를 확인했다고 발표하였다(과학기술정책연구원, 2014).

LA 지역의 2013~2014년 범죄율은 20% 이상 감소하였다고 보고되고 있으며 2011년 및 2012년 상반기를 비교한 결과 침입절도는 305건에서 263건으로 14% 감소하였고, 2013년 6월과 7월의 전체 범죄는 전년도에 비교하여 25%, 29% 각각 하락하였다(한국전자통신 미래전략연구소, 2018). 특히, LA 지역 내 풋힐Foothill에서는 시스템 도입 이전에 0.4% 증가율을 보이던 범죄율이 시스템 도입 이후 4개월 만에 13% 정도 감소하는 현상이 나타났다(경기연구원, 2014).

워싱턴 주의 터코마에서는 2013년 1월 도입 이후 2년 만에 주택가 강도사건 발생률이 22%나 감소하였다고 나타났다(The News Tribune, 2015). 영국 내무성은 영국 켄트 카운티Kent County 북부에서 2012년 4월부터 4달간 시범 도입을 하였는데 도입 전후 비교결과 시내 범죄가 6% 감소하였다(과학기술정책연구원, 2018).

마지막으로, Predpol 시스템이 앞서 서술한 바와 같이 다양한 이점을 가지고 있으며 범죄율을 현격히 감소시키는 데 기여하고 있지만 이면에는 개선해야 할 문제점이 있다. 이 문제는 최근 Predpol 시스템의 내부감사결과에 의해 밝혀졌는데, LA 경찰이 동일한 범죄를 저질렀음에도 불구하고 백인에 비해 아프리카계 및 라틴계 미국인을 보다 많이 체포하고 있다는 점이다(한국정보화진흥원, 2019).

이는 경찰이 아프리카 및 라틴계 미국인이 사는 지역을 상대적으로 빈번하게 순찰함으로써 나타난 결과로 추측되고 있다. 빈번한 순찰의 결과 빅데이터에 의한 강화학습이 일어났고, 결국 체포, 보호관찰 및 가석방 데이터를 알고리즘이 학습함으로써 그들을 보다 면밀히 감시해야 한다고 경찰에 알리기 때문으로 볼 수 있다(Mark Smith, 2019).

이러한 문제점에 따라 LA 경찰청 민간감독 패널panel은 범죄율 감소에 있어서 Predpol의 효과에 대한 의문을 제기하고, 인종차별문제를 지적하며 시스템 폐기를 요청하였다. 그러나 LA 경찰청장은 Predpol이 범죄 예방에 매우 효율적이므로 계속 활용할 예정이며 문제가 있을 시 프로그램을 개선할 것이라고 밝혔다(LA Times, 2019).

이렇듯 Predpol을 도입한 다양한 지역에서 범죄 예측 및 예방의 효과가 실증적으로 규명되고 있으며, 이면에는 문제점도 존재하고 있다. 우리나라도 2019년 9월 '스마트 치안 구현단' 발족식을 열어 Predpol 시스템을 모델로 삼아 '한국형 인공지능 기반 범죄예측 시스템'을 개발할 예정이기 때문에 Predpol의 이점을 최대한 학습하고 문제점을 개선하여 시스템을 도입하는 노력이 필요할 것으로 보인다(김기훈, 2019. 9. 6.).

2) COP-LINK 프로그램 사례

COP-LINK 프로그램은 1997년 애리조나 대학교University of Arizona의 '인공정보실험실Artificial Intelligence Lab'에서 경찰서와의 협업을 기반으로 개발한 범죄 관리 소프트웨어 시스템이다. 프로그램 개발을 위해 필요한 재원은 미국 법무연구소National Institute of Justice와 국립과학재단National Science Foundation, NSF(연방정부의 과학 진흥 기구)의 디지털 정부 프로그램에서 제공했다. 해당 프로그램은 2011년 IBM이 인수를 했으며, 2014년 기준으로 미국 내 45개 경찰서와 북대서양 조약기구North Atlantic Treaty Organization, NATO(나토) 회원국 중 25개국이 프로그램을 사용하였다.

미국 내에서 디지털 정부 계획안의 일환으로 지역대학과 경찰서가 경찰의 효율적인 임무 수행을 위해 COP-LINK 소프트웨어 개발에 착수하였는데 COP-LINK 프로그램은 정보와 지식관리 시스템 기술을 기반으로 만들어진 프로그램으로, 경찰서 및 해당 경찰서의 관할지역 내 사법집행에 관한 정보 공유 및 분석, 평가 등에 적합한 운영방식이다. 경찰은 COP-LINK 소프트웨어를 통해서 주기적으로 범죄자의 성명, 거주지, 사건에 대한 내용, 범죄현장에 대한 설명, 증인 진술 등을 포함한 정성분석, 즉 반정형 데이터를 포함하여 분석할 수 있게 되었다. 또한 COP-LINK 시스템은 정보 기록 및 무작위 추출을 통한 범죄자 예측이나 범죄자의 다양한 특징을 검색하는 데도 상당한 도움을 주고 있다.

이처럼 COP-LINK는 중대범죄 및 폭력범죄 등과 범죄에 관한 정보를 코드화해서 데이터베이스에 저장할 수 있을뿐더러 좁은 지역 및 특정 인물에 대한 특징은 지역적 데이터에 입력되고 지역 정보 시스템의 방식으로 이용할 수 있다. 애리조나주의 투손Tucson 경찰서 지서장이었던, David Azuelo의 경우 "COP-LINK 시스템을 이용해 데이터저장소에 정보를 저장하고 이를 실질적인 정보로 전환할 수 있게 되면서 효율성을 강화하고 GIS 분석을 통해 시민을 보다 안전하게 지킬 수 있게 되었다."며 COP-LINK 프로그램의 우수성에 대해 언급한 바 있다.

아울러 COP-LINK 프로그램은 빅데이터를 활용하여 안면 인식face match 및 통계 분석까지 손쉽게 하여 범죄 예방 프로그램으로 활약할 수 있었으며 과거 미해결 사건을 관리하는 데 상당한 도움이 되었다. 예컨대, 1990년대 후반 인력을 최대한 동원하여 수사를 진행했던 사건들마저도 당시 공권력의 과학적 기술 제한으로 인하여 성과를 거두지는 못했지만 빅데이터를 이용해 사건을 재조사하면서 다양한 지역의 다양한 정보를 한꺼번에 검색할 수 있게 되었고, 이를 통해 다른 지역까지 검색함으로써 용의자 체포라는 성과도 거둘 수 있게 되었다. Robert Villasenor 투손 경찰서장은 재임 당시에 "COP-LINK 시스템을 이용하면서 현대 기술의 이점을 보다 적극적으로 활용할 수 있게 되었을 뿐만 아니라 범죄자보다 한발 앞서서 나갈 수 있게 되었다."고 설명하였다.

IBM이 COP-LINK 프로그램을 인수한 이후 '공공안전 서비스'라는 데이터 분석기법을 시중에 소개하였는데, 그 사례로서 미국에 있는 라스베이거스와 미네소타의 로체스터시 경찰이 사용하는 스마트시티 범죄 정보 분석 소프트

[그림 3-5] COP-LINK 프로그램 모습

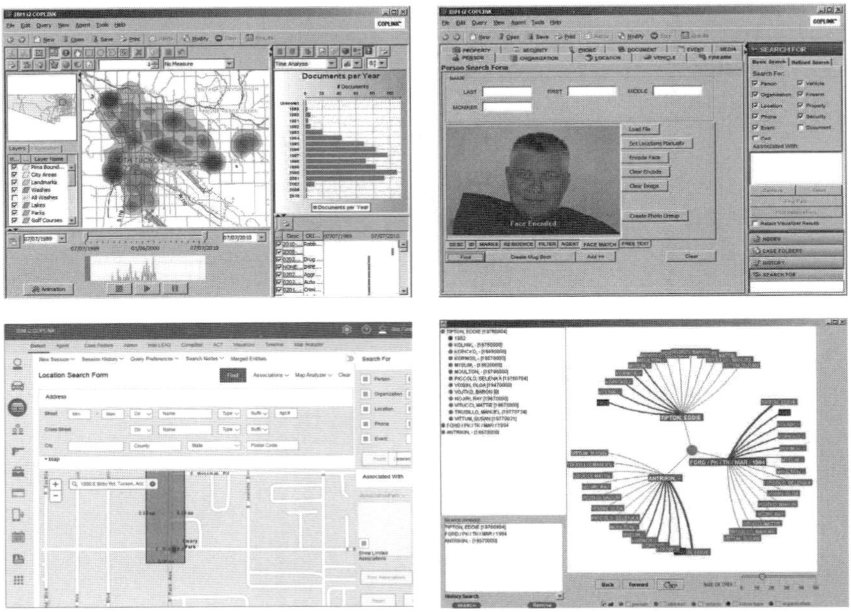

자료: IBM 홈페이지(https://www-304.ibm.com).

웨어 및 플랫폼을 들 수 있다. 라스베이거스 경찰청은 'IBM i2 범죄 분석 프로그램(COP-LINK 프로그램 기반)'을 통해서 범죄 수사 속도를 높이고 관계기관과의 공조체계를 공고히 하였다. 빅데이터 속에서 사람, 장소, 휴대폰, 통화기록, 차량번호 등의 연관성을 통해서 분석 및 수사를 할 수 있게 된 것이다.

미네소타주의 로체스터 경찰청은 다양한 범죄들을 패턴화시켜서 IBM의 분석 플랫폼을 구축하였는데 우범지대를 핫스폿으로 구성하였고, 사전예방대책을 강구해서 경찰인력자원을 활용도에 맞춰서 정확하게 배정하였다. 이는 IBM의 인포스피어 아이덴티티 인사이트InfoSphere Identity Insight 소프트웨어 기반으로 구축된 시스템으로서 이 또한 COP-LINK 프로그램을 기반으로 한다. 이는 IBM의 빅데이터 범죄 분석 소프트웨어SW 'i2 COP-LINK'를 현장에 적용한 또 한 가지 사례로서, 미국의 캘리포니아에서는 앱의 지도에 범죄 발생 가능성이 높은 지역을 표시하고, 인근 순찰을 강화하는 식으로 COP-LINK 프로그램을 가동하였다.

또한 본 프로그램을 통해 '실시간 범죄 앱real-time crime app'이란 것을 배포하여, 시민들에게 24시간 이내 발생한 사건의 장소, 시간 및 개요를 알림으로써 범죄현황에 대한 경각심을 심어주기도 한다. 이러한 내용과 유사하게 한국에서는 인천시가 송도자유경제구역에 스마트 감시 시스템을 도입하였다. 2012년 IBM 한국지사의 정재성 부사장은 "도시에서 범죄를 줄이는 가장 효과적인 방법은 분석 기술을 공공 안전에 적용해 범죄 패턴을 확인하는 것"이라며 "범죄를 사전에 예방하고 수사력을 높이는 귀중한 통찰력은 시민이 안심하고 살 수 있는 안전한 사회를 만든다."고 말했다.

디지털글로브에서 사회과학 및 정량법 연구를 진행하고 있는 콜린 맥큐 박사는 20년 넘게 기계적 학습법을 이용하여, 폭력성이 짙은 범죄행위들에 대해서 모델링하고 있었다. 박사는 인간에게는 반복된 행위라 할 수 있는 '습관'이라는 것이 존재하는데, 이 습관을 통해서 예측 가능한 프로그램을 생성할 수 있도록 해준다고 언급하였다. 그는 한 개인 또는 집단이 과거부터 누적되어 온 '반복적이고 충분한' 범죄 활동을 빅데이터를 통해서 기록해낼 수 있다면, 특정 범죄자 또는 특정 집단에 대한 범죄행위 예측도 가능하다고 주장하였다. 박사의 주장을 토대로 볼 때, COP-LINK 프로그램뿐만 아니라 이를 기반으로 탄생한 Predpol 프로그램 등 모든 빅데이터 범죄예방 프로그램들이 어떤 측면에서는 충분히 구현 가능한 프로그램이라고 볼 수 있는 것이다.

이처럼 COP-LINK 프로그램의 수많은 이점에도 불구하고 몇 가지 문제점이 존재한다. 첫 번째로, COP-LINK 프로그램이 생성 및 재가공을 하는 데이터의 양이 상상을 초월할 수 없을 정도로 많기 때문에, 이를 요약 및 시각화할 수 있는 툴이 제대로 업데이트되어야 한다. 두 번째로, COP-LINK 프로그램은 사건의 관련성을 충분하게 파악할 수 있으나, 파악된 내용을 기반으로 한 '범죄지도'를 생성하지는 못한다. 위치 및 시간상 적절한 경찰력의 개입은 수사행위 및 범죄분석에 있어서 필수적이다. 하지만 COP-LINK 프로그램은 시간 추론을 기반으로 한 시각화 작업을 수행하는 데 어려움이 있다고 한다. 셋째, 사용자 교육이 매우 중요하다. 사용자가 확실하게 프로그램에 대한 이용방법을 숙지하여 통계를 돌리고 결과를 분석할 수 있는 자질이 있어야 한다. 넷째, COP-LINK 프로그램은 빠른 속도로 정보를 분석해내기 때문에, 업무의 효율성이 크게 향상되었지만 시스템을 오용할 가능성이 있다. 따라서 사용자가 용의자나 증인신문 등 필요한 절차를 생략하려는 경향을 보일 수 있다. 이에 더해, 범죄 네트워크에 대한 정보를 잘못 해석해 잘못된 수사가 이루어질 수 있다.

결국 COP-LINK 프로그램은 '대용량+빠른 생성속도+다양성+예측가능성'을 갖추었을 뿐 아니라 빅데이터를 활용한 범죄 예방에 기여한다고 볼 수 있다. 이러한 기여점에도 우리나라에 이러한 시스템을 도입하는 데 있어서는 로스앤젤레스와 시애틀 경찰이 개인의 범죄 전력을 바탕으로 범죄행위를 예측하는 것과 인종 및 거주지 등의 기준을 통해서 사람을 분류하는 것에 대한 부정적인 시각을 참고하여 시스템의 도입과 정책적 시행에 주의하여야 한다.

본 절에서 빅데이터와 관련된 선행연구와 빅데이터를 활용하는 해외 범죄예측 시스템 사례를 살펴봄으로써 빅데이터의 정책 적용 가능성을 고찰하였고, 다음에서 보게 될 우리나라의 사례를 비판적으로 살펴볼 수 있는 비교론적 관점을 제시하였다. 이러한 시각을 바탕으로 다음 서울시 영등포구 CPTED 사례를 살펴보며 향후 정책적 함의점을 고려해보기로 한다.

Ⅲ. 국내 공공부문의 빅데이터 활용 공공서비스 제공 사례분석-서울시 영등포구 '여성안심 빅데이터 셉테드CPTED' 사례를 중심으로

최근 공공부문에서는 빅데이터를 활용하여 효과적인 공공서비스를 제공하고 나아가 다양한 사회문제 해결을 시도하는 사례가 급증하고 있다. 특히, 4차 산업혁명이 도래함에 따라, 민간부문뿐만 아니라 공공부문에서도 다양한 공공 빅데이터를 활용 및 활성화하여 정책을 결정하고 있다. 그러나 이러한 노력에도 불구하고 실질적인 데이터 이용에 대한 법제도 개선의 필요성이 제기되고 있는 상황이기도 하다(전병진·김희웅, 2017).

예컨대, 공공부문에서 제공하는 데이터 품질 개선 문제, 그리고 데이터의 공개과정에서 개인정보 보호에 대한 문제점들이 지적되고 있다(신영진, 2012). 또한 빅데이터를 활용하는 과정에서 공공부문의 다양한 주체들 간의 협조 및 협업 관계 필요성도 제기되고 있는 상황이다(박경래, 2010).

이러한 점에서 서울시 영등포구 '여성안심 빅데이터 셉테드CPTED' 사례는 범죄예방 환경설계Crime Prevention Through Environmental Design(이하 'CPTED')의 설계 과정에서 빅데이터의 적극적인 활용과 다양한 주체들 간의 성공적인 협업을 통해, 범죄 예방과 시민의 삶의 질 향상에 기여한 우수사례로 평가 받고 있다.[4] 따라서 본 연구에서는 해당 사례를 검토하는 것을 통해 4차 산업혁명 시대에 발맞춘 국내 공공부문의 빅데이터 활용과 협업에 대한 모습을 제시하고자 한다.

1. CPTED의 개념과 의의

CPTED란 "적절한 설계와 건축된 환경의 효과적인 사용을 통해 범죄의 공포와 발생을 감소시키고 삶의 질을 향상시키는 것"을 의미한다(Crowe, 2000: 46).

Newman(1973)과 Moffat(1983) 등은 [그림 3-6]과 같이 CPTED를 설계함에 있어 영역성territoriality, 비공식 및 공식적인 감시surveillance; informal and formal, 접근 제어access control, 이미지/유지 관리image/maintenance, 활동 프로그램 지원activity programme support , 대상 강화target hardening라는 6가지의 주요 구성 개념을 제시하고 있다. 즉, 범죄에 대한 감시의 기회를 최적화하고, 공간의 경계를 명확히 정의하고, 환경에 대한 긍정적인 이미지를 만들어 유지함으로써, 범죄의 발생가능성을 낮추는 효과를 달성할 수 있다(Cozens et al., 2005).

초기의 CPTED의 대한 개념은 주로 물리·환경적 요소에 초점을 맞추고 있

4) 본 사례는 '제36회 지역정보화 연구과제 발표대회'에서 행정안전부 장관상을 수상하였다.

[그림 3-6] CPTED의 주요 개념과 구성

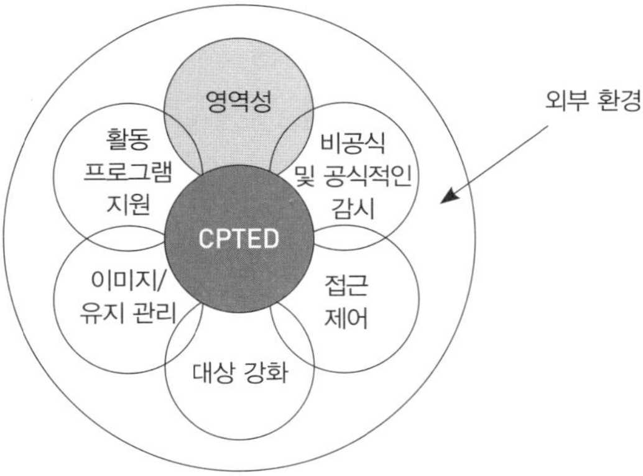

자료: Cozens et al.(2005).

다는 비판이 제기되고 있으며, 최근에는 사회·심리적 요소들을 추가적으로 고려함으로써 균형적이고 조화로운 접근방식이 강조되고 있다(Crowe, 2000; 강석진·이경훈, 2010; 도인록·표창원, 2010). 특히, 최근의 CPTED는 범죄 예방뿐만 아니라 공동체의 활성화 측면에도 큰 관심을 갖는다. 이는 전통적인 CPTED가 지역사회의 환경을 개선하여 범죄자의 범죄 시도의 가능성을 낮추고자 한다면, 최근의 CPTED는 지역주민들의 공간에 대한 만족도와 범죄에 대한 불안감 해소에도 큰 관심을 가진다는 점을 시사한다(Cozens et al., 2005; 강석진·이경훈, 2010). [그림 3-7]은 이러한 CPTED의 요소를 적용한 예시이다.

CPTED의 중요성에도 불구하고 우리나라는 그와 관련된 연구와 정책이 아직까지는 초보적인 단계에 머무르고 있는 것이 현실이다(박경래, 2010). 또한 CPTED 설계 시 CCTV에 의존하는 설계가 특징이다(강석진·이경훈, 2010).[5] 그러나 이러한 설계방식이 잘못되었거나 부적절한 것은 아니다.

CPTED와 관련된 연구들에서는 CCTV와 경찰 및 민간경비, 시민참여를 통

---

5) CCTV의 설치는 CPTED 구성의 6요소 중 대상 강화(target hardening)에 해당된다(강석진·이경훈, 2010).

[그림 3-7] CPTED를 고려한 환경설계의 예시

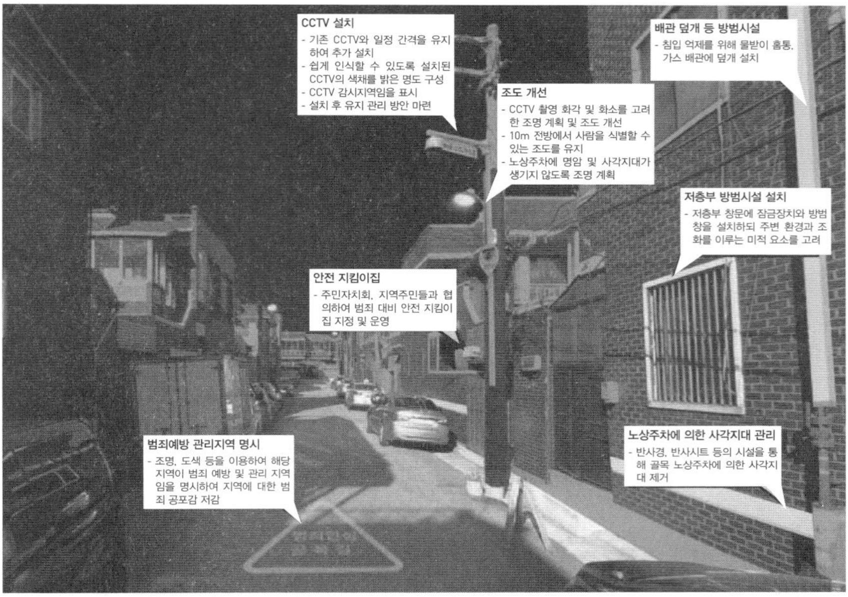

자료: 홍준헌(2019. 1. 10.).

한 공동체 구축의 필요성과 중요성을 제시하고 있다(도인록·표창원, 2010: 85). 이는 CCTV가 가지는 경제적 이점뿐만 아니라(박경래, 2010), CCTV의 설치를 통해 범죄를 예방할 수 있기 때문이다(김연수, 2008; 박경래, 2010).[6] 이 밖에 CCTV의 설치는 지역주민들의 범죄에 대한 두려움을 낮춘다는 결과들도 제시됨에 따라(곽대경·이승철, 2010), CCTV의 유용성이 날로 강조되고 있다. 따라서 우리나라의 맥락에서는 CCTV를 어떻게 배치하여 CPTED를 설계할 것인지가 중요한 이슈로 제기되고 있다. 이러한 점에서 최근 4차 산업혁명의 도래와 클라우드 컴퓨팅 기술 등의 발달로 인해 CCTV를 비롯한 다양한 범죄자료, GIS 간의 결

6) CCTV 설치에 따른 범죄 예방 및 감소의 효과에 대해 학계에서 이견이 존재한다. 즉, 효과가 없다는 주장과 효과가 있다는 주장이 공존하고 있으며, 국내를 대상으로 한 CCTV의 범죄 예방 효과분석 연구들을 살펴보면 상반된 결과들이 혼재하고 있어 해석에 유의가 필요하다(김연수, 2008; 임형진·전용태, 2014).

합이 시도되고 있다(강석진·이경훈, 2010). 즉, CPTED의 설계 과정에서 빅데이터 분석과 같은 새로운 연구방법이 적용되고 있다.

빅데이터에 대한 분석은 최적의 CCTV 설치와 관리에 대한 통찰력을 제공할 수 있다. 예컨대, 현재까지 발생한 범죄의 현황과 특징, 그리고 발생 장소 환경에 대한 정보들 간의 상관관계를 추론하여, 향후 범죄의 발생가능성이 높은 지역과 장소들을 예측할 수 있다. 또한 범죄 우발 지역에서 대한 핫스폿 분석 등을 통해 CCTV의 배치와 전환에 대한 의사결정을 효과적으로 수행할 수 있다는 점에서 큰 유용성이 있다(박소랑·박재국, 2018).

2. 영등포구 여성안심 빅데이터 CPTED

1) 여성안심 빅데이터 CPTED 도입 배경

2017년 기준 영등포구는 서울시 내 25개 자치구 중 5대 강력범죄 건수가 2위, 성폭력 범죄는 3위에 해당할 만큼 범죄가 빈번하게 발생하고 있다(김영완, 2019. 8. 11.). 그뿐 아니라, 서울지방경찰청에서 실시한 주민체감 치안안전도 지표에서 영등포경찰서는 2015년부터 최하위권(25개 자치구 소속 31개 경찰서)을 벗어나지 못하고 있는 실정이다(영등포구, 2019). 이는 영등포구에 거주하는 주민들이 범죄의 대상이 될 가능성이 높다는 것을 의미하며, 최근 급증하는 영등포구의 여성 1인가구 추세를 고려할 때,[7] 1인 여성가구의 범죄노출에 대한 위험성이 점차 커지고 있다. 따라서 강력범죄뿐만 아니라, 여성을 대상으로한 범죄로부터 보다 안전할 수 있도록 이를 예방하는 정책이 절실히 요구되고 있는 상황이다.

그렇다고 하여, 영등포구가 범죄 예방 및 여성 안전을 위한 노력을 하지 않은 것은 아니다. 영등포구는 가스배관 등에 특수형광물질 도포로 범죄심리를 위축시키는 '스파이더 범죄마을조성(2017년 447개)'과 CCTV 통합관제센터(총

---

7) 2018년 기준 영등포구의 여성 1인 가구수는 3만 2,481세대로 전체 가구 17만 504세대의 약 19%에 해당하며, 해마다 점차 증가하고 있는 추세이다(영등포구, 2019).

[그림 3-8] 영등포구의 주민체감 치안안전도와 성폭력 발생 추이

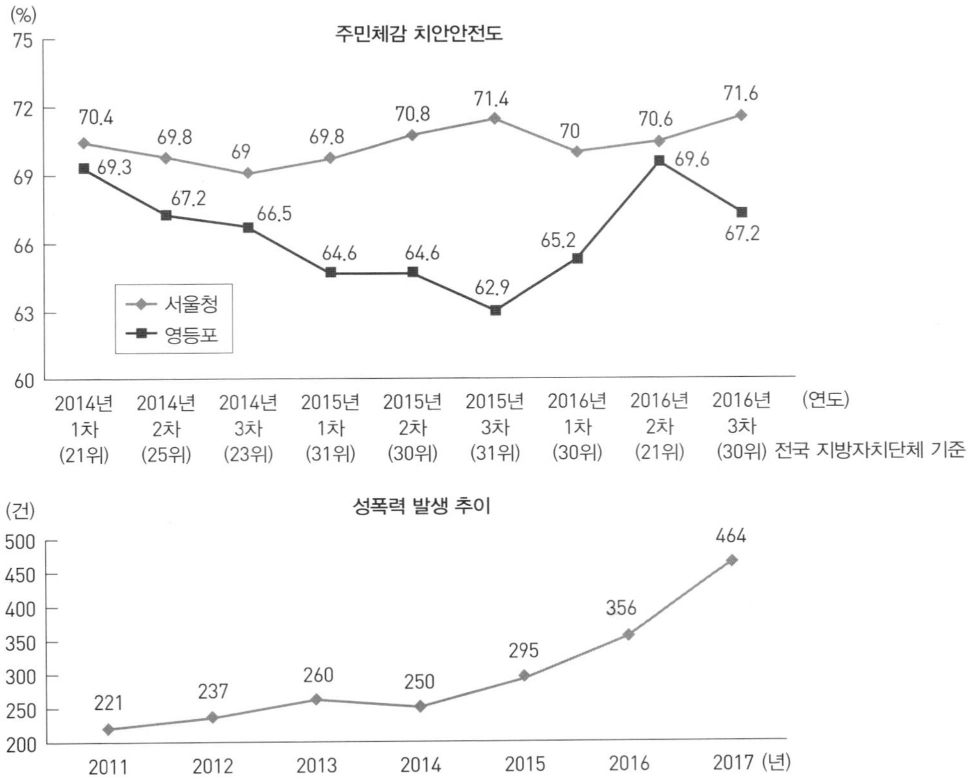

자료: 영등포구(2019).

1,848대), 긴급출동을 위한 비상벨(총 951개), 야간보행환경 조성을 위한 보안등(총 9,291개) 범죄 예방을 위한 인프라 조성에 많은 노력을 기울여왔다(영등포구, 2019). 그뿐 아니라, 여성안심귀갓길 조성, 여성안심택배함, 여성안심지킴이집, 여성안심비상벨, 여성안심스카우트 등 여성 중심의 다양한 범죄 예방 프로그램을 운영해왔다.

그러나 이 같은 노력에도 불구하고 여전히 성범죄(성폭력)로 인한 피해는 감소하지 않고 오히려 증가하는 추세로 나타났다. 따라서 현재까지 추진해온 범

죄 예방 및 여성 안전을 위한 정책들을 전면적으로 재검토하고, 차별화된 지역을 좀 더 잘 알고 접근하는, 데이터에 기반한 여성안전 정책 수립의 필요성을 체감하였다(영등포구, 2019: 10)

2) 여성안심 빅데이터 CPTED

이처럼 영등포구는 사회적 문제를 해결하기 위해 전국 최초로 여성안심 정책 결정을 위한 빅데이터 CPTED 협업시스템을 구축하였다. '여성안심 빅데이터 CPTED'는 영등포구 홍보전산과, 가정복지과, 자치행정과, 도시안전과, 도로과 등 구청 내 여성 안전과 관련된 담당 부서들과 영등포경찰서, KT 및 오픈메이트, 고려대의 민·관·학 협업을 통해 완성된 플랫폼이다(영등포구, 2019; 김영완, 2019. 8. 11.).

여성안심 빅데이터 CPTED는 민·관·학 협업을 통해 여성 치안과 관련된 자료를 수집하고,[8] 머신러닝machine learning 분석을 통해 영등포구의 여성범죄

[그림 3-9] 여성안심 빅데이터 추진체계 및 데이터 현황

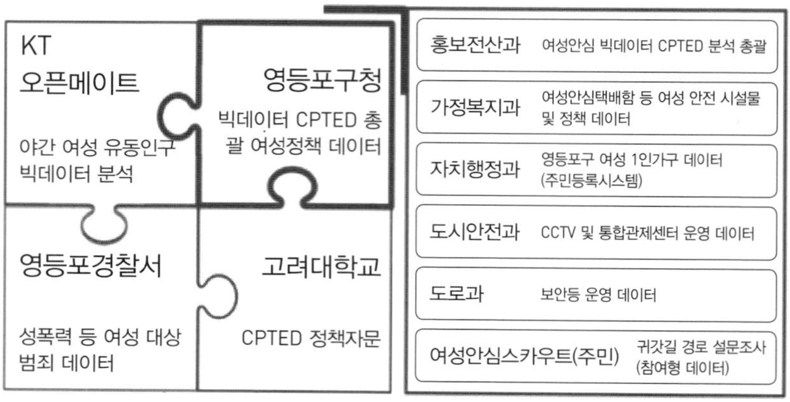

자료: 영등포구(2019).

---

8) CPTED 구축을 위해 범죄 데이터, 야간 여성 유동인구 데이터, 여성 1인가구 데이터, 여성안심스카우트 경로, 여성안심귀갓길, 여성안심택배함, 여성안전지킴이집, 보안등 정보, CCTV 정보, 영등포구 행정경계 데이터, 관내 도로 데이터, 영등포구 공공기관 좌표, 편의점 좌표

취약지역을 분석한다.[9] 그리고 분석을 통해 도출된 결과를 바탕으로 여성안심귀갓길과 여성안심지킴이집 후보지를 선정하였다(행정안전부, 2019: 4). 이 밖에 로고젝터(6개 구간 10개 거점), IoT 문열림센서(총 250대) 등을 보급하였다(영등포구, 2019). 〈표 3-5〉는 여성안심 빅데이터 CPTED 분석에 활용된 데이터의 구체적인 현황들을 나타낸다.

<표 3-5> 여성안심 빅데이터 CPTED 분석에 이용된 빅데이터

분류	활용 데이터	데이터 상세항목	출처
범죄 데이터	범죄 데이터	성폭력, 침입, 절도/폭력, 성범죄자	영등포경찰서
인구 데이터	야간 여성 유동인구 데이터	시간대별 / 성별 유동인구 정보	KT
	여성 1인가구 데이터	주민등록시스템으로부터 추출된 여성 1인가구 정보	영등포구청
참여형 데이터	여성안심스카우트 경로	여성안심스카우트 참여형 설문데이터(스카우트 경로)	영등포구청
여성안심 시설물 데이터	여성안심귀갓길	여성안심귀갓길 지정도로(현 운영 및 과거 운영도로)	영등포구청
	여성안심택배함	여성안심택배함 좌표	영등포구청
	여성안전지킴이집	여성안전 지킴이집 좌표	영등포구청
	보안등 정보	보안등 좌표	영등포구청
	CCTV 정보	CCTV 좌표	영등포구청
행정정보 데이터	영등포구 행정경계	영등포구 구 단위, 동 단위 행정경계	전자지도
	관내 도로	영등포구 도로 데이터	전자지도
	영등포구 공공기관	우체국, 파출소, 동주민센터 등 좌표	오픈메이트
	편의점	영등포구 관내 편의점 좌표	오픈메이트

자료: 영등포구(2019).

등의 데이터가 활용되었다. 이 밖에 112 신고 데이터(침입신고), 노후주택 데이터(건물대장), 빈집 데이터(한국전력)에 대한 자료를 추가 수집 및 분석하여 범죄취약지역에 대한 예측 기반의 빅데이터 범죄 예방 플랫폼으로 점차 확대해나갈 계획에 있다(영등포구, 2019: 10).

9) 머신러닝은 빅데이터 분석방법 중 하나로, 컴퓨터가 주어진 데이터와 알고리즘을 바탕으로 학습하여, 특정한 결과를 도출하는 일련의 분석 과정을 의미한다.

[그림 3-10] 여성안심 빅데이터 로고젝터 예시

자료: 영등포구(2019).

[그림 3-11] 여성안심 빅데이터 CPTED 플랫폼

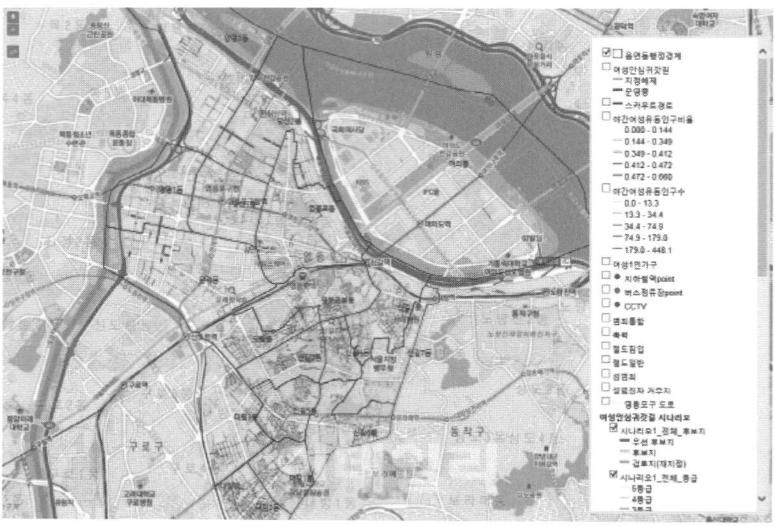

자료: 영등포구(2019).

이러한 CPTED 시스템은 빅데이터를 활용하여 범죄 예방과 대응 가능성을 높이는 시스템으로 향후 해당 시스템 활용을 통해 여성 대상 범죄율을 낮출 수 있을 것으로 기대된다. [그림 3-10]은 영등포구의 여성안심 빅데이터 로고젝터의 예이며, [그림 3-11]은 여성안심 빅데이터 CPTED 플랫폼을 나타낸다.

Ⅳ. 공공부문 빅데이터 활용 사례에 근거한 정책적 시사점 도출

본 장에서는 공공부문에서 빅데이터를 어떻게 활용할 수 있을지에 대하여 선행연구 검토를 통해 고찰해보았다. 빅데이터는 재난, 안전, 범죄, 전자정부, 환경 등 분야에서 예방, 활용될 수 있고 정책적으로 증거 기반 정책 형성이나 비효율성을 개선할 수 있는 수단으로 이용할 수 있다는 것을 선행연구 검토를 통해 살펴보았다.

해외사례에서는 직접적으로 범죄 예방을 위해 범죄 데이터를 이용한 범죄 가능성을 예측하여 부족한 경찰력을 보완하거나, 선행연구를 통해 각종 기후, 재난 관련 빅데이터를 활용하여 다양한 위험 요소를 관리하여 재난을 예측하고 안전을 확보하는 등 다양한 형태로 활용할 수 있음을 확인할 수 있었다.

이러한 선행연구 및 해외사례와 더불어 한국의 사례를 살펴보았는데 서울 영등포구에서 도입한 CPTED 사례를 살펴보았다. 먼저, CPTED는 빅데이터와 GIS 정보 등 다양한 범죄 현황 자료들을 활용하여 범죄 발생 가능성이 높은 지역과 장소를 예측하여 범죄우발지역의 범죄 가능성을 낮추는 시스템으로, 시민들이 범죄로부터 보호받을 수 있는 여건을 마련할 뿐 아니라 적은 경찰력으로 범죄 예방 가능성을 높일 수 있는 등의 정책 능률성을 확보할 수 있는 기반이 될 수 있다는 점을 확인하였다.

이와 같이 본 장에서는 빅데이터가 사회적, 정책적으로 공공의 편익을 증가시킬 수 있는 수단이 될 수 있음을 선행연구와 국내외 사례를 통해 확인하였다. 앞선 선행연구에서도 언급되었지만 과거의 일반적인 데이터로는 모집단을 완전히 추정하기 어렵다는 문제가 있었다면 빅데이터로는 모집단에 가까운 데이터를 수집하여 경향성 파악과 그에 따른 모집단을 좀 더 정확히 추정할 수 있기 때문에 빅데이터 분석에 의한 미래 예측, 위험의 관리는 정확성과 효용성이 높다고 볼 수 있다.

하지만 빅데이터 예측 시스템은 데이터에 근거한 의사결정 단계가 제대로 정의되지 않거나 빅데이터 시스템 구조의 최적화가 제대로 시행되지 않을 경우 의사결정의 왜곡이나 시스템 비효율성 발생이 일어날 수 있다. 이러한 이유로 공공부문에서 빅데이터를 제대로 활용하기 위해서는 빅데이터 관리 시스템의 정확하고 정밀한 구축이 필요하며, 빅데이터를 분석할 수 있는 조직 및 인사에 대한 개편이 필요하다. 더하여 이러한 조직의 변화를 통해 빅데이터 분석결과를 활용하거나 정책적 프로세스에 반영할 수 있도록 실질적인 증거기반 정책 형성 과정 도입도 중요하다고 할 수 있다.

다음으로 법제도와 관련된 개선점이 필요하다. 범죄, 재난 등에 이용되는 빅데이터는 개인정보와 직결된 정보가 많고, 데이터의 재활용이나 수집이 제한적일 수 있다. 최근 데이터 3법(개인정보법·신용정보법·정보통신망법) 개정안이 국회를 통과하면서 개인과 기업이 비식별 정보를 폭넓게 이용할 수 있는 기반이 마련되었지만 개별법과의 충돌, 실질적 활용 가이드라인이 없는 상태에서 공공부문이 적극적으로 개인의 데이터를 수집하여 활용한다면 문제가 될 수 있다.[10] 따라서 법제도적인 가이드라인이나 실제 법적인 기준을 선행적으로 만들어 빅데이터를 수집·활용할 수 있는 기반을 마련해야 할 것이다.

결국 공공부문에서 빅데이터를 활용하기 위해서는 조직 개편과 빅데이터 활용가능인재 확보, 정책 반영 프로세스 형성, 빅데이터 관리 시스템 구축 등 다양한 선행문제를 해결해야 할 것이다. 이후 앞서 서술한 대로 법제도적인 문제 해결이 후행된다면 빅데이터 기반 정책이 본 연구에서 소개한 범죄, 재

10) 최윤신(2020. 2. 8.)을 참고.

난, 안전, 전자정부 등의 분야뿐 아니라 더 넓은 분야에서 정책형성 과정의 초석이 될 수 있고 향후 수요자 기반 정책 형성과 시행이 긍정적으로 발전할 수 있을 것으로 예상된다.

참고문헌

간순영·윤성지·신용승. (2015). 『빅데이터를 활용한 환경보건서비스에 관한 기초연구』. 한국환경정책평가연구원.

강석진·이경훈. (2010). 「CPTED 연구 및 적용의 활성화를 위한 제도적 방안에 대한 논의」. 『한국셉테드학회지』, 1(1), 25-45.

과학기술정책연구원. (2014). 『현 정부의 미래정책진단과 발전방안』.

________________. (2018). 『인공지능 알고리즘과 차별』.

곽대경·이승철. (2010). 「CCTV에 대한 인식과 지역적 환경요인이 범죄두려움에 미치는 영향」. 『한국공안행정학회』, 19(2), 12-46.

권양섭. (2017). 「범죄예방과 수사에 있어서 빅데이터 활용과 한계에 관한 연구」. 『법학연구』, 17(1), 179-198.

길혜민·박혁서. (2018). 「빅데이터에 기반한 건강도시 구축을 위한 도시환경의 건강친화도 분석: 경기도를 중심으로」. 『주거환경』, 16(2), 279-299.

김동영·이정임·송미영·김한수·최민애. (2016). 「경기도 환경분야 빅데이터의 구축과 활용」. 『정책연구』, 1-152.

김성준. (2017). 「한국에서 빅데이터를 활용한 범죄예방시스템 구축을 위한 연구」. 『한국인터넷방송통신학회 논문지』, 17(5), 217-221.

김연수. (2008). 「방범용 CCTV의 범죄예방 효과분석－범죄의 전이효과와 범죄통제 이익의 확산효과 분석을 중심으로」. 『한국민간경비학회보』, 11, 209-245.

김연수·강나래·정재원·김형수. (2016). 「빅 데이터와 클라우드 컴퓨팅 기반의 수자원 정보 관리 방안에 관한 검토」. 『Journal of Wetlands Research』, 18(1), 100-112.

김현성. (2012). 「빅데이터시대에서 정보기술 패러다임의 변화와 스마트정부의 공공정보 활용방안」. 『현대사회와 행정』, 22(3), 277-302.

나유경·박진홍·최진무. (2019). 「빅데이터를 이용한 복합재난의 발생 지역 및 유형 분석」. 『국토지리학회지』, 53(4), 375-384.

문명재 외. (2019). 『미래정부 핵심사례집－4차 산업기술 활용』. 문우사.

박경래. (2010). 「한국형 셉테드 개발을 위한 정책과제」. 『한국셉테드학회지』, 1(1), 59-83.

박소랑·박재국. (2018). 「공간 빅데이터와 범죄통계자료를 이용한 범죄취약지 추출」. 『융합정보논문지』, 8(1), 161-171.

복경수·유재수. (2013). 「빅데이터를 활용한 생활형 응용 서비스 사례」. 『It's Smart Media』, 2(3), 26-36.

수원시정연구원. (2015). 『수원시정연구원 데이터베이스 구축 및 활용·관리 방안 연구』.

신영진. (2012). 「공공분야의 빅데이터 추진과 개인정보보호에 관한 연구: 개인정보 보호법의 주요 내용과 개선과제를 중심으로」. 『Internet and Information Security』, 3(3), 90-105.

안동욱·임춘성. (2019). 「소셜데이터 분석 및 인공지능 알고리즘 기반 범죄 수사 기법 연구」. 『한국빅데이터학회지』, 4(2), 23-34.

영등포구. (2019). 「여성안심 빅데이터 CPTED(셉테드) 연구과제 요약자료 (내부자료)」.

________. (2019. 6. 11.). 「빅데이터로 범죄예측···여성 1인가구 안전 지킨다」. 홍보전산과 보도자료.

윤민우. (2017). 「공개출처데이터(Open Source Intelligence)를 통한 테러리즘과 범죄 데이터베이스 구축」. 『한국범죄심리연구』, 13, 113-136.

윤해성·전현욱·양천수·김봉수·김기범. (2014). 「범죄 빅데이터를 활용한 범죄예방시스템 구축을 위한 예비 연구 (I)」. 『형사정책연구원 연구총서』, 1-431.

이규범·김도우. (2017). 「공공안전 분야의 빅데이터 연구동향 분석」. 『한국범죄심리연구』, 13, 59-74.

이동규. (2016). 「빅데이터 기반의 재난관리 시스템 운용 방향에 대한 예비적 고찰 – 미국, 영국, 한국의 사례 비교를 중심으로 –」. 『한국위기관리논집』, 12, 17-32.

임상규. (2014). 「빅 데이터를 활용한 스마트 재난관리전략」. 『Crisisonomy』, 10(2), 23-43.

임형진·전용태. (2014). 「방범용 CCTV의 범죄유형별 범죄예방효과 연구」. 『한국범죄학』, 8(2), 75-96.

전병진·김희웅. (2017). 「공공 빅데이터 개방 및 활용 활성화 방안에 대한 연구」. 『정보화정책』, 24(3), 27-41.

정민·조규림·주원. (2016). 「4차 산업혁명의 등장과 시사점」. 『한국경제주평』, 705, 1-16.

정재웅·박현우·성태응. (2017). 「4차 산업혁명 관련 기술의 정부 R&D 과제 현황과 관심도 분석: 그래핀, 빅데이터, 바이오마커를 중심으로」. 한국기술혁신학회 학술대회, pp. 549-558.

조화순·조은일. (2015). 「빅데이터 정책과 새로운 기술 거버넌스의 모색」. 『국가정책연구』, 29(2), 1-21.

천기우·김해도·박귀순·이건수. (2017). 「4차 산업혁명 관련 5대 플랫폼 기술의 연구 수준 분석」. 한국기술혁신학회 학술대회, pp. 1375-1389.

최민제·노규성. (2016). 「빅데이터 융합 기반 범죄예방에 관한 탐색적 연구 – 성남시 사례 분석을 통해」. 『디지털융복합연구』, 14(11), 125-133.

최재경. (2016). 「빅데이터 분석의 국내외 활용 현황과 시사점」. 『KISTEP lnl』, 14, 33-43.

최충익·김철민. (2018). 「빅데이터 분석을 활용한 4차 산업혁명과 환경정책의 패러다임 탐색」. 『한국지역개발학회지』, 30(2), 25-45.

치안정책연구소. (2014). 『치안분야 과학기술발전 중장기 기본계획 수립연구』.

한국전자통신 미래전략연구소. (2018). 『ICT 서비스/인프라 환경이 범죄예방에 미친 영향 분석』.

한국정보화진흥원. (2018). 『월간 디지털 정부 최신 해외정책 기술 동향 (Vol.40)』.

______________. (2019). 『예측치안분야 편향(BIAS) 해소방안 – OECD 신뢰가능 AI 권고안의 적용』.

행정안전부. (2019. 9. 20.). 「우수한 지역정보화 연구과제 발굴·공유의 장 마련」. 행정안전부 보도자료.

환경부. (2017. 7. 6.). 「국립환경과학원, 물환경 지리정보 첫 공개」. 보도자료.

Akter, S., & Wamba, S. F. (2019). Big data and disaster management: a systematic review and agenda for future research. *Annals of Operations Research*, *283*(1-2), 939-959.

Bassoli, E., Gatto, A., Iuliano, L., & Violante, M. G. (2007). 3D printing technique applied to rapid casting. *Rapid Prototyping Journal*, *13*(3), 148-155.

Berlian, M. H., Sahputra, T. E. R., Ardi, B. J. W., Dzatmika, L. W., Besari, A. R. A., Sudibyo, R. W., & Sukaridhoto, S. (2016, September). Design and implementation of smart environment monitoring and analytics in real-time system framework based on internet of underwater things and big data. In 2016 International Electronics Symposium (IES) (pp. 403-408). IEEE.

Bertot, J. C., Gorham, U., Jaeger, P. T., Sarin, L. C., & Choi, H. (2014). Big data, open government and e-government: Issues, policies and recommendations. *Information polity*, *19*(1, 2), 5-16.

Bühlmann, P., Drineas, P., Kane, M., & Laan, M. (2016). *Handbook of Big Data* (1st ed.). Chapman & Hall/CRC.

Chen, H., Zeng, D., Atabakhsh, H., Wyzga, W., & Schroeder, J. (2003). COPLINK: managing law enforcement data and knowledge. *Communications of the ACM*, *46*(1), 28-34.

Cozens, P. M., Saville, G., & Hillier, D. (2005). Crime prevention through environmental design (CPTED): a review and modern bibliography. *Property management*.

Crowe, T. (2000). *Crime prevention through environmental design*. Butterworth-Heinemann.

Dhamodaran, S., Sachin, K. R., & Kumar, R. (2015). Big data implementation of natural disaster monitoring and alerting system in real time social network using hadoop technology. *Indian Journal of Science and Technology*, *8*(22), 1.

Elsevier, SciVal: Navigate the world of research with a ready-to-use solution.

Elsevier, Scopus: The largest database of peer-reviewed literature.

Ferguson, A. (2014). Big Data and Predictive Reasonable Suspicion. *University of Pennsylvania Law Preview*, *163*(2), 329-410.

Furht, B., & Escalante, A. (2010). *Handbook of Cloud Computing* (2010 ed.). Springer.

Geng, H. (2017). *Internet of Things and Data Analytics Handbook* (1st ed.). Wiley.

Giest, S. (2017). Big data for policymaking: fad or fasttrack? *Policy Sciences*, *50*(3), 367-382.

Glomseth, R., & Gottschalk, P. (2005). Research propositions for determinants of police investigation performance. *Electronic Government, an International Journal, 2*(3), 292-304.

Höchtl, J., Parycek, P., & Schöllhammer, R. (2016). Big data in the policy cycle: Policy decision making in the digital era. *Journal of Organizational Computing and Electronic Commerce, 26*(1-2), 147-169.

Horita, F. E., de Albuquerque, J. P., Marchezini, V., & Mendiondo, E. M. (2017). Bridging the gap between decision-making and emerging big data sources: An application of a model-based framework to disaster management in Brazil. *Decision Support Systems, 97*, 12-22.

Kim, G. H., Trimi, S., & Chung, J. H. (2014). Big-data applications in the government sector. *Communications of the ACM, 57*(3), 78-85.

Klievink, B., Romijn, B. J., Cunningham, S., & de Bruijn, H. (2017). Big data in the public sector: Uncertainties and readiness. *Information systems frontiers, 19*(2), 267-283.

Mark, P. S. (2019). Office of the Inspector General. *Review of selected Los Angeles Police Department Data-Driven Policing Strategies*.

Mckinsey Global Institute. (2011). *Big Data: The Next Frontier for Innovation, Competition, and Productivity*.

Moffat, R. (1983). Crime prevention through environmental design–a management perspective. *Canadian Journal of Criminology, 25*(4), 19-31.

Newman, O. (1973). *Defensible Space People and Design in the Violent City*. London: Architectural Press.

OECD. (2001). *Citizens as Partners: Information, Consultation and Public Participation in Policy-Making*. Paris: OECD.

______. (2017). *The Next Production Revolution: Implication and for Governments and Business*. Paris: OECD.

Papadopoulos, T., Gunasekaran, A., Dubey, R., Altay, N., Childe, S. J., & Fosso-Wamba, S. (2017). The role of Big Data in explaining disaster resilience in supply chains for sustainability. *Journal of Cleaner Production, 142*, 1108-1118.

Ragini, J. R., Anand, P. R., & Bhaskar, V. (2018). Big data analytics for disaster response and recovery through sentiment analysis. *International Journal of Information Management, 42*, 13-24.

Russell, S., & Norvig, P. (2015). *Artificial Intelligence: A Modern Approach* (3rd ed.). Pearson.

Schwab, K. (2016). *The Fourth Industrial Revolution*. Crown Business.

Segaran, T., & Hammerbacher, J. (2009). *Beautiful Data: The Stories Behind Elegant Data Solutions* (1st ed.). O'Reilly Media.

Tallon, P. P. (2013). Corporate governance of big data: Perspectives on value, risk, and cost. *Computer, 46*(6), 32-38.

Toffler, A. (1984). *The Third Wave*. Bantam.

________. (2007). *Revolutionary Wealth: How it will be created and how it will change our lives* (Reprint ed.). Crown Business.

WEF. (2012). *Big Data, Big Impact: New Possibilities for International Development*. Open Source Intelligence: OSINT.

Williams, M. L., Burnap, P., & Sloan, L. (2017). Crime sensing with big data: The affordances and limitations of using open-source communications to estimate crime patterns. *The British Journal of Criminology, 57*(2), 320-340.

Wu, J., Guo, S., Li, J., & Zeng, D. (2016). Big data meet green challenges: Big data toward green applications. *IEEE Systems Journal, 10*(3), 888-900.

Zhong, Y., Zhang, L., Xing, S., Li, F., & Wan, B. (2014). The Big Data processing algorithm for water environment monitoring of the three gorges reservoir area. In Abstract and Applied Analysis (Vol. 2014). Hindawi.

권예슬. (2017. 7. 7.). 「빅데이터로 범죄 패턴 분석, 경찰 인력 부족 해결」. 『동아사이언스』.

김서현. (2019. 9. 25.). 「영등포구, 빅데이터로 범죄 예방...행안부 장관상 수상」. 『여성신문』.

김선애. (2012. 2. 16.). 「IBM "데이터 분석으로 '범죄와의 전쟁'"」. 『데이터넷』.

김성은. (2019. 6. 12.). 「영등포구, 여성이 안전한 거리 만든다…"빅데이터 분석해 범죄 예방"」. 『우먼타임스』.

김영완. (2019. 8. 11.). 「[구축사례] 여성이 안전한 지역사회 만들기」. 『보안뉴스』.

최윤신. (2020. 2. 8.). 「가명정보 빅데이터 산업 숨통…개인정보 침해 논란은 여전」. 『중앙선데이』.

홍준헌. (2019. 1. 10.). 「대구 전역에 범죄예방 디자인 '셉테드'(CPTED) 도입한다」. 『매일신문』.

LA Times. (2019. 4. 11.). LAPD Predictive Policing Tool Raises Racial Bias Concerns.

물환경정보시스템 홈페이지, http://water.nier.go.kr

엠브레인 트렌드모니터 홈페이지, 「4차 산업혁명 관련 인식조사」, https://www.trendmonitor.co.kr

환경부 홈페이지, http://www.me.go.kr

IMB 홈페이지, https://www-304.ibm.com (*Communications of the ACM CACM Homepage archive, 46*(1), 2013, pp. 28-34.)

제 4 장

빅데이터를 활용한 정부혁신
: 재난관리체계를 중심으로

Ⅰ. 서론

인터넷과 웹 기술의 대중화 이후 스마트폰과 IoT 기술의 대두와 빅데이터의 대중화는 정보의 홍수를 만들었다. 많은 정보가 실시간으로 생산될 뿐 아니라 배포되면서 정보의 진위에 대한 불확실성, 다양한 주제의 정보가 함께 혼재하는 상황이 나타났다. 이로써 원하는 정보를 원하는 시간에 찾는 일은 시간이 지날수록 어려워지고 있다. 더하여 다양한 IT 기술의 발달과 스마트 기기의 보급으로 인해 모든 사람이 정보의 소비자이자 공급자로 전환되고 있으며, 정보 혹은 데이터의 축적은 끊임없이 이루어지고 있다(이만재, 2011).

더하여 빅데이터는 데이터의 규모, 속도, 다양성과 비정형성, 복잡성과 같은 특징을 지니는데, 이는 기존의 기술과 방법으로는 다루기 어렵다고 정의할 수 있다. 이와 같은 어려움에도 불구하고, 빅데이터는 기업과 정부 등 사회의 여러 조직에 새로운 발전의 기회를 제공하거나 전 지구적 문제를 해결할 수 있는 단초를 제공할 것으로 기대되는, '새로운 지적 통찰력의 기회'로 인식되고 있다(신자행, 2016).

이러한 흐름에 따라 2011년부터 국내에서는 데이터를 수집, 축적, 분석, 활용하여 새로운 가치를 창출하는 빅데이터 기술이 IT 분야와 사회 전반에 걸쳐 새로운 이슈로 부상하고 있으며, 민간 영역의 상품기획, 마케팅, 비용절감 등에서 활용되고 있다(배동민 외, 2013). 이러한 빅데이터 기술의 추세는 정부에서도 축적된 공공 데이터를 활용하고자 하는 노력으로 이어지고 있다. 공공 데이터public data란 정부 또는 공공기관이 보유하고 있는 데이터를 의미하는데, 이러한 데이터의 경우 공공기관의 업무 과정에서 얻어진 데이터들로서 상대적으로 가치가 높다는 특징을 지닌다.

최근 정부는 데이터·AI 통합 육성 5년 마스터플랜을 2019년 다시 내놓으면서 2023년까지 혁신성장 전략투자 분야로 데이터와 AI를 선정하고 데이터 시장 규모를 30조 원으로 달성, AI 유니콘 기업은 10개 육성한다는 목표를 세웠다. 이를 위해 데이터 가치사슬 전주기 활성화, 세계적 수준의 AI 혁신 생태계

[그림 4-1] 데이터 · AI 경제 활성화 계획(2019~2023년)의 9개 정책과제

데이터 가치사슬 전 주기 활성화	세계적 수준의 AI 혁신 생태계 조성	데이터-AI 융합 촉진
❶ 체계적인 데이터 축적 및 개방 확대 ❷ 양질의 데이터 유통 기반 구축 ❸ 개인·기업·사회 데이터 활용 확대	❹ AI 허브 구축(데이터셋·알고리즘·컴퓨팅파워 원스톱지원) ❺ AI 기술력 제고 ❻ AI 활용 생태계 조성	❼ AI 융합 클러스터 조성 ❽ 사회적·산업적 수요 확산(사업적 융합) ❾ 제도적·인적 융합

자료: 관계부처 합동(2019. 1. 16.).

조성, 데이터 AI 융합 촉진 등 전략에 따라 9가지 세부전략을 세웠다. 이러한 세부전략은 [그림 4 – 1]과 같다.

한국의 빅데이터 관련 종합 정책은 2007년경부터 관련 움직임을 보였던 해외 주요국과 비교하였을 때 다소 늦은 2011년부터 관련 논의 후 도입되었지만, 이후 정부가 빅데이터의 중요성을 인식하고 다양한 부처가 함께 참여하여 빅데이터와 IT 기술을 지속적으로 발전시켜 왔다. 앞서 서술한 대로 정부는 빅데이터와 AI, IT 기술에 관심을 가지고 관련 정책을 추진하고, 미래 먹거리로서 데이터와 AI를 선정하여 경제 활성화 계획을 진행하고 있다. 더하여 공공 데이터의 축적이 지속적으로 이루어지고 있을 뿐 아니라, 그 활용에 대한 논의도 다양하게 일어나고 있다(행정안전부, 2018).

최근 우리나라는 지진, 산불, 홍수 등 다양한 재난을 겪고 있다. 세월호 사건 이후 국민의 안전에 대한 관심도가 높아졌으며, 잦은 자연재해로 국민의 안전 확보·방재에 대한 사회적 욕구가 증가하고 있다. 그뿐 아니라, 소방 공무원이 국가직으로 전환되면서 국가적으로 재난 대응과 국민 안전에 대한 고민을 적극적으로 진행해야 하는 실정이다. 이러한 상황에서 빅데이터 기술을 활용하여 국민들의 안전을 확보하는 국가들이 나타나고 있으며, 최근 COVID-19 감염병 또한 세계 여러 나라들의 협력으로 실시간 데이터베이스를

구축하고 이를 통해 많은 분석가, 연구자들이 관련 데이터를 분석하고, 관련 재난대응체계 구축에 대한 연구들이 진행되고 있다.[1)]

본 장에서는 이러한 추세를 인식하고, 향후 우리나라의 공공부문에서 빅데이터를 활용한 재난 대응, 국민 안전 확보 등과 관련한 정책적 논의를 다루고자 한다. 이를 위해 빅데이터와 관련된 선행연구를 살펴본 후, 빅데이터 활용을 위한 기술개발 및 투자 등이 적극적으로 시행되어 온 해외사례를 간단히 살핀 후 재난 관리 및 대응을 적극적으로 시행하며 역사적으로 우리나라의 제도·행정에 영향을 미치고 있는[2)] 미국과 일본의 사례를 중심으로 논의를 진행해본다. 이후 빅데이터를 활용하여 최근 재난관리 시스템을 구축한 우리나라 사례를 검토한다. 이는 강원도 사례를 주축으로 공공분야의 빅데이터 활용 현황을 살피며, 해당 논의를 통해 향후 공공분야에서 빅데이터 활용 재난관리 정책에 대한 고찰을 진행해본다.

II. 빅데이터 활용 재난관리 선행연구 검토

빅데이터를 활용한 재난관리가 학문적으로 연구되기 시작한 것은 2012년대 이후부터라고 할 수 있기 때문에 아직까지는 다양한 연구가 이루어지지 않고 있으며, 향후 주제와 관련된 다양한 연구가 더욱 활성화될 여지가 있다(신자행, 2016). 따라서, 본 장에서 다루고자 하는 공공부문 빅데이터 활용을 통한 재난 대응, 국민 안전 확보 등과 관련한 정책적 논의를 진행하기에 앞서 이전에 연구된 내용에 대해 소개하자면 다음과 같다.

최선화·배병걸·이보람(2014)은 빅데이터를 통한 재난 관리를 위한 방안으로 소셜미디어의 신속한 전파력에 주목하여 재난 관리에 있어 관계 기관에 비해

1) Github, Kaggle 등 빅데이터 분석 관련 플랫폼에서 'COVID-19' 검색 시 10만 건에 달하는 분석결과를 볼 수 있다.

2) 하연섭(2020)을 참고.

빠른 피해 상황을 보고하고, 소통할 수 있게 만들어주는 빅데이터 재난모니터링 시스템인 소셜 빅보드Social Big Board를 소개하였다. 소셜 빅보드는 국립재난안전연구원에서 개발한 시스템으로 실시간으로 발생하는 재난 상황 및 트렌드를 파악하기 위해 소셜 빅데이터를 수집·분류·분석하는 시스템이다(최선화 외, 2014). 소셜 빅보드의 경우 SNS 매체인 트위터를 대상으로 일평균 360만 건에 달하는 트윗을 수집하여 재난 관련 트윗만 필터링하고 이것을 다시 58개 재난안전유형으로 자동 분류하여 재난 상황 및 트렌드를 제공하는 시스템을 의미하는데, 이를 통해 보다 원활한 재난 관리를 할 수 있다고 주장하였다.

민금영·정덕훈(2013)의 경우 빅데이터의 네 가지 속성(규모(volume), 다양성(variety), 속도(velocity), 복잡성(complexity))이 재난 대응 의사결정에 어떠한 영향을 미치는지 연구하였다. 이 연구는 빅데이터가 제공하는 정보의 규모가 많거나, 의사결정자가 보다 단순화된 데이터를 제공받거나, 의사결정자에게 제공되는 데이터가 현상을 반영하는 속도가 빠르거나, 여러 형태의 데이터가 융합되어 잘 분석될 수 있도록 정돈되어 있을 때 재난 관리에 있어 유의미한 결과를 도출할 수 있다는 것을 실증적으로 분석하였다.

신동희·김용문(2015)의 경우 문헌조사와 사례연구 방법을 통해 국가 재난관리에 있어 효율적인 빅데이터 활용을 위한 정책방안을 제시하였다. 보다 구체적으로, 미국, EU, 영국, 일본, 싱가포르에서 빅데이터를 활용하고 있는 방안을 소개함으로써, 국내 공공 및 민간분야에서 어떠한 방안을 활용해야 효과적인 재난 관리를 시행할 수 있을지 제시하였다. 강희조(2017)의 연구는 기존의 재난안전관리 체계에 대한 연구에 4차 산업혁명의 결과를 더한 새로운 스마트 안전관리 시스템을 다양하게 제시하였는데, 이는 사물인터넷, 빅데이터, 공간 정보, 로봇, 그리고 정보통신기술을 활용하여 새로운 형태의 재난안전관리 시스템에 대해 논의하고 있다.

Kate(2010)는 2009년 벌어진 미국 레드 강 홍수Red River Floods의 사례를 통해 정보의 홍수flood of data인 상황에서 개개인의 SNS를 통한 컴퓨터 매개 통신computer mediated communication이 활성화되었을 때 효과적인 재난관리가 이루어질 수 있다고 주장하였다. Pu(2013)의 경우 공공이나 민간 영역에서 생산되는 재난 관련 빅데이터가 재난관리의 전체 단계인 예방prevention, 대비preparedness, 대응response, 그리고 복구recovery에 도움이 될 것이라고 주장하였다. 그 예로, 일본의 도호쿠東北 지진 때 지진계를 이용한 지진 감지 정보와 지진 현장에서 전송되는 빅데이터를 분석하여, 쓰나미 주의보 발령 및 주민 대피 방송을 신속히 시행함으로써 재난 피해를 최소화한 사례를 언급하고 있다.

Ⅲ. 해외사례 분석: 미국 · 일본 재난안전관리체계를 중심으로

앞서 서술한 바와 같이 많은 분야에서 빅데이터 관련 논의가 진행되었고, 그 활용의 다양한 측면이 있었지만 본 장에서는 이러한 빅데이터 활용 중에서도 재난 관리 영역에서의 활용을 주로 살펴보고자 한다. 이러한 논의를 위하여 빅데이터를 활용하여 재난을 효과적으로 대응하고 있는 해외 각국의 재난안전관리체계를 정리해보면 〈표 4-1〉과 같다.

미국과 일본은 중앙, 지방정부에서 다양한 시스템을 구축하고 있으며, 영국은 패치베이 서비스로 공공부문·민간부분의 협력적 재난 대응 시스템을 구축하고, 독일의 경우 코페르니쿠스 프로그램을 통해 지구 관측 인프라와 응급관리 서비스 운영을 통해 재난 안전 관리를 진행하고 있다.

<표 4-1> 해외 재난안전관리체계 정리

국가	재난안전관리체계
미국	NEMIS, NIMS, TIAB, DRC, ReadyNotifyPA, SAFER
일본	L-ALERT, 피닉스 방제 시스템, MIDORI 시스템, SPEEDI 시스템
독일	코페르니쿠스 시스템(EMS), MoWas, NINA
영국	Pachube
호주	Emergency 2.0(wiki) program.
싱가포르	버츄얼 싱가포르

또한 호주의 경우 소셜 미디어 기반 재난관리 프로그램인 Emergency 2.0 (wiki) program을 구축하여 긴급·위기 관리에서 소셜 미디어, 네트워크를 활용한 재난 대응을 진행하고 있다. 또한 싱가포르의 경우, 버츄얼 싱가포르 구축을 통해 홍수·지진·화재 등의 재난관리와 교통시스템 시뮬레이션 및 지형의 변형 등이 주변 환경에 미치는 영향력 분석 등을 통해 도시의 개발과 관리를 진행한다.

이러한 재난안전관리체계 중 본 장에서는 앞서 서술한 바와 같이 미국과 일본에 집중하여 사례를 탐색해보기로 한다. 그 이유는 자연재난관리에서 우리나라는 미국과 일본의 정책을 벤치마킹하여 한국의 특성을 잘 반영하는 형식으로 정책을 적용·발전시키는 형식을 띠고 있기에(Nakanishi and Black, 2018; 하연섭, 2020), 위의 두 국가의 시스템을 분석하여 우리나라의 재난안전관리체계에 대한 정책적 함의점을 도출함이 적절하다고 판단되기 때문이다.

또한 미국과 일본에서는 다른 선진국에 비해 이미 빅데이터를 활용하여 도시를 관리하고 있을 뿐 아니라, 재난분야에 있어서도 빅데이터를 기반으로 효과적으로 재난관리를 어떻게 해나갈 것인가에 대한 연구 등도 활발하게 진행이 되고 있는 추세이므로 미국과 일본의 사례를 검토함은 향후 우리나라의 빅데이터 활용 재난관리 시스템에 대한 논의로 활용하는 데 충분하다고 여겨진다고 할 수 있다.

재난안전 분야에서 빅데이터의 활용은 재난안전에 대한 대응뿐만 아니라 양질의 재난안전 정보 공유 및 공개를 통해 데이터 경쟁력 강화와 국민들의 안전을 국가가 책임질 수 있는 핵심 기술이라고 볼 수 있다. 대한민국의 재난안전 관련 기관에서의 재난안전 정보의 표준화 및 코드에 대한 관심이 높아지고 있는 것은 사실이나(Lee et al., 2019.), 대한민국의 재난안전과 관련한 '빅데이터 활용' 및 '표준화 작업' 등에 대한 인프라 구축 및 구현은 미완으로 더욱 발전이 필요하다. 따라서 본 장에서는 재난 관리 시스템의 구축을 통해 재난 대처 효율성을 높일 수 있고, 효과적으로 재난을 관리할 수 있는 방안을 미국과 일본의 사례 탐색·분석을 통해 진행해보기로 한다.

1. 미국의 빅데이터 활용 재난 관리 사례

미국과 일본의 빅데이터 기반 시스템들 중에서도, '미국 NEMIS & NIMS'와 '일본 L-ALERT, J-ALERT'이 빅데이터 시스템을 기반으로 활약 중인 대표적인 재난 대응 시스템이라고 볼 수 있다. 미국은 재난관리를 함에 있어 연방재난관리청Federal Emergency Management Agency(이하 'FEMA')이 중심점에 있다. 이러한 중심점으로부터 체계적인 재난사고 대응과 수습을 위해 관리 및 운영을 하고 있다. 특히 FEMA의 재난 관리 방안들 중에서, NEMIS와 NIMS를 선례로 살펴보고자 한다.

1) NEMIS

NEMISNational Emergency Management Information System는 표준화 작업을 통하여 업무의 통합 및 조정을 진행하고 있다. 특히 이 시스템의 장점은 공공 데이터 플랫폼을 바탕으로 미국의 50개 주가 정보를 상호 간 공유하고, 공공부문이 보유한 양질의 공공 데이터를 민간부문도 적절히 활용할 수 있도록 하고 있음이다(Lee et al., 2019). 이는 민관의 협력적 체계 구축까지도 빅데이터 기반의 시스템이 조력하고 있다고 볼 수 있다. 2003년 허리케인 '이사벨'로 인한 재난 대응을 함에 있어서 FEMA의 국가비상관리정보시스템인 NEMIS를 통하여 각 기관들 간 연계 및 정보의 흐름은 물론이거니와 공공부문의 재난대응기관 외에도 재난 발생 시 조력이 가능한 민간부문의 활동 조직들까지도 연계를 할 수 있도록 하였다.

NEMIS는 크게 보았을 때 비상 조정, 비상 지원, 인적 지원, 인프라 지원, 예방 및 완화라는 5개의 모듈을 탑재하고 있으며, 재난상황 초동 대응의 주체, 활동 지휘, 정보흐름, 권고·조정 사항 및 의사결정의 지원 자료 등을 시스템에 동참 중인 모든 기관들이 확인할 수 있도록 하였다. 또한 시스템 내의 기관들이 인원 관리 및 물적 관리까지도 효과적으로 진행할 수 있도록 구축되어 있다(Ryu, 2007).

이러한 NEMIS의 재난대응 과정에 있어서, 참여 기관은 재난관리의 중심점이라 할 수 있는 FEMA를 비롯하여 중앙정부의 부처들 및 지방정부, 경찰당국, 소방당국이라는 공공부문에만 한정된 것이 아니라, 응급의료 서비스기관 및 위험분야별 기관·협의체 등 민간부문의 모든 안전 관련 기관까지도 협력적 네트워크를 구축하고 있다. 특히, NEMIS를 통하여 잠재적 지원자에 대한 정보공유를 통해 새로운 기관의 협력 요청 및 지원도 가능하도록 하였다.

NEMIS와 같은 재난관리 시스템은 빅데이터 기반의 활용방법을 구축하였기에 앞서 서술한 형태로 재난에 효율적 대응이 가능했다고 볼 수 있다. 빅데이터 기반으로 모든 재난 관련 정보들을 통합적으로 보존 및 공유하므로 기관들 간 상호 협력적 체계의 구축을 원활하게 하여서 재난에 보다 효과적으로 대응할 수 있었음을 알 수 있다.

2) NIMS

국가재난관리시스템National Incident Management System(이하 'NIMS')은 부시George W. Bush 정부 당시 국토안보부에 의해 개발된 재난 대응에 대한 표준화된 접근방식이라고 볼 수 있다. NEMIS와 마찬가지로 공공부문뿐만 아니라 민간부문까지도 포함하여 표준화된 재난관리이면서도 유연화된 조직 시스템을 바탕으로 자리매김하였다(FEMA, 2016).

재난관리를 효과적으로 수행하기 위해서는, 중앙정부 수준의 높은 단계에서 지방정부 수준의 낮은 단계의 지역 단위에 이르기까지 모든 단계가 효율적으로 상호 조력하는 강도에 의하여 성패가 좌우된다고 볼 수 있다. 동시에 광범위한 조직이 활동하는 만큼이나 활동 전반에 대한 효과성과 효율성을 갖춘 조정 과정이 필수적이다(주상현, 2016).

NIMS는 데이터를 통합 관리함으로써, 재난 발생 시에 중앙 – 연방 – 주가 협력을 할 수 있는 조정기능을 수행하였고, 조직 규모에 상관없이 잠재적인 위협 및 실제로 발생한 위험(자연 재난, 기타 인위적 재난 및 테러 등을 포함)과 같은 '총체적인 재난'에서 응급 관리 및 인력 대응의 효율성을 높일 수 있게 되었다.

NIMS는 ① NIMS 이념 지원 가이드 & 도구, ② 훈련, ③ 자원관리 및 상호 원조, ④ 집행 지침 및 보고, ⑤ NIMS 알리미, ⑥ FEMA NIMS 지역거점, ⑦ 사고관리 지휘체계요소를 중심으로 살펴볼 수 있다. 이를 자세히 서술하면 아래와 같다.

① NIMS 이념 지원 가이드 & 도구NIMS Doctrine Supporting Guides & Tools

국가통합센터에서 작성한 도구와 지침에 대한 정보를 제공하는 것이다. NIMS는 공공부문과 민간부문 모두 상호 간 정보를 공유할 수 있는 구조이니만큼, 통합적인 커뮤니티의 구축이 용이하다. 그렇기에 정보에 대한 도구 및 지침들을, 개인에서부터 가족, 지역사회, 및 비영리부문, 종교조직, 주와 지방 정부 등 모든 수준의 단위가 서로 공유를 할 수 있는 '빅데이터 쉐어링'의 특징을 지니고 있다.

② 훈련 Training

NIMS 교육 프로그램은 NIMS 교육을 개발·유지하기 위한 프로그램이라고 할 수 있다. 재난 및 위기와 관련한 국가통합센터의 관계자들 및 공공부문뿐만 아니라 민간부문의 이해 관계자들의 책임과 활동을 명시하고 있다. 특히 NIMS 교육 프로그램은 2006년 카트리나 재해 이후 제정된 응급관리 개혁법에 따라 국가 교육 프로그램과 일치하는 책임 및 활동에 대해 상세히 설명하고 있다.

③ 자원 관리 및 상호 원조 Resource Management & Mutual Aid, RM & MA

RM & MA의 목적은 NIMS 자원 타이핑, NIMS 자격 증명, 목록 작성 및 국가 상호원조체계에 대한 정보를 제공 하는 것이다. 또한 이것은 모든 지역 사회 파트너뿐만 아니라 모든 비상사태 관리기관 및 대응기관을 대상으로 한다.

④ 집행 지침 및 보고 Implementation Guidance & Reporting

연방정부의 모든 부처와 기관들은 연방정부 – 지방정부 등 정부 수준의 모든 단위구역에 NIMS를 채택한 뒤에 연방준비은행Federal Preparedness으로부터 보조금을 지급받을 수 있는 조건을 마련하는 것이다. 근본적으로 정책을 집행하기 위해서 해결되어야 하는 부분은 바로 자금문제이다. 따라서 보조금의 지급이 원활하게 이루어지는 것도 성공적인 재난 대응의 필수적인 선결과제임에 틀림없는데, NIMS의 효과적인 수행을 위하여 미국은 보조금 교부 단계도 고려를 해두었다.

또한 NIMS의 실행 과정은 통합보고 과정을 바탕으로, FEMA 내에서 흐르고 있는 모든 관련 데이터의 직접보고를 통해 평가가 이루어지게 된다. 이를 쉽게 풀어서 보면, 관리 상황에 대한 보고체계가 유연성과 효과성을 갖춘 상태에서 잘 관리될 수 있는 여지가 있다고 볼 수 있는 것이다. 방대한 양의 데이터를 정제한 뒤에 보고를 하는 과정에서 정보의 누락 및 수용자의 배제 가능성도 존재하는데, NIMS 보고체계를 통하여 이를 최소화하겠다는 것이다.

⑤ NIMS 알리미Alerts

국가사고관리체계에 대한 효율적인 알리미체계인 NIMS 알리미도 눈여겨볼 수 있다. 사고 상황 속에서, 응답자와 사고 관리자는 공통된 용어를 사용하는 것이 중요하다. 왜냐하면, 비상 상황에서의 상호 간 오해의 여지 및 정보 전달의 부정확성을 없애거나 최소한으로 해야 하기 때문이다. 연방정부뿐만 아니라 다른 관할구역 및 다른 주들과 영향을 받는 모든 지역 내 응답자와 관리자들은 체계적으로 확립된 운영의 구조와 사용 용어, 재난 대응 정책 및 재난 대응 절차 등을 충분히 숙지하고 올바르게 활용하는 것이 중요하다.

이것이 기관, 관할구역 및 다방면의 분야에서 상호 간 효율성을 달성하는 NIMS 알리미의 핵심 목표이다. NIMS는 평시에는 알림체계와 같은 공통된 커뮤니케이션이 강력하게 필요하지는 않지만, 응급 상황 및 재난 대응 과정에서는 효과적인 커뮤니케이션을 위하여 그것을 강력하게 권장하고 있다. 이러한 의지 속에서 NIMS는 알리미체계를 구축하여서, 효과적이고 효율적인 대응을 목표점으로 삼고 있다.

⑥ **FEMA NIMS 지역거점**FEMA NIMS Regional Contacts

FEMA NIMS 지역 내에서 위기관리 코디네이터 연락처 등의 정보를 제공하는 것이라고 볼 수 있다. NIMS는 국가 전체 커뮤니티에서 사용하도록 되어있는 '개방성' 혹은 '공유성'을 띠고 있다. 이러한 특질을 바탕으로 민간부문들 간에도 상호 연락체계를 구축할 수 있게 되었고, 이는 시민들에게 지역 내에서 효과적인 관리자와의 접촉을 할 수 있게 해주는 실무적인 장점을 내포할 수 있게 되었다.

⑦ **사고관리 지휘체계 요소**Incident Command System Resources

사고관리 지휘체계 요소의 경우에는 크게 볼 때 5가지로 구성이 되어있다. 준비단계, 통신 및 정보에 관한 관리단계, 자원관리단계, 명령 및 관리 단계 그리고 유지보수단계이다. 〈표 4-2〉는 해당 단계에 대한 구체적인 내용을 간단히 정리한 것으로 각 단계에서 다루는 내용을 살펴볼 수 있다.

<표 4-2> 국가재난관리시스템(NIMS)의 구성요소와 내용

구성요소	내용
준비단계	계획, 조직/장비 관리, 대응 훈련, 실행, 평가와 보완 등으로 구성되어 공공부문과 민간부문과의 협력을 통한 시스템 강화를 목표로 한다.
통신 및 정보에 관한 관리단계	신뢰성, 확장성, 휴대성 등을 기본적인 내용으로 삼은 상태에서, 명확성을 갖춘 정보관리와 유기적인 통신구조가 기반을 이루고 있다.
자원관리단계	표준화된 자원관리를 통해 효율성과 통합성을 구현하고자 한다.
명령 및 관리 단계	유연성도 있으며 표준성도 갖춘 사고관리구조를 목표로 한다.
유지보수단계	국가재난관리시스템에 관하여 전략 강화 및 감시 강화와 방향성 조정 등의 관리를 목표로 한다.

출처: 국민안전처(2016) 재구성.

3) TIAB 및 DRC

TIAB은 재난자원목록시스템으로써 운영되는 재난관리체계 중 하나로 특정 재난 등을 효과적으로 대응하기 위해 자원의 표준화를 목표로 데이터를 운영·확보하고 NIMS와의 연계를 통해 재난에 대응하고 있다. 더불어 미국은 연방정부 차원에서 재해복구센터DRC를 운영하고 있으며, 이는 우리나라의 국민재난안전포털[3]과 비슷한 역할을 하고 있다. DRC를 통하여 시민들은, 자신이 속한 지역의 재난 정보 및 관련 피해 지원 프로그램 등을 자세하게 알 수 있다.

4) ReadyNotifyPA

미국의 필라델피아주에서 시행 중인, 빅데이터 기반 스마트시티 조성 프로그램의 일환인 재난관리체계 또한 사례로 들 수 있다. 미국 필라델피아는 안전대응 시스템 구축에 관한 대표 도시로, 높은 범죄율에 대응하기 위한 SMARTStrategic Mapping Analysis Response and Tactics와 유사한 체계로서 재해에 대응하기 위한 ReadyNotifyPA를 운영하고 있다(평택시, 2018). 이는 재난·재해가 발생을 하였을 때, 정부와 비상관리기관들이 시민들의 휴대전화와 이메일 등으로 비상경보 및 공지와 속보 등을 전송하기 위한 비상통신 시스템이다.

5) SAFER

SAFERSituational Awareness For Emergency Response는 미국 텍사스주에 위치한 피스코Fisco라는 도시에서 구축된 재난대응 프로그램이다. 위치 및 건축물 정보 등의 GIS와 통신을 기반으로 운영되는 본 프로그램은, 소방 지휘본부와 현장요원 및 의료 관리, 경찰 등 유관기관들과의 협업을 통하여 재난 대응에 효과성을 높이기 위하여 마련되었다.

재난 신고가 이루어지면, MDCMobile Data Computer를 통하여 재난 발생 상황에 대한 정보들이 재난 대응을 위한 본부 및 현장 등에 상호 교환이 가능하도록 도와주는 본 프로그램을 통하여, 재난 상황을 인식하고 대응방안을 마련하는 것이 용이해졌으며, DWData Warehouse를 구축하였기에 도시의 소방본부뿐 아니라 재난과 관련한 모든 유관기관들의 빅데이터 활용에 대한 접근성까지도 높아지게 되었다.

---

3) 국민재난안전포털 홈페이지(https://www.safekorea.go.kr)를 참고.

6) 기타

위 사례와 더불어 미국의 국립해양대기청National Oceanic and Atmospheric Administration, NOAA은 매년 30페타바이트(Petabyte, 1 Petabyte=1,000,000,000,000,000 Bytes) 이상의 새로운 데이터를 처리하고 있다. 이는 인공위성, 선박, 항공기, 부표 및 다른 감지기들로부터 관측 자료들을 수집하고, 수집된 자료는 국립기상청National Weather Service, NWS에서 통합되어 고성능 계산환경high performance computing environment에서 광범위한 실행모형들을 통해 분석된다.

분석된 모델은 경고와 예측으로 구성된 수많은 정보를 제공하며 이들은 국방부Department of Defense, DoD, 에너지부Department of Energy, DoE, 연방항공국Federal Aviation Administration, FAA, 국립항공우주국National Aeronautics and Space Administration, NASA을 비롯한 수많은 연방과 주의 기관들 및 상업항공사들, 언론사들, 일반기업들, 그리고 미국 내 모든 시민들을 포함하는 공공 및 민간영역에서 사용되고 있다

또한, 미국 국립기상청의 경우 다양한 관측기들로부터 매일 35억 건의 관측결과를 수집하며, 기상 관련 정보들은 매 6시간마다 국립해양대기청과 국립기상청의 고성능 계산환경에서 운용되는 기상 및 기후 정보 운용모형에 사용되는 초기 값을 제공하는 데이터 통합시스템Data Assimilation System을 통해 처리된다. 이러한 기상 정보 운용모형들은 정부와 민간에서 사용되는 기상 예보와 경보를 생산하고 있으며, 국립기상청에서 제공되는 정보는 매일 15만 건에 이른다.

이러한 정보의 예로는 태풍의 예측이 있으며, 이는 태풍의 풍속, 태풍의 진로, 태풍해일 및 강우량 등을 예측하는 것이다. 그 밖에도 (산불에 대비하기 위한) 화재 관련 기상 정보, 홍수 경보flood warning 등을 예측하는 모형 또는 예컨대 2011년의 후쿠시마 지진에 의한 해일 에너지값을 포함한 다양한 현상의 전파경로를 추적하기 위한 해양모형 등이 있다. 국립해양대기청과 국립기상청은 보다 높은 신뢰성과 예측가능성을 얻기 위하여 지속적으로 예측모형들을 개선하고 있다.

2. 일본의 빅데이터 활용 재난관리사례

일본은 국가 전반에 걸친 재해 관련 정보를 통합하여 제공을 하는, 종합방재정보시스템을 구축하여 운영하고 있다. 이는 재해 정보에 관하여 조직 및 개인들의 접근성을 제고하며 신뢰성 또한 제고할 수 있는 정보 제공 창구의 하나이다. 이와 같은 종합방재정보시스템을 통하여, 재해가 발생하였을 때 정부가 피해 상황을 조기에 포착하여 안전에 관한 공적 정보를 조직 및 개인들에게 신속하게 전송하는 것을 목표로 한다. [그림 4－2]는 일본의 재해정보시스템에 대한 개요도이다.

1) L-ALERT

[그림 4－2]에서 살펴볼 수 있듯이 각 지방자치단체, 정부부처가 재난 정보를 발신하고 재난 정보 전달은 TV, 라디오 등 방송 사업자와 인터넷, 휴대전화 등 통신 사업자 등을 통해 이루어지며, 이는 국민들이 쉽게 접할 수 있는

[그림 4-2] 재해정보시스템(L-ALERT)의 개요도

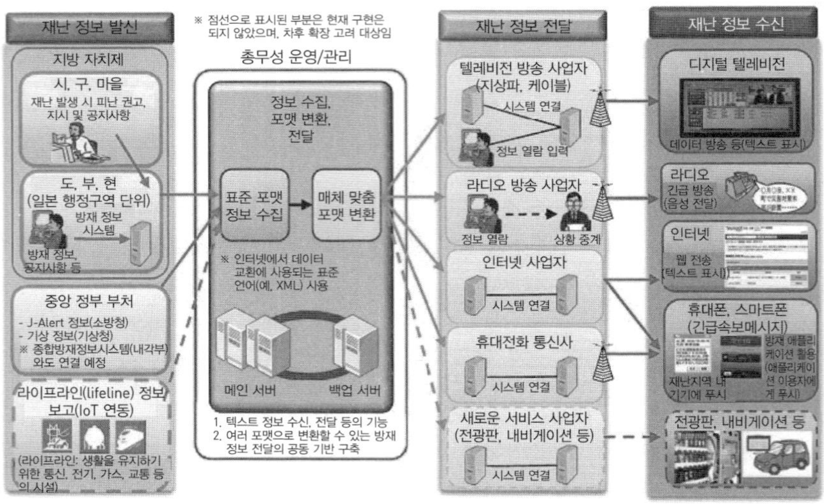

자료: 정상구 외(2016).

다양한 매체로 수신되어 재난 정보를 송출하는 방식이 일원화되었다고 할 수 있다. L-ALERT 이전에 진행되었던 경보시스템의 경우에는, 재난 정보의 발신처(지방자치단체, 정부부처)도 다양할뿐더러 많은 양의 재난 정보를 다양한 전달자(방송 사업자, 인터넷 사업자, 휴대전화 사업자)별로 세분화하여 재난 정보를 전달하였다. 이로 인해 재난 정보 수집 및 포맷 변환에 시간이 많이 소모되었으며 결국 재난 정보의 정확성에까지도 악영향을 주었다(정상구 외, 2016).

다중채널 미디어 환경을 구축한 상태에서, 재난 피난민에게 정보 보급이 효과적인 수단으로 작용할 수 있도록 빅데이터 채널을 구축한 L-ALERT를 집중적으로 다뤄보고자 한다. 물론 우리나라도 이번 COVID-19 팬데믹 사태에서 재난안전문자 발송 등으로 국민들에게 신속하고 정확하게 정보 전달을 하는 긍정적인 행정 과정을 보여주었다. 이와 유사하게 일본의 L-ALERT의 경우에도 지진, 쓰나미, 호우 등 광범위한 자연재해들로부터 지방정부-중앙정부라는 공공부문뿐만 아니라 NHK와 같은 방송채널과 재난 관련한 연구기관 등 민간부문까지 협력적 네트워크를 구축한 상태에서 모든 시민들에게 재난 대응 정보를 최대한 누락 없이 전달하는 것을 목표로 하고 있다.

2011년 동일본 대지진이 발생한 이후, 일본의 중앙정부는 재난 발생 시 다채널을 확보하여서 정보를 보급하는 것이 가장 시급한 재난대응방안이라는 사실을 깨달았다. 따라서 관계기관들이 각각 재난 대응을 하기보다는, 채널을 통합적으로 관리하고 많은 양의 정보를 취합하는 등 '빅데이터'의 관점을 토대로 공공부문 및 민간부문의 협력을 통하여 디지털 방송, 스마트폰, SNS 및 모바일 광대역 인터넷과 같은 ICT 활용 채널을 통해 정보를 제공할 수 있는 '빅데이터 기반 방재 시스템' 구축에 노력하였다. 이러한 빅데이터 기반의 방재 시스템 중 하나가 바로 L-ALERT이며, 이는 앞에서도 언급한 바와 같이 중앙집중식 시스템으로 여러 기관에서 방송 미디어, 모바일 네트워크 및 인터넷을 포함하여 여러 채널을 통해 특정 지역에 재해 정보를 동시에 방송할 수 있도록 한(Udagawa, 2017) 통합 방재 시스템이라고 할 수 있는 것이다.

L-ALERT를 통하여, 전통적인 방송 매체와 뉴미디어 매체는 서로가 대체 또

는 반목하는 것이 아니라 상호 보완할 수 있음이 해당 재난 대응 프로그램을 통하여 입증되었다. 더욱이 해당 프로그램을 통하여, '빅데이터'가 재난 대응에 있어서 현 시점에서는 효과적인 대응 방안이라고 주목받고 있는 실정이다. 즉, 재난에 직면했을 때 일부 연구[4]는 시민들이 이용 가능한 기술을 최대한 활용하고 이러한 데이터들을 광범위하게 취합하고 정제하는 '빅데이터'의 과정으로 여과를 할 경우에는 재난에 노출되어 위험에 빠지는 피해의 정도를 보다 낮출 수 있다고 보는 것이다.

일본은 재난 및 재해에 관한 정보를 제공하는 발신처에 대한 시스템 개혁을 한 것으로, 중앙 시스템 서버에서 표준화된 포맷을 가진 채 재난 정보를 중앙으로 집중시켜 수집된 정보들을 매체들에 맞춤으로 포맷 변환을 하여 전송하는 시스템을 구축한 것이다. 이 시스템은 방송 시스템과도 수월하게 연계됨으로, 방송 시스템 등에서는 데이터 입력의 수고를 덜어 재난 정보를 보다 빠르고 정확하게 전달할 수 있게 되었다. 이외에도 L-ALERT는 IoT와도 연동하여, 재난 정보를 보다 더 다양한 경로로 수집할 수 있게 되었으며 재난 정보 수신수단(디지털 사이니지[5], 자동차 내비게이션 시스템)의 확대로도 이어졌다.

2) 피닉스 방재 시스템

지방정부에서도 스마트 기술을 활용한 재난안전관리 정책들도 존재한다. 먼저 피닉스 방재 시스템フェニックス防災システム을 다뤄볼 수 있다. 해당 시스템은 재난 발생 상황에 대비하기 위하여 지방자치단체와 방재기관 간의 정보 공유를 목적으로 개발된 시스템이다. 1995년 1월 17일에 일본 간사이関西 지방 일대에서 발생한 한신·고베·아와지 대지진은 강도 6.3의 강진으로, 6,347명의 사상자 및 4만 3,000여 명의 부상자에 이르는 인명 피해와 원화 기준 100조 원에 달하

4) Shklovski et al.(2010)을 참고.

5) 디지털 사이니지(digital signage)란, 디지털 정보 디스플레이(digital information display)를 이용한 옥외광고로, 관제센터에서 통신망을 통해 광고 내용을 제어할 수 있는 광고판을 말한다.

는 물질적 피해도 발생하였다. 지진 발생 이후 효고현兵庫県은 대지진 당시 정보 공유가 원활하게 이루어지지 않아 피해가 확산되었던 점을 교훈으로 삼고, 지진 등 재난 발생 시 효고현 자체적으로 방재기관과의 재난 공유를 목적으로 한 피닉스 방재 시스템을 구축하고 운영 중이다.

또한 해당 시스템의 발전을 위한 연구는 현재까지도 진행 중에 있다. 피닉스 방재 시스템의 주요 기능은 관측 정보 수집(현 내 우량계 및 지진계), 진도 정보 수집(현 내 106개 지진계), 피해 예측(피해 계산), 수급체계(복구 및 구조 물자 계산), 상황 보고(피해 입력), 기타(GIS 표출 및 SNS 분석 기능 등)기능 등이며, 이러한 시스템은 L-ALERT 시스템과의 연동까지도 이루어졌다.

3) MIDORI 시스템

MIDORI라는 시스템도 존재한다. 미야기현宮城県에서 도입한 종합 정보 시스템으로, 지진 및 해일과 풍수해 등의 자연재해가 발생하였을 때 기상 및 상황과 관련한 방재 정보를 신속하고 정확성 높게 수집하여 현 내 지방 기관과 단체 및 소방본부 등에 정보를 공유하고 재해의 확대 방지를 도모하기 위해 도입되었다. MIDORI는 1988년에 시스템 개발을 위한 검토가 진행되었으며, 1993년 4월부터 본격적인 가동이 이루어졌다.

MIDORI는 재난감지를 보다 신속하게 진행하기 위하여, 대기오염 상시감시 시스템을 비롯하여 현 내에 있는 하천유역정보시스템MIRAI과 지진에 관한 진도 정보 네트워크 시스템 및 기상청 지역기상자료전송망L-ADESS을 비롯하여 기상청 방재 정보 제공장치, 전자 현청 공통 기반 시스템認証サブシステム, 도로 GIS 시스템 등과 데이터 제휴를 하였다.

빅데이터 제휴를 통하여 재난 대응에 나선 것이라고 볼 수 있는 것이다. 또한 2013년 6월부터는 L-ALERT와도 연계하는 재난 대응 시스템을 구축하고, MIDORI에 입력된 긴급 정보가 즉시 언론 등에 전달되어 주민들에게 정보가 전달될 수 있도록 하였다.

4) SPEEDI 시스템

또한 일본은 방사성 물질이 토양 및 해양 등으로 유출될 시에, 대기에 퍼져 있는 방사성 물질의 농도 및 피폭에 대한 선량 등을 예측하는 시스템인 스피디SPEEDI를 통하여 기상 데이터(풍향, 풍속, 강수량, 대기안정도, 일사량 등)와 원자력 시설 주변의 지리 데이터를 결합해 방재 대책을 강구하는 데 중요한 정보로 활용하고 있다(장광수, 2014; TTA Journal, 2014).

이상 서술한 미국과 일본의 재난 방재 시스템은 재난을 효과적으로 대응하기 위해 단순히 재난 발생 정보만을 취득·활용하는 것이 아닌 다양한 경로의 재난 관련 정보들을 수집하여 빅데이터 시스템을 구축하였음을 확인할 수 있었다. 이러한 데이터 구축 후 이를 공유하여 재난 대응의 효율성을 높이고, 각 부처의 업무 중복성을 줄이고 통합화를 통한 재난 대응 시스템 기반 구축과 훈련, 정보의 투명성 제고 등을 통해 자국민들의 안전을 확보할 수 있는 노력이 진행되고 있음을 살펴볼 수 있었다.

우리나라 또한 국가적 재난을 관리하기 위해 빅데이터를 적용하고자 하는 노력은 지속적으로 진행되어 왔다. 최근 다양한 재난안전관리체계가 정립되고 있으며, 해당 체계를 활용하여 적극적으로 재난에 대응하려는 움직임을 보이고 있다. 이러한 추세를 본 장에서는 먼저 국내 빅데이터 활용 재난대응체계를 제시하여 탐색한 다음, 여러 지방자치단체의 빅데이터 체계 중 재난 대응 관련 체계 구축을 위해 노력하고 있는 강원도를 대상으로 전반적인 빅데이터 활용 재난대응체계를 분석해보기로 한다.

Ⅳ. 강원도의 빅데이터 활용 재난대응정책

전 세계적으로 공공부문에서 빅데이터 활용이 확산되는 흐름과 함께 우리나라는 앞서 열거한 시스템을 도입하였다. 이와 더불어 지방자치단체 또한 다양한 분야에서 빅데이터를 도입하는 추세이다. 강원도의 경우 지능화된 도시 기반 조성을 위하여 광역 기반 스마트 도시안전서비스 사업을 추진하며, 지역적 특성상 대형산불 발생 빈도가 높기 때문에 재난대응분야를 중심으로 빅데이터를 적극적으로 활용하고 있다.

1. 스마트시티 통합플랫폼 기반구축사업

스마트시티 통합플랫폼 기반구축사업은 방범, 방재 등 각종 정보시스템과 센터를 연계하여 도시 상황을 통합적으로 관리하고 지능화된 도시 기반을 조성하고자 2015년부터 추진된 사업이다(국토교통부, 2017). 즉, 지방정부에서 발생하는 다양한 상황들에 대응하기 위해 통합플랫폼을 구축하여 정보를 제공하고 활용하는 것을 의미한다. 이는 중앙부처 및 지자체가 다양한 정보시스템을 구축하고 운영하나, 시스템이 연계·통합 되지 않아서 비효율을 야기하고 예산이 중복 투자되는 문제점 등이 발생함에 따라 추진되었다.

무엇보다 기존에 112, 119, 재난 등 안전체계가 개별적으로 운용됨에 따라 골든타임 확보가 어려운 상황에 대응하기 위해 스마트시티센터를 중심으로 5

[그림 4-3] 스마트시티 통합플랫폼 기반구축 5대 연계서비스

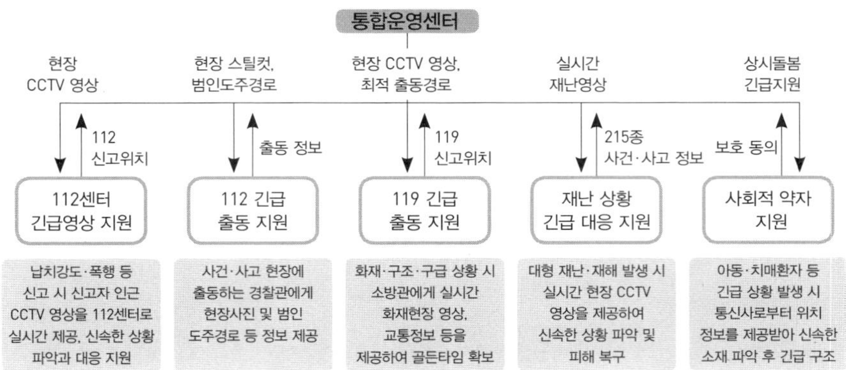

자료: 국토교통부(2017).

대 연계서비스를 구축하는 「스마트시티 안전망 구축사업」을 추진하고 있다(국토교통부, 2017). 이러한 연계 서비스는 [그림 4-3]과 같이 요약할 수 있다.

이는 IoT, 빅데이터 등을 활용하여 재난 구호, 범죄 예방 등 5대 국민안전 서비스를 구축하는 것으로, 2019년에 49개 지방정부에서 구축되었으며, 2021년까지 108개, 이후 전국으로 대상을 확대할 계획이다(정보통신신문, 2019. 9. 30.).

강원도는 2019년 3월, 스마트시티 통합플랫폼 기반구축사업에 선정되었으며, 전국 최초로 강원도 전역을 스마트 안전도시로 조성할 계획을 발표하였다. [그림 4-4]와 같이 광역 기반 스마트 도시안전 서비스는 도민의 안전을 위해 18개 시·군 관제센터와 유관기관의 CCTV를 강원도청으로 통합 및 연계하여 재난 상황 시 소방, 경찰, 국방부 등 영상 정보를 공유할 수 있도록 하는 사업을 말한다(한국지역정보개발원, 2020). 즉, 기존에 실시간으로 공유하기 어렵던 CCTV 등의 정보를 통합 및 연계하여 재난 상황 시 즉각적으로 대응할 수 있도록 하는 사업이다.

[그림 4-4] 강원도의 스마트시티 통합플랫폼 기반구축사업 목표모델

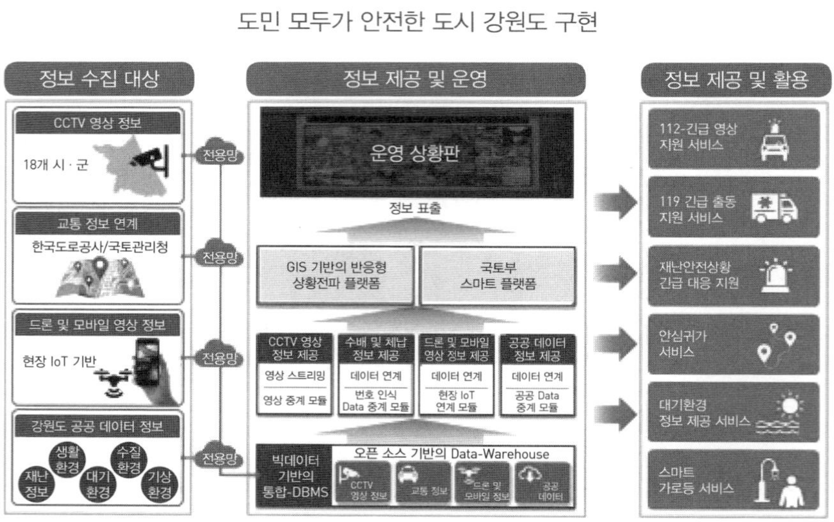

자료: 강원도청(2019).

해당 사업을 추진하기 위해 강원도는 기존에 미비한 법적 근거 마련과 개인정보 보호에 대한 의견 차이 등의 문제를 보완하기 위해 사업추진 협의체를 구성하여 관련 부서와 지방정부뿐만 아니라 유관기관까지 참여하여 지속적인 논의를 추진하였고, 개인정보보호위원회의 심의 및 의결을 거쳐 법적 근거를 마련하였다(한국지역정보개발원, 2020). 실제로 강원도는 지상작전사령부, 강원지방경찰청, 원주지방국토관리청, 한국도로공사, 한국수자원공사 등 5개 관계기관과 CCTV 영상 정보를 공유하기로 하는 등의 업무협약을 체결하여 기존에 기관별 정보시스템과 개인정보보호법의 제약으로 공유가 어려웠던 부분을 보완하여 전국 최초로 광역 기반 스마트 안전서비스를 제공할 수 있게 되었다(연합뉴스, 2019. 11. 5.).

본 사업의 주요 내용으로는 ① 도와 시군 간의 CCTV 전용망 구축, ② 사건사고 발생에 대한 공유를 위해 단일 스마트시티 통합플랫폼을 구축하여 기관간 협업 기반 구축, ③ 국토부의 국민안전 5대 연계서비스, ④ 강원도의 특화서비스 구축 등이다(한국지역정보개발원, 2020). 이를 위해 강원도는 2019년에 클라우드 기반 통합플랫폼을 구축하여 5대 연계서비스를 지원하고, 2020년에 스마트 플랫폼 고도화 및 재난현장 실시간 영상정보 서비스, 안심귀가 서비스, 차량번호인식 제공서비스 등의 특화서비스를 구축하며, 2021년에는 스마트 플랫폼 고도화와 함께 보행자 안전지킴이, 스마트 도서관 서비스, 기상 정보 제공서비스 등의 시민체감형 S-서비스를 구축하는 것을 목표로 진행하고 있다(강원도청, 2019). 특히 2020년 달성 목표인 강원도의 특화서비스로는 문제차량검색 지원, 국가안전보장 지원, 상황실 긴급 대응, 모바일 재난영상 등이 있는데, 그중에서 국가안전보장 지원은 강원도의 지역적인 특성을 고려하여 전국 최초로 군부대와의 협력 관계를 구축하여 통합방위사태나 경계태세 2급 이상의 상황 등이 발생할 때 실시간 영상 정보 공유 등을 통해 국가안보와 관련된 업무를 지원하는 것이다(한국지역정보개발원, 2020).

다음 [그림 4-5]의 5대 연계서비스 중에서 재난상황 긴급대응 지원서비스는 스마트강원 영상 통합지원센터에서 재난 및 재해 발생에 대한 실시간

[그림 4-5] 광역기반 스마트 도시안전서비스

자료: 한국지역정보개발원(2020).

CCTV 영상을 재난상황실에 제공하여 재난상황을 전파하고, 국가재난관리시스템NDMS의 정보를 통합지원센터와 시군 CCTV통합관제센터에 전달하여 주민들에게 SMS, 방송 등으로 알릴 수 있다(강원도청, 2019). 즉, 기존에 개별적으로 운영되던 CCTV를 통합적으로 연계하여 스마트 도시안전서비스를 지원할 수 있게 되었고, 강원도가 선도적인 역할을 담당하고 있다.

본 사업 추진을 위하여 강원도는 내부적으로 18개 시군 CCTV 통합관제센터와 원주지방국토관리청, 한국도로공사 등 교통정보센터에서 운영 중인 CCTV를 연계하여 영상 정보를 통합 및 공유하고, 외부적으로는 경찰, 소방, 재난상황실 등과 정보를 연계하여 재난 긴급대응 지원을 하고 있다(강원도청, 2019). 2020년 4월을 기준으로 강원도 18개 시군 CCTV는 1만 1,161대, 유관기관 2,267대, 산불 및 재난 192대, 차량번호인식 DB 690대로 파악되며, 전체 1만 4,310대의 CCTV를 연계 및 통합하기로 하였다(한국지역정보개발원, 2020). 이는 [그림 4-6]과 같이 나타낼 수 있다.

[그림 4-6] 광역단위 영상정보 통합 · 연계 및 구축모델

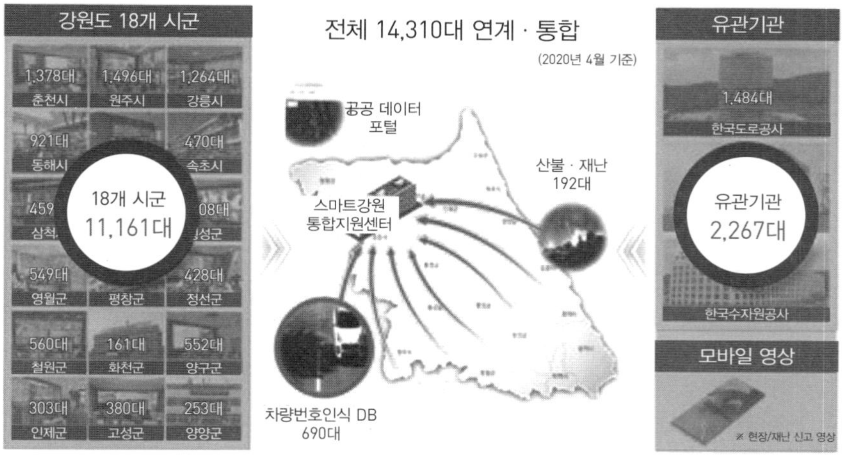

자료: 강원도(2020. 5. 18.).

아울러, 산불 취약 지역인 강원도의 산불재난 대응을 위해 3D지도를 활용하여 산불재난 긴급대응 서비스를 제공할 계획이다. 산불재난 발생 시 3D지도를 통해 직접 확인하기 어려운 산의 지형을 살펴보고, 주변 상가의 번호를 공유하여 실제로 불이 났는지 알아본 후 초기 대응할 수 있도록 기반을 마련한 것으로, 추가적으로 어플을 활용하여 모바일 실시간 영상을 찍어 상황실에 보고하고 정보를 공유할 수 있도록 하는 것이다.[6]

현재 시범운영 중인 강원도의 광역 기반 스마트 도시안전서비스는 재난상황 발생 시 골든타임을 확보하고 강원도의 긴급대응 능력을 향상시킬 것으로 전망하고 있다. 정량적 측면에서는 지방정부가 개별적으로 추진하는 것보다 도 단위 통합 추진으로 약 156억 원의 사업비를 절감하는 효과, 유관기관의 CCTV 통합 및 연계로 2,000억 원의 안전자산을 취득하는 효과, 국가정보통신망 활용으로 연간 전용회선료 60억 원 절감 효과 등을 기대하는 동시에 지역주민들의 생명을 보호하고 재난문제를 해결하는 데 기여할 것으로 전망한다

6) 강원도 스마트 안전도시서비스 담당 주무관과의 전화 인터뷰를 토대로 작성함.

[그림 4-7] 강원도의 재난산불 긴급대응 지원 특화서비스

자료: 한국지역정보개발원(2020).

(한국지역정보개발원, 2020). 그리고 정성적 측면에서는 강원도의 도시경쟁력을 강화하고 다양한 기술을 활용한 서비스를 적극적으로 지원 및 확대할 것으로 예상된다.

5대 연계서비스 중 재난상황 긴급대응 지원서비스를 통한 산불예방사업 외에도 강원도는 빅데이터를 활용하여 다양한 산불예방사업을 추진하고 있다. 강원도가 산불예방분야에 초점을 맞추고 있는 이유는 2003년부터 2019년 4월까지 발생한 우리나라 100대 산불을 살펴보면 영동지역에서 30건이 발생하였고 전체 피해면적의 87%를 차지하고 있다(강원도, 2019. 5. 10.). 이러한 현상은 봄철(3~5월) '남북고저'의 기압차로 인해 영동지역에서 나타나는 소형 태풍급의 양간지풍의 영향 때문으로, 이는 태풍과 같이 바람 세기가 강하여 산불 확산 속도가 진화 속도보다 빠름에 따라 단시간에 피해면적을 확대하여 진화를 어렵게 하는 특징을 지닌다. 이로 인해 2019년 고성, 속초, 강릉, 동해 산불은 역대 단시간 내 재산피해가 가장 컸던 산불로서 17시간 만에 산림 2,487ha

와 시설 4,482개소가 소실된 바 있다. 이렇듯 강원도는 인구 1만 명당 화재 건수 전국 2위, 화재에 따른 인명피해는 전국 1위로 재난·재해에 매우 취약하여(강원도, 2020. 1. 22.), 강원도에서의 산불예방은 그 중요성을 지니고 있다. 이에 따라, 강원도는 빅데이터 활용을 통해 산불위험지도 제작, 소방용수시설 설치 등 산불예방사업을 적극적으로 추진하고 있다.

2. 산불위험지도 제작

'강원도 산불위험지도'는 국립산림과학원이 제작한 산불다발지도를 바탕으로 2017년 4월 구축되었으며 산불예방에 빅데이터를 적용한 최초 사례로 평가받고 있다. 국립산림과학원 산불다발지도는 아래 [그림 4-8]과 같이 1991년부터 2015년까지 발생한 모든 산불 1만 560건에 대한 위치 정보를 토대로 산불이 자주 발생될 수 있는 우려대상지역을 선정한 지도로서, 강원도는 전체 지도 및 18개 지역(강릉시, 고성군, 동해시, 삼척시, 속초시, 양구군, 양양군, 영월군, 원주시, 인제군, 정선군, 철원군, 춘천시, 태백시, 평창군, 홍청군, 화천군, 횡성군)별 지도가 제작

[그림 4-8] 강원도 전체 및 강릉시 산불다발위험지도

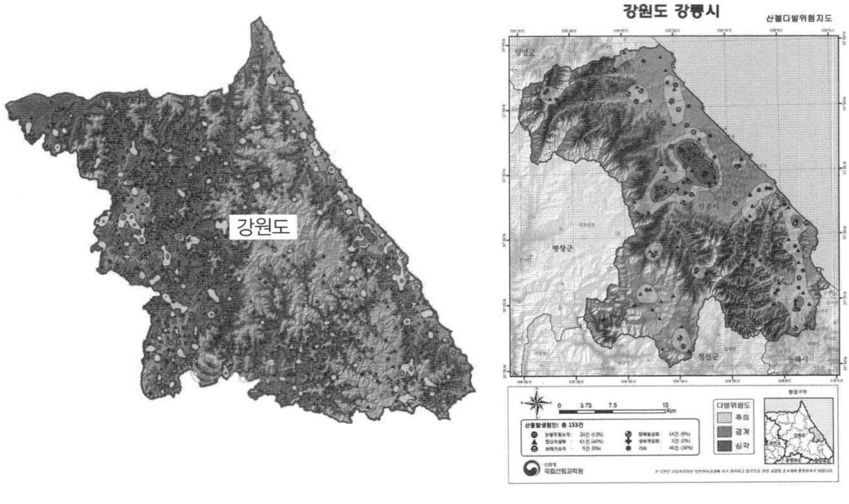

자료: 강원도(2012); 이병두 외(2016).

되었다.

강원도는 이를 기반으로 전원마을 조성, 관광지 개발, 송전시설 등 각종 개발로 인한 신규 산불발생요인을 분석하고, 산림연접지 불법소각행위 다발지역, 산불발생 위치·원인·산불 간 거리·발생 빈도 등의 상관관계를 분석, 수치 지도화하여 산불위험지도를 제작하였다(이뉴스투데이, 2017. 4. 4.). 산불위험도의 경우, 1km^2(100ha) 내 산불 건수에 따라 '관심'(0.25건 미만), '주의'(0.25~0.5건 미만), '경계'(0.5~0.75건 미만), '심각'(0.75건 이상) 등 4단계로 구분하였다(세이프타임즈, 2017. 4. 5.). 이와 같이 강원도는 빅데이터 활용을 통해 산불방지 대응력 향상을 위해 노력하고 있다.

3. 소방용수시설 설치 우선순위 도출사업

소방청과 강원도는 행정안전부의 「2019년 공공빅데이터 표준분석모델 구축사업」의 일환으로 2019년 8월 30일부터 2020년 1월 31일까지 약 5개월간 「산림인접지역 소방용수시설 설치 우선순위 도출」 과제를 수행하였으며, 대형산불 위험이 높은 강원 영동지역 6개 시군(고성군, 속초시, 양양군, 강릉시, 동해시, 삼척시)을 대상으로 하였다. 현재 본 사업을 통해 도출된 결과를 기반으로 향후 소방용수시설 확대 계획을 수립하고 있다.

본 과제는 화재대응능력 향상을 위한 산림인접지역 소방용수시설 취약지역 분석 및 개선을 목적으로 한다. 최근 5년간 화재발생현황, 인구, 산림 내 시설물, 상수관 현황, 풍향·풍속 등에 대한 빅데이터 분석을 통하여 '소방용수확보 취약지수'를 개발한 후 산림인접지역 중 소방용수가 필요한 최적의 지역을 지도상에 시각화하였다. 이러한 자료를 기반으로 강원도는 산불확산모형을 지도화하여 산불대응 및 주민대피 등에 활용할 수 있도록 하였다.

강원도는 빅데이터 분석결과를 향후 소화전 및 비상소화장치 설치를 위한 기초자료로 활용할 계획을 수립할 예정이다. 아울러, 소방청은 강원지역 대형산불에 효율적으로 대응하기 위해 추가 소방용수시설 설치가 필요한 지역

[그림 4-9] 소방용수시설 및 상수관 설치 취약지역 도출 (삼척시)

자료: 소방청(2020. 3. 2.).

[그림 4-10] 산불확산모형분석 (강릉시)

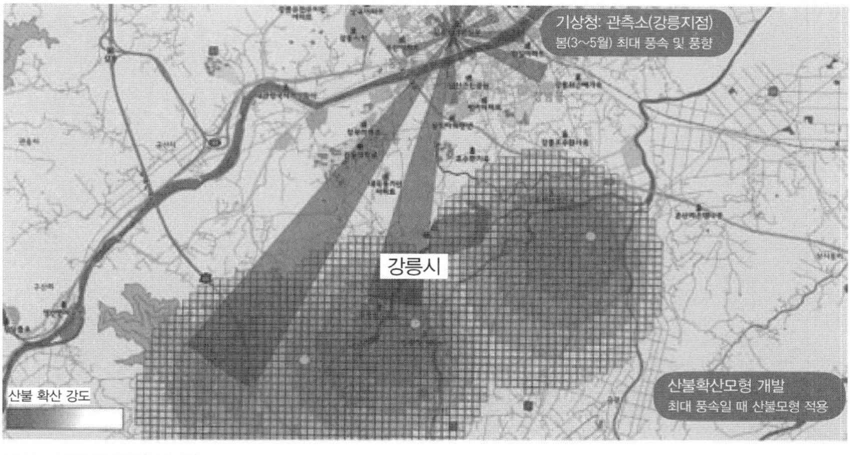

자료: 소방청(2020. 3. 2.).

을 향후에도 빅데이터를 활용하여 도출, 보강해 나가겠다 밝혔다(소방청, 2020. 3. 2.).

4. 빅데이터 기반 양간지풍 도시산불 긴급대응 시스템 고도화 사업

강원도의 「빅데이터 기반 양간지풍 도시산불 긴급대응 시스템 고도화」 사업은 〈표 4-3〉에서 볼 수 있는 행정안전부 주관의 「2020년 지역맞춤형 재난안전 문제해결형 R&D 사업」의 일환으로 추진될 예정이다. 행정안전부는 강원도 산불대응분야를 포함 총 10개 사업을 선정하였으며, 지역별 재난 특성을 반영하여 지자체가 주도적으로 기획, 수행하는 체계로 진행할 계획을 밝혔다.

<표 4-3> 2020 지역맞춤형 재난해결 R&D 선정현황(행정안전부)

구분	사업명	재난유형	관계부처
강원	**빅데이터 기반 양간지풍형 도시산불 긴급 대응 시스템 고도화**	**산불**	**행정안전부, 산림청, 기상청**
광주	지능형 광융합 센서를 이용한 도시 도로 시설 이상감지 및 사고예방 시스템	교통사고	행정안전부, 국토교통부
전남	도서지역 재난/사고 응급환자를 위한 AR 기반 원격협진 연구	구급	행정안전부, 보건복지부, 해양경찰청
전북	노인보행자 및 도로교통 안전을 위한 지능형 교통안전시스템 실증 기술개발	교통 사고	행정안전부, 국토교통부 경찰청
제주	재난 및 항공 체류객 지원 대응 Safe Space In Jeju 구축	태풍 · 폭설	행정안전부, 국토교통부
부산	태풍 및 빌딩풍 피해예측 위험도 분석 및 예방 대응 시스템 구축	태풍	행정안전부, 국토교통부
경기	1인가구 및 범죄 취약가구 자가 내 범죄 예방 및 생활안전 대응시스템 구축	치안	행정안전부, 경찰청
경남	딥러닝 기반 지진력 추정 기술을 적용한 중소형 시설물 지진재해 대응 시스템 개발	지진	행정안전부, 국토교통부
경북	착용자의 생체신호 측정, 가스감지 기능의 고신축 소재 기반 화학보호복 개발	생활안전	행정안전부, 소방청, 환경부
대전	도심지 침수 대응 시민안전 지원 사업	홍수	행정안전부, 국토교통부, 환경부

자료: 강원도(2020. 1. 22.).

본 사업은 2020년 4월부터 3년간 추진될 예정으로서, 총사업비는 3년간 20억 7,000만 원(국가 16억 2,000만 원, 도 4억 5,000만 원)이다. 양간지풍 산불 문제점에 대한 대응전략을 구축하기 위하여 동해안 산불방지센터를 중심으로 여러 부처의 시스템을 통합·관제하는 시스템을 개발하고, 빅데이터, AI 등 신기술을 도입하여 데이터 기반의 과학적·입체적 대응체계 구축을 목표로 하고 있다. 주요 사업내용은 양간지풍 도시산불 대응 전략 및 계획 수립, 빅데이터를 활용한 도시산불 긴급대응 시스템 고도화, 실시간 산불확산 모니터링 실증지역 조성, 산불진화차량 내 위치 정보 및 동영상 시스템 구축 등이며, 대표적인 양간지풍 지형인 강릉, 경포 지역 등을 대상으로 실증사업을 진행할 계획이다(강원도, 2020. 1. 22.)

5. KT-강원도, 5G를 활용한 재난대응 서비스 제공

강원도는 또한 민관협력을 통해 빅데이터를 활용하여 산불예방에 적극적으로 대응하고 있다. 5G는 기존의 4G보다 20배나 빠른 초고속, 10배나 많은 초연결, 10배나 짧은 저지연 기술을 활용하는 차세대 이동통신으로서(IBK 경제연구소, 2018), 최근에 주목받는 사물인터넷, 인공지능 등의 활용을 뒷받침하기 위해 5G의 기술이 필요하게 되었다. 강원도는 2018년 평창 동계올림픽 개최 당시 ICT를 활용한 올림픽을 추진하였는데 강원도 평창은 ICT 체험관 등 100여 개의 기지국, 200여 대의 단말기를 공급하여 세계 최초의 5G 올림픽을 개최하게 되었다(강원연구원, 2018). 여기서 구축된 ICT 인프라를 강원도의 다양한 산업을 육성하는 데 활용할 수 있게 되었고, 관련 기술로는 5G 실감미디어, 사물인터넷 기술, UHD 지상파 중계서비스, AI를 활용한 자동 통번역 서비스, VR 체험서비스 등이 해당된다(강원도, 2018).

평창 동계올림픽에서 시범 운영된 5G 서비스는 과학기술정보통신부의 2018년도 「범부처 Giga KOREA 신규사업(5G Guardian)」에 선정되었다. 범부처 Giga KOREA 신규사업인 '5G-Guardian'이란 5G를 활용하여 수요자 중심

[그림 4-11] 5G 가디언 서비스 주요내용

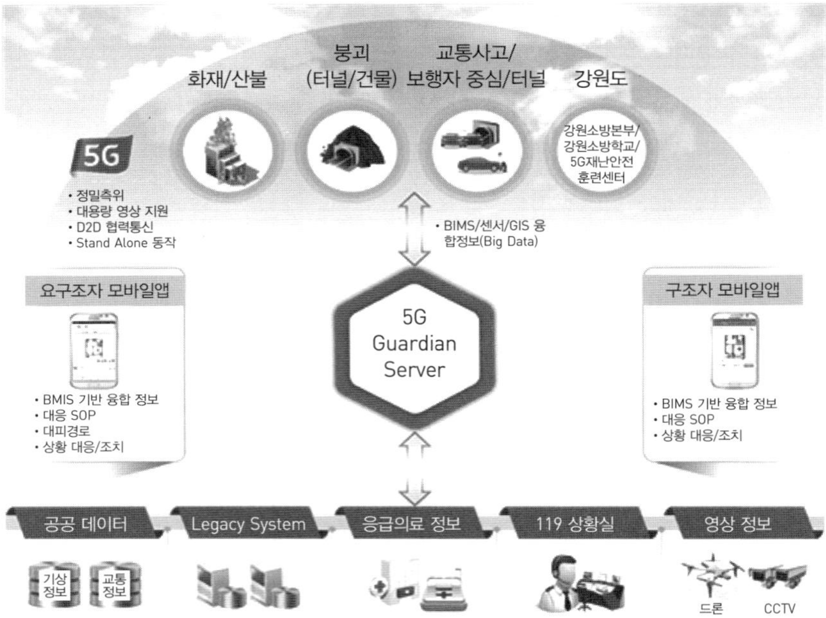

자료: 기가코리아사업단 홈페이지(http://www.gkf.kr/sub/contents/content_17.asp).

의 재난안전 서비스를 개발하고 실증하는 것을 의미한다.[7)] 특히 강원도는 사회 문제 해결을 위한 5대 분야들[8)] 중 재난안전분야와 관련하여 5G 기반 서비스 개발 프로젝트를 추진하게 되어 2018년부터 2020년까지 5G 기술과 다양한 ICT 기술 및 서비스를 융합한 재난안전 대응서비스를 개발하게 되었다(강원도, 2018).

평창 동계올림픽 주관기관인 KT와 함께 강원도가 화재, 붕괴, 교통사고 등 재난사고에 대응하기 위해 5G망과 서버를 구축하여 5G 재난안전 실증과 재난안전 ICT 시뮬레이션 캠퍼스 등을 만들어 지역주민들의 재난피해를 줄이고

---

7) 기가코리아사업단 홈페이지(http://www.gkf.kr/)를 참고.

8) 자율주행, 스마트시티, 스마트 생산 및 물류, 재난안전, 스마트 미디어 등이 해당됨.

새로운 사업을 육성하고자 한 것이다.[9] 특히 강원도의 경우 2017년 기준 화재 관련 인명피해는 전국 1위, 재산피해는 전국 2위로 나타나 산불과 같은 재난·재해 발생 시 5G를 활용하여 과도한 통신트래픽 발생으로 통신이 두절되는 상황을 예방하기 위해 여러 기기에서 정보를 전송하더라도 통신이 가능하도록 하고, 구조자 중심의 기술을 요구자 중심으로 전환하여 재난이 발생한 건물 등의 위치 정보를 제공할 수 있게 되었다(강원도, 2017). 이처럼 강원도는 5G 인프라를 활용하여 요구조자 중심으로 재난피해에 빠르게 대응하고자 하고 있다.

주요 내용으로 첫째, 대규모 재난 상황 시 5G 기반의 기술을 활용하여 공공데이터, 119상황실, 드론, CCTV 등으로부터 관련 데이터를 수집하고 요구조자 및 구조자에게 빌딩정보관리솔루션BIMS 기반 융합 정보, 대피경로 및 대응조치와 관련된 정보들을 모바일앱으로 전송할 수 있다. 둘째, 5G 기반 지능형 화재 대응서비스를 통해 화재 발생 시 화재감지기 정보가 5G 가디언서버로 전송되고 구조자에게는 실시간 상황 정보를, 요구조자에게는 CBS(긴급재난문자발송서비스) 및 재난안전지킴이 앱을 통해 대피안내 정보를 제공하여 조기 화재를 인지시킨다. 셋째, 붕괴징후 대응서비스는 5G 대용량 통신망을 활용하여 건물 안전도를 상시로 모니터링하고, 붕괴징후 발생 시 CBS로 대피 알림을 전송, 해당 건물에 대한 정보 제공 및 재난안전지킴이 앱을 자동 구동시켜 대피로를 안내, BIMS 기반의 요구조자 위치 정보 등을 파악해 탈출할 수 있도록 한다. 위와 같은 주요 내용 이외에 교통사고 대응서비스, 교통약자 위험사고 대응서비스 등의 내용을 포함한다(강원연구원, 2018).

주요 연구성과[10]를 살펴보면, 해당 사업의 실증환경을 구축하기 위해 첫째, 강원도 태백시 소방학교 내부에 정밀측위기술을 활용한 인프라를 구축하고 측위나 층 판단의 정확성을 공인기관으로부터 인증받았고, 재난 상황 시

---

9) 기가코리아사업단 홈페이지(http://www.gkf.kr/)를 참고.

10) 기가코리아사업단 홈페이지 내 '5G기반 요구조자 중심 재난안전서비스 개발 및 실증의 주요 성과'를 토대로 작성함.

영상 정보를 획득하기 위한 방수방진, 운영시간 등 드론의 조건이 적합하다는 검증을 완료하였다. 둘째, 2018년 사물인터넷 국제전시회, 5G Vertical Summit 등 각종 전시회에서 화재 대응 서비스 프로토타입을 시연하고, 붕괴 대응 서비스의 핵심 기술에 대한 이전을 완료하였다. 셋째, BIMS 기술과 모델러의 개발로 대형 건물에서의 재난 상황 발생 시 신속하게 대응할 수 있게 되었다.

실증사업과 연계하여 강원도는 태백시를 대상으로 2019년부터 2020년까지 '재난안전 ICT 시뮬레이션 캠퍼스'를 구축하기로 하였다. 재난 상황 발생 시 5G 가디언 서비스를 활용하여 요구조자들이 위험을 벗어날 수 있도록 교육 및 훈련을 받고 관련 기술을 검증하고 개선시키기 위해 시뮬레이션이 가능한 체험장과 참여자들의 집, 직장과 같은 생활터에서 체험이 가능하도록 시스템을 구축하는 것이다(강원연구원, 2018). 해당 사업 내용으로는 재난안전 ICT 시뮬레이션 프로그램 개발, 실생활 위험 인지 - 위험 극복 체험 VR/AR/MR 체험, 스마트 O2O ICT 시뮬레이션 캠퍼스, 재난·안전 ICT 교육·훈련 프로그램 개발·운영 등이 해당된다(강원도, 2017). 실제 강원도는 태백시에 위치한 365 세이프타운 시설에 재난안전 관련 체험관을 만들어 재난안전에 대비한 ICT 시뮬레이션을 시행하고 있다. 365 세이프타운은 국내외 최초로 재난 및 재해를 가상체험하여 대응할 수 있도록 만든 세계 최초의 안전체험 테마파크로서, 지진, 산불 등을 체험하는 안전체험관, 소방안전체험관, 교통안전체험관 등을 갖추고 있으며 안전체험관에 5G재난안전체험관을 마련하여 주민들이 재난피해가 발생했을 때 5G 기술을 활용하여 어떻게 대응할 수 있는지 체험해볼 수 있는 공간을 마련해두고 있다.[11)] 그리고 365 세이프타운 전역에 화재조기감지기, 스마트 대피유도장치, IoT 재난방송장치 등을 설치하여 지능형소방솔루션의 대피유도 성능과 실용성을 시험한 결과, 일반적인 탈출이 4분 48초가 걸리는 반면, 장치 설치에 따른 탈출은 2분 28초가 걸려 효과가 있는 것으로 검증되기도 하였다(황정훈, 2020). 이러한 사업들을 실시하여 강원도의 ICT 역량

11) 365 세이프타운 홈페이지(https://www.taebaek.go.kr/365safetown)를 참고.

을 축적할 뿐만 아니라 연계산업을 발전시키고 일자리 창출의 거점 역할을 할 수 있을 것으로 기대하고 있다(강원연구원, 2018).

한편, 최근에는 국내에서 4G, 5G LTE 통신망을 기반으로 한 드론이 세계 최초로 개발되어 이를 강원도 태백시에 도입하여 상용화에 성공하게 되었다. 이전까지 드론은 와이파이 기반으로 조종사와의 거리에서 2.5㎞ 이내에서만 작동이 가능하고 조종사 한 명이 한 대의 드론만을 조종할 수 있었으나, 최근 개발된 5G 드론은 조종 거리에 제약이 없어 서울에서 강원도 산불의 발화지나 실종자 수색이 가능하고 조종사 한 명이 드론 4대 이상을 조종할 수 있게 되었다(조선일보, 2020. 5. 16.). 실제 2018년 7월 미국 하와이 킬라우에아 화산이 폭발했을 당시 드론을 활용하여 영상을 실시간으로 생중계하여 지역주민들이 정보를 확인하고 대피시킨 사례 등에서 볼 수 있듯이 5G를 기반으로 한 드론 역시 사건·사고 구조작업에 활용도가 높은 기술이다.[12)]

강원도의 5G 기반 재난대응 서비스는 앞으로 5G 기술을 개발하여 외국 기술에 대한 의존도를 줄이고 관련 사업을 육성할 것으로 보이고, 5G 재난안전 실증과 ICT 시뮬레이션 캠퍼스를 구축하여 주민들에게 교육홍보의 효과를 창출하며, BIMS를 활용하여 건물 설계 시 재난안전 대응을 고려하게 하는 역할을 담당할 것으로 기대된다(기가코리아사업단, 2019).

이 외에도 강원도는 2020년 7월 9일 기상청과 기상관측장비 관리 일원화, 최적의 기상관측망 구축을 위한 협력방안 공동 발굴, 빅데이터 기반의 산불대응체계 구축, 기상자문관 운영, 기상·기후변화 대응 협력사업 발굴을 주요 내용으로 하는 「기상분야 공동 협력체계구축 업무협약MOU」을 체결하였다. 이에 따라 강원도는 보다 적극적으로 향후 빅데이터를 활용한 산불대응에 적극적으로 대처해나갈 것으로 예상된다. 또한, 강원도는 영동지역 산불피해에 적극적으로 대처하기 위하여 2018년 11월 강원도 동해안 6개 시군, 산림청, 기상청 등으로 구성된 전국 최초의 산불 협업조직인 '강원도 동해안 산불방지센터'

12) 한국전자통신연구원 웹진(https://www.etri.re.kr/webzine/20190228/sub01.html)을 참고.

<표 4-4> 2020~2040년 강원도 동해안 산불방지센터 중장기 발전계획(산불예방)

구분	내용
산불 발생원인, 특성 등 산불 정보 빅데이터 구축 및 체계적 제공	• 산불 발원지 정보, 확산 속도, 확산 영역 공간 데이터 등 수집 및 제공 • 산불 원인 조사·감식 정보 취합 시스템 구축 • 제도 개선, 사건 조사, 연구 등에 활용할 수 있도록 체계적 정보 제공
산불 관련 사회적·지리적 정보 빅데이터 취합 및 활용체계 구축	• 취약시설물(요양원, 병원 등) 규모, 특성, 위치 등 우선 대피·보호 대상 선정 • 위험시설물(주유소, 화약고, 유류저장소 등) 규모, 특성, 위치 등 사전방어 대상 선정 • 현장지휘본부 및 산불대피소 대상지 규모, 특성, 위치 등 우선배정 체계 수립

를 개소하였으며, 「2020~2040년 강원도 동해안 산불방지센터 중장기 발전계획」을 수립하였다.

강원도는 향후 산불피해 조사·복구 및 모니터링 강화를 위해 동해안 산불에 관련된 전 분야의 빅데이터를 구축하고 체계적으로 제공할 예정임을 밝히며, 재난 대응에 있어 적극적으로 빅데이터를 활용할 것으로 예상된다.

V. 결론

지금까지 서술한 바와 같이 IT 기술의 발달로 빅데이터를 다룰 수 있는 시대가 도래하였으며, 이러한 시대적 흐름에 맞추어 해외뿐만 아니라 국내에서도 적극적으로 빅데이터를 활용하여 재난을 관리하고자 하는 정책적 움직임이 시행되고 있음을 살펴보았다. 본 장에서는 앞서 제시한 〈표 4-1〉과 같이 해외 각국의 재난안전관리체계에 대한 정리를 진행하였다.

표에서 살펴볼 수 있듯이 거의 모든 선진국에서는 빅데이터 기술을 이용하여 재난안전관리체계를 구축하고 있다. 최근 우리나라에서도 지진, 홍수를 비롯한 자연재해와 더불어 화재, 건물 붕괴, 선박 침몰 등 다양한 사회 재난이 발생하고 있기 때문에 빅데이터를 재난분야에 적극적으로 적용하여 정보를

<표 4-1> 해외 재난안전관리체계 정리

국가	재난안전관리체계
미국	NEMIS, NIMS, TIAB, DRC, ReadyNotifyPA, SAFER
일본	L-ALERT, 피닉스 방제 시스템, MIDORI 시스템, SPEEDI 시스템
독일	코페르니쿠스 시스템(EMS), MoWas, NINA
영국	Pachube
호주	Emergency 2.0(wiki) program.
싱가포르	버츄얼 싱가포르

관리하고 국민안전을 확보하여 재난 대응성을 높일 필요가 있다.

최근 「재난 및 안전 관리 기본법」(약칭 '재난안전법')이 제정되면서 재난안전관리에 대한 법제화가 진행되었으나 동법 제26조의 2(국가핵심기반의 관리 등)에서 데이터베이스를 언급하고 있을 뿐 데이터의 활용이나 빅데이터를 이용한 재난관리에 대한 구체적인 언급이 없다. 빅데이터의 활용은 국민의 개인정보를 담아 활용해야 하는 측면이 있으므로 개인정보 보호에 관한 논의가 마무리되어야 실질적인 재난 대응 관련 빅데이터 시스템을 구축할 수 있을 것으로 보이므로, 해외의 재난안전관리체계와 같은 시스템을 구축하기 이전에 그동안 미비했던 법제도에 관한 논의를 빠르게 마무리 지어야 할 것으로 보인다.

또한 향후 재난안전관리체계 구축 과정에서 빅데이터 혹은 개인정보 관련 법제화 논의 외에도 다음과 같은 정책적 과제가 제시될 수 있다. 스마트 빅보드, 폭우피해지도, 스마트 재난상황 관리시스템 등은 정부 혹은 민관이 협력하여 구축한 시스템이지만 실제 구축 이후 그 실효에 대한 다양한 의문이 지속되었다(동아사이언스, 2016. 12. 16.). 앞서 살펴본 것과 같이 현재 여러 지방자치단체들이 산불, 태풍, 지진, 홍수 등 자연재해와 교통사고, 치안, 구급 등의 사회적 재난과 구호에 맞춘 빅데이터 활용체계를 구축하고자 노력하고 있는데 그 구축 이후 실제로 해당 체계가 작동하는지는 별개의 문제로 취급할 수 있다.

본 장에서 주로 서술한 강원도의 스마트시티 통합플랫폼 기반구축사업, 산불위험지도 제작, 소방용수시설 설치 우선순위 도축사업, 양간지풍 도시산불 긴급대응 시스템 고도화사업 등도 구축 후 재난 대응에 얼마나 효과적인지, 그 결과 재난 대응의 효율성 증가, 피해 규모 감소 등의 직접적인 결과가 나타나야 한다고 볼 수 있다. 현재 빅데이터 체계를 갖추기 위한 지방자치단체의 사업 중 사업비 3억 원 이상의 사업이 다수 존재하지만 빅데이터 관련 조례를 제정한 곳은 시군구 단위에서 6개 정도로 관련 제도 정비도 미비한 상태로 볼 수 있다(강민선, 2018).

또한 다양한 빅데이터 체계 구축과 관련한 사업이 진행되고 있음에도 현재 다수의 지방자치단체는 빅데이터 관련 전문인력이나 재난대응 시스템의 구축에 필요한 인력이 부족한 상황이기 때문에, 현행 체계에서는 중앙정부의 지원사업을 받거나 외주를 통한 전문가들의 도움을 받아 이러한 체계를 구축할 수밖에 없다고 볼 수 있다. 컴퓨터를 활용하여 이러한 체계를 구성할 경우, 그 특성상 특정한 코드를 구성한 프로그래머가 이직을 하는 경우에 해당 시스템을 유지·보수하기 어려운 경우도 발생할 수 있으며, 외주를 통해 시스템을 구축하는 경우 지속적으로 정부 및 지방자치단체의 예산이 소요될 가능성도 가지고 있다.

다수의 빅데이터 시스템이 국내에서도 진행되고 있으나, 그 실효성과 제도 미비, 사업비용의 증가, 인력 부족 등이 현재 빅데이터라는 명목에 사업만 추진하여 발생하는 문제로 볼 수 있다. "빛 좋은 개살구"라는 말이 있듯이 단순히 빅데이터라는 허울에 정책사업만을 늘려 실효성이 없는 빅데이터 체계를 구축하는 것은 향후 미래의 빅데이터 활용의 기반에 도움이 되지 않는다고 볼 수 있다. 따라서 제도의 구축과 전담 인력의 확보를 통한 조직개혁 등을 통해 사업비용의 정당성과 절감을 확보하여 향후 정부뿐만 아니라 지방자치단체에서도 스스로 빅데이터 구축과 이를 활용한 재난안전에 관한 관리체계를 확보하여 그 실효성을 제고하는 형태로 향후 빅데이터 활용 재난안전관리체계가 전반적으로 관리 및 전환되어야 할 것으로 보인다.

참고문헌

강민선. (2018). 「지방자치단체 빅데이터 분석 사업 추진 현황」. 『지역정보화이슈리포트』, 제2018-5호, 1-18.

강원도. (2012). 『2012~2016 산불로부터 안전한 녹색강원 구현을 위한 강원도 산불방지 장기대책』.

______. (2017). 『강원도 4차산업혁명 촉진 중장기 종합계획』.

______. (2019). 『스마트시티 통합플랫폼 기반구축사업 사업계획서』.

______. (2019. 5. 10.). 「2019년 제1차 강원방재(산불) 포럼자료」.

______. (2020. 1. 22.). 「양간지풍 도시산불 빅데이터로 잡는다」. 전략산업과 보도자료.

______. (2020. 5. 18.). 「스마트강원 도시안전서비스 구축 완료」. 정보산업과 보도자료.

강원연구원. (2018). 「강원도 5G-재난안전 국가프로젝트 추진: 동계올림픽 ICT 분야 레거시」. 정책메모, 제685호.

강원도동해안산불방지센터. (2020). 『2020년~2040년 강원도동해안산불방지센터 중장기 발전계획』.

관계부처합동. (2017. 11.). 「혁신성장을 위한 사람 중심의 4차 산업혁명 대응계획」.

(구)교육과학부·행정안전부·(구)지식경제부·방송통신위원회·(구)국가과학기술위원회. (2012. 11. 28.). 「스마트 국가구현을 위한 빅데이터 마스터플랜」.

국회입법조사처. (2018. 5. 31.). 「빅데이터 정책추진현황과 활용도 제고방안」.

기가코리아사업단. (2019). 『기가코리아사업단 6차년도 연차보고서』.

기상청. (2020. 7. 9.). 「강원도와 공동으로 기후변화로 인한 위험기상에 대응한다」. 관측정책과 보도자료.

김태형. (2015). 「수요자 중심의 Smart City 구축을 위한 빅데이터 활용 방안: 재난안전 분야를 중심으로」. 『한국지역정보화학회지』, 18(2), 47-68.

소방청. (2020. 3. 2.). 「강원도 산림인접지역 소방용수 보강추진」. 화재대응조사과 보도자료.

송규석·서동섭·정원철·서명우. (2017). 「Intelligence 기반 스마트 재난재해 관리」. 『한국통신학회 학술대회논문집』, pp. 593-594.

신동희·김용문. (2015). 「국내 재난관리 분야의 빅데이터 활용 정책방안」. 『한국콘텐츠학회논문지』, 15(2), 377-392.

윤범진. (2016). 「싱가포르 스마트시티 프로젝트 스마트 네이션(Smart Nation), 국가 비전 선포 미래형 도시국가 건설에 착수」. 『CHINDIA Plus』, 120, 56-57.

윤영두·최훈. (2017). 「재난재해 감소를 위한 사물인터넷 서비스」. 『한국콘텐츠학회논문지』, 17(11), 102-109.

이병기·고경훈. (2018). 「[연구보고서 2018-06]: 스마트 사회의 지방자치단체 재난안전관리 강화방안」. 『한국지방행정연구원 기본연구과제』, 2018, 1-146.

이병두·권춘근·김성용·안희영. (2016). 『시도 및 시군구별 산불다발지역 지도』. 국립산림과학원.

이승환·김인철·권성수·윤익준·조희진. (2015). 『지방자치단체 정책지원을 위한 데이터 분석 운영체계 연구』. 행정안전부.

이연. (2011). 「동일본 대지진에서 나타난 NHK와 KBS의 재난방송 비교」. 『한국방송미디어공학회 학술발표대회 논문집』, pp. 143-147.

정상구·박현호·조경섭·이용태. (2016). 『일본의 재난관리 및 방송 시스템 현황』.

정재동. (2014). 「해외 주요국의 재난관리 ICT 동향과 시사점」. 『Issue paper』, 11.

최병근·이태우·김민수·최갑용·손봉기·이재호·김경배. (2019). 「사례분석을 통한 스마트 소방안전정보 시스템의 방향성 제안」. 『한국통신학회 학술대회논문집』, pp. 251-252.

한국지역정보개발원. (2020). 「비상 시 골든타임 확보, 'Perfect 안심 강원' 실현」. 『지역정보화지』, 제122호.

행정안전부. (2018. 3. 22.). 『빅데이터 추진체계 현황 및 향후과제 세미나』. 공공데이터정책과 자료.

황정훈. (2020). 「5G 기반 요구조자 중심 재난안전 서비스 개발 및 실증」. 한국통신학회 동계학술대회.

IBK 경제연구소. (2018). 『5세대 이동통신(5G)이 가져올 미래』. IBK 경제연구소 보고서.

C. Pu, & Kitsuregawa, M. (2013). Big Data and Disaster Management: A Report from the JST/NSF Joint Workshop, Technical Report No. GIT-CERCS-13-09; Georgia Institute ofTechnology, CERCS, pp.1-28.

兵庫県企画県民部災害対策局 災害対策課防災情報室. (2015. 11.). 『フェニックス防災システムの概要(兵庫県の防災情報システム)』.

김영준. (2020. 5. 16.). 「이제 5G 드론으로 서울서 강원산불도 통제할 수 있죠」. 『조선일보』.

동아사이언스. (2016. 12. 16.). 「31억 짜리 재난경보 '스마트빅보드', 지진·태풍 피해 키운 '무용지물'」.

사이언스타임즈. (2012. 11. 29.). 「'빅데이터'로 범죄·자연재해 예측」.

안경애. (2019. 12. 9.). 「AI·빅데이터, 국가 핵심시스템 파고든다」. 『디지털타임즈』.

오동현. (2020. 6. 24.). 「KT, 강원도 태백에 '5G 재난안전 실증체험관' 개소」. 『뉴시스』.

이길주. (2019. 9. 30.). 「방범 교통 재난 정보시스템 망라 지능형 인프라 구축」. 『정보통신신문』.

이지훈. (2017. 4. 4.). 「강원도, '산불위험지도', 빅데이터로 예방한다」. 『이뉴스투데이』.

임보연. (2019. 11. 5.). 「강원도, 재난위기 시 CCTV 영상정보 공유...골든타임 확보」. 『연합뉴스』.

임정균. (2017. 4. 5.). 「강원도 빅데이터 분석으로 '산불위험지도' 제작」. 『세이프타임즈』.
정광섭. (2017. 4. 4.). 「강원도 산불 빅데이터 활용...과학·효율적 대응」. 『참뉴스』.
정종길. (2017. 11. 20.). 「ICT, 재난 현장에 뛰어든다: SKT-강원소방본부, 특수단말+드론+실시간영상관제 결합한 '공공안전솔루션' 도입 MOU」. 『IT Daily』.

기가코리아사업단 홈페이지, http://www.gkf.kr/sub/contents/content_17.asp
한국전자통신연구원 웹진, https://www.etri.re.kr/webzine/20190228/sub01.html
365세이프타운 홈페이지, https://www.taebaek.go.kr/365safetown/index.do

제 5 장

사회적 경제로서
지역화폐의 이해와 점검

Ⅰ. 들어가며

1990년대 후반 한국 사회의 경제위기 등과 함께 대안적 사회운동의 하나로 떠올랐던 지역화폐에 대한 관심이 최근 사회적 경제 및 공동체 논의의 활성화, 사회정책의 지역적 지불방식에 대한 고민, 그리고 지역순환경제 구축에 대한 필요성 증대 등 새로운 경제·사회적 배경 속에서 또다시 불거져, 지역화폐의 필요성이 새롭게 주목받고 있다(최준규 외, 2016). 이 같은 지역화폐에 대한 관심은 비단 우리나라에서뿐만 아니라, 우리와 같은 상황 속에 있는 세계 여러 나라에서도 나날이 커지고 있다. 특히 우리나라는 지역화폐 도입의 후발주자에 속한다. 이에 본 장에서는 우리나라의 지역화폐 도입 현황을 살펴보고, 앞으로 나아가야 할 방향을 모색하는 데 목적을 둔다.

먼저 지역화폐운동에 대해 살펴보자면, 유럽, 남미, 아시아 각국을 포함해 영·미, 캐나다, 호주 중심으로 전 세계 2,000여 지역 이상에서 실험되고 있는 새로운 지역사회운동이다(천경희·이기춘, 2005). 지역화폐운동은 노동력과 물품을 가상의 지역화폐community currencies를 지불함으로써 교환 거래가 되도록 체계화하려는 것이고, 양자 간 돈 없이도 재화와 서비스를 서로 주고받는 형식이 가능해지도록 하는 것이다(서울시 사회적경제센터, 2016).

지역화폐마다 특성의 차이를 보이고는 있지만, 일반적으로 지역화폐운동은 지역사회의 경제를 활성화하려는 차원에서 실업자와 저소득층 보호, 자원봉사 활성화, 지역사회 상호부조 증진, 주민들의 사회적 관계에 기반을 둔 경제제도 재구성 등의 역할을 하고 있는 것으로 평가받고 있다(김동배·김형용, 2001).

지역화폐의 이론적 논의는 1800년대부터 시작되어 현재까지 지속해서 오랜 시간 동안 논의되어 오고 있다(최준규 외, 2016). 지역경제가 활발하지 못한 지역의 경제를 살리기 위한 방안의 하나로 지역화폐가 대두되었다. 지역화폐를 통해 지역경제를 활성화한다는 목표를 가지고 유럽연합 지역발전기금ERDP, European Regional Development Fund이 출연한 돈은 총 400만 유로이다. 이 자금을 지원받아 영국·프랑스·네덜란드·벨기에 등 여러 유럽 국가에서 다양한 방식과 형태의 지역화폐 시범사업이 이뤄지고 있다(문진수, 2014). 특히 2012년부터 유통되기 시작한 영국의 브리스톨파운드(£B)는 가장 넓은 화폐공간을 가진 지역화폐로, 최근 가장 성공적인 지역화폐 사례이다.

다음으로 지역화폐운동의 핵심인 지역화폐에 대해 알아보고자 한다. 지역화폐는 한정된 지역에서만 사용할 수 있는, 즉 법률로 정해진 국가화폐, 원이나 달러, 엔, 유로, 마르크 등과 대비되는 단어로서, 보완통화, 지역통화, 자주통화, 자유통화, 회원제통화, 커뮤니티통화, 그린달러, 에코머니, 오리지널머니 등으로 다양하게 불리고 있다(아베 요시히로, 2002).

지역화폐의 도입과 발전 과정은 지역 및 시기에 따라 격차가 있지만, 기본적으로 지역화폐가 가지고 있는 이익에 따라 시작되었다. 많은 학자는 지역화폐운동이 지역주민을 위해 경제적·사회적 이익을 가져오고, 환경보존의 이익을 가져온다고 보았다. 지역화폐의 의의는 지역경제 침체에 따른 지역주민들의 충족되지 못한 욕구 충족, 실업 해소, 공동체운동 활성화, 지속 가능한 소비 창출 등 지역주민들 간 신뢰를 바탕으로 지역경제를 활성화시켜 주는 데 있다(김현옥, 2008).

지역화폐는 운영단체가 관리하는 계좌 내에서 재화나 서비스를 제공한 사람에게는 플러스 포인트가 부여되고 반대로 재화나 서비스를 제공받은 사람들에게는 마이너스 포인트가 주어지는 시스템이다(김민정, 2012). 지역화폐는 특정한 사람에게 부여된 돈의 발행을 공동체에 참여한 개개인에게 위임하고 회원 간의 신뢰관계를 기반으로 화폐가 발행된다(행정자치부, 2017). 국민화폐와 지역화폐의 본질적인 차이는 유통 범위가 전국적인가 지역적인가라는 공간 범위의 차이가 아니다. 그 차이는 바로 화폐가 가지는 성격이다. 즉 전자가 의미하는 이윤창출을 목표로 한 시장의 교환이라는 성격과 후자가 포함하고 있는 상호부조, 공동체의 신뢰에 토대가 된 교환이라는 성격 간의 차이이다(최준규 외, 2016). 화폐의 기능 면에서 지역화폐의 장점은 첫째, 자산이 크게 부각되지 않으며, 둘째, 내재된 통제와 지침서, 한도를 알려주고, 셋째, 공식적인 통화로 쉽게 전환될 수 있을 뿐만 아니라, 넷째, 지역공동체를 더 견고하게 해주며, 마지막 다섯째, 사용지역들 간 연결망을 강화하고 나아가 새로운 사회적 연결망을 구축할 수 있도록 도와준다는 점을 들 수 있다(김민정, 2012). 이러한 특징들을 토대로 우리나라에 안착한 지역화폐에 대해 현시점에서 찬찬히 살펴볼 필요가 있다. 과연 우리나라의 지역화폐는 기존 논의대로 순기능적으로 시행이 되고 있는지 아니면 본래의 취지와는 다르게 명목상의 지역화폐 제도만 시행되고 있는지에 대한 의문이 든다.

이에 따라 본 장에서는 지역화폐의 개념 및 동향을 정리하고, 우리보다 먼저 지역화폐를 도입하여 사용 중인 해외사례들을 우선 살펴보기로 한다. 그리고 우리나라에서 시행되고 있는 지역화폐 사례를 통해 지역화폐가 가지는 정책적 가능성을 탐색하고자 한다. 궁극적으로 4차 산업혁명 시대에 발맞춘 지역화폐의 미래 모습을 제시해보고자 한다.

II. 해외의 지역화폐

1. 지역화폐

지역화폐는 자립적인 지역경제를 구축하기 위한 목적으로 2000년대에 시작되어 유통되기 시작한 화폐를 의미한다(한성일, 2013). 국가 내에서 유통되는 화폐를 국가화폐, 국제 거래에서 유통되는 화폐를 국제화폐라고 명명하듯이, 지역화폐는 일정한 지역 내에서만 활용이 가능한 화폐를 의미한다(한성일, 2013). 그러나 일반적으로 활용되는 국가·국제 화폐와는 다르게 지역화폐에는 몇 가지 특징이 존재한다. 첫째, 일반적인 화폐에 적용되는 이자라는 개념이 존재하지 않으며, 오히려 마이너스 이자가 발생하는 지역화폐도 존재한다. 마이너스 이자와 같은 이러한 특징은 독일계 아르헨티나 경제학자 Silvio Gesell에 의해 만들어진 개념으로 독일의 지역화폐에서 두드러지게 나타난다(Thiel, 2011). 두 번째, 지역화폐는 법정화폐(국가화폐)를 대체하는 역할을 수행하지는 못하지만

<표 5-1> 지역화폐운동의 유형 비교

운동	레츠와 타임뱅크 시스템	아워시스템	지역화폐와 이행통화
지향점	수평적 호혜관계 구축	자립적 지역경제 구축	
화폐 형태	가시적인 화폐 없음	지폐	지폐/전자적 지불
발행방식	개별 구성원의 무로부터 창조	유통위원회에 의한 발행	국민화폐와의 교환을 통해 발생
유통 범위	커뮤니티(공동체)	커뮤니티보다 넓은 범위의 지역	
비고	적자한도/가치평가방식의 변환	화폐의 신뢰성/국민화폐와의 연계	

자료: 한성일(2013).

상호 보완적인 역할은 수행할 수 있다(Thiel, 2011). 이러한 특징은 일부 지역화폐의 경우 법정화폐가 기준점이 되어 가치가 측정된다는 점에서 확인할 수 있다.

이와 같은 특징을 지닌 지역화폐는 두 가지 목적, 즉 지역 내의 상호 호혜적 경제환경을 갖추기 위한 목적과 지역경제의 자립성을 확보하기 위한 목적을 충족시키기 위해 등장하였다(한성일, 2013). 다시 말해, “커뮤니티에 속한 사람과 사람을 연결하고 상호교류를 심화시키기 위한 미디어(매체)”(Nishibe, 2006; 56)와 같은 공동체적 역할과 이러한 역할의 확장을 통해 공동체보다 넓은 개념인 지역의 경제적 자립성을 확보하기 위해 등장한 것이다(한성일, 2013). 그러나 현실적으로 지역화폐의 두 가지 목표는 동시에 달성하기 어렵다(한성일, 2013). 상호 간 호혜적인 공동체의 구축은 작은 단위에서 이룩할 수 있지만, 이를 경제적 자립이 가능한 지역 단위로 구축하는 것은 어렵기 때문이다(한성일, 2013). 따라서 지역화폐운동은 두 가지의 목표 중 어떠한 목표를 더 우선시하는가에 따라 유형적으로 구분된다.

여기에서는 다양한 종류의 지역화폐 중 성공적이라고 평가받는 소수의 지역화폐 사례들을 선정하여 소개하고자 한다. 이는 각각 독일의 Regiogeld 가운데 하나인 Chiemgauer와 영국의 이행화폐 가운데 하나인 브리스톨파운드이다. 각각의 지역화폐의 역사와 특징을 살펴봄으로써 그것이 어떻게 성공적으로 자리 잡을 수 있었는지 공통점을 소개하고, 이를 통해 한국의 지역화폐가 어떠한 방향으로 발전해야 할지 알아보고자 한다.

2. 독일의 지역화폐: 뤠기오겔드

뤠기오겔드Regiogeld는 Regional Money의 축약어로서(독일어) 다양한 지역에 존재하는 지역화폐를 의미한다(Thiel, 2011). 독일의 경우 전통적으로 대안적 화폐의 개념이 강하게 나타나는데, 이는 1930년대에 등장한 스탬프 화폐가 독일어권에서 가장 활발하게 진행되었기 때문이다(한성일, 2013). 독일의 지역화폐운동인 Regiogeld는 이러한 전통을 시스템적으로 계승하였다. 스탬프 화폐의 시스템적 특징은 시간의 흐름에 따라 정正이 아닌 부負의 이자(마이너스 이자)가 붙는 것이다. 위와 같은 특징은 화폐 또한 다른 사물과 마찬가지로 감가상각의 원리가 적용되어야 한다는 원칙을 통해 만들어진 것인데, 이러한 원리의 적용은 화폐가 지닌 가장 중요한 특질인 유통수단으로서의 기능을 핵심적으로 수행할 수 있게 돕는다.

Regiogeld는 Silvio Gesell(1862~1930)에 의해 등장하여, 독일어권 국가인 오스트리아의 Wörgl 지역에서 짧은 기간(1932~1934년) 동안 첫 역할을 수행하였다(Thiel, 2011). Wörgl시는 공무원들의 월급을 지역화폐local currency를 통해 지급하였다. 이는 초기의 반발을 가져오게 되었지만, 짧은 시간 안에 그 반발은 무마되고 지방세도 지역화폐로 수급되기 시작하였다. 시간이 지나며 다른 상점들 또한 이 지역화폐를 통해 물건을 구입·판매하게 되며 지역화폐로서의 개념이 확장되었지만, 화폐 발행의 독점권을 지닌 오스트리아 중앙은행에 의해 짧은 기간 동안의 실험은 끝나게 되었다(Thiel, 2011).

이러한 지역화폐는 1990년대에 이르러 Helmut Creutz(1993)와 Margrit Kennedy(1991)에 의해 새롭게 조명받게 되었다(Thiel, 2011). 세계화에 대한 비판과 유럽연합European Union 통합화폐 유로화Euro의 등장으로 보완화폐에 대한 수요가 전 세계적으로 나타나게 되었고, 이는 LETSLocal Exchange Trading System와 같은 작은 단위의 화폐실험으로 나타나고 있다(Thiel, 2011). 독일 지역에서도 이러한 흐름에 맞추어 Arnstadt 지역의 Pho와 Bremen 지역의 Ronald가 등장하였지만, 독일 지역에서 가장 성공적인 Regiogeld는 Prien 지역의

<표 5-2> 독일의 지역화폐 현황(2008년 기준)

설립연도	이름
2003	Chiemgauer
2004	KaanWas Justus Sterntaler Markgrafer Urstromtaler Kirschblüte Hallertauer
2005	Regio in Oberland Carlo Berliner Volmetaler Landmark Broteinheit
2006	Bügerblüte Havelblüte Tauberfranken Nahgold
2007	Alto Augusta Dreyecker Ammerlechtaler Palzer Oderblüte REgio im Ostallgau Zschopautaler

자료: Volkman(2012: 99); 한성일(2012).

Chiemgauer이다. Prien 지역의 경제학 교사인 Christian Gelleri는 6명의 여학생과 함께 지역화폐를 도입하고자 했고, 지역 사업가와 학부모들에게 계획을 알렸다(Thiel, 2011). Gelleri와 학생들에 의해 탄생한 Chiemgauer는 지역 내의 지지를 얻게 되었고, 다양한 매스 미디어에서도 이를 주목하게 되었다(Thiel, 2011). 그 결과 독일 내에서는 다양한 형태의 지역화폐가 등장하게 되었고 이를 소개하자면 〈표 5－2〉와 같다.

성공적으로 자리 잡은 Chiemgauer는 2003년 구축된 Regiogeld-Netzwerk를 통해 자신들의 지식을 공유하고 있다. 1년에 두 번 열리는 Regiogeld-Netzwerk를 통해 새롭게 지역화폐를 시작하고자 하는 지역에 매뉴얼을 제공하고 대중의 이해를 돕기 위해 노력하였다.

Thiel(2011)의 연구에 의하면 독일에서 운영되고 있는 뤠기오겔드는 73개이고 이 중 15개만이 Regiogeld-Netzwerk에 소속되어 있지 않다. 〈표 5－2〉와 같이 다양한 종류의 지역화폐 중 32개는 준비 중이며, 26개는 활용되고 있다. 이 중 20개의 지역화폐는 유로화에 의해 가치가 측정되고Euro-based-system,

4개는 상품 및 서비스 기반 시스템goods and service based이며 2개는 하이브리드hybrid시스템으로 작동하고 있다.

Thiel(2011)은 이처럼 다양한 종류의 뤠기오겔드의 규모를 모두 합치게 되면 70만~80만 유로 정도에 이른다고 주장하였다. 그러나 이러한 규모의 유통은 2011년 기준으로 약 64%가 Chiemgauer에서 유통되고 있으며, 전체 뤠기오겔드의 유통량을 확인할 경우 약 1만 유로 정도가 유통되고 있다. 뤠기오겔드 중 가장 성공적으로 유지되고 있는 Chiemgauer의 매출액과 유통량을 살펴보자면 [그림 5 - 1]과 같다. 그림은 Chiemgauer에서 유통되고 있는 금액을 2003년에서 2015년까지 묘사한 것으로 2003년 약 7만 5,000유로에서 시작하여 2015년 약 760만 유로에 이르는 성장을 이룩한 것을 확인할 수 있다. 또한 [그림 5 - 2]는 Chiemgauer 사용에 동참하고 있는 로컬 비즈니스와 소비자의 숫자를 나타내고 있다. Chiemgauer에 참여하고 있는 비즈니스와 소비자 또한 2003년 130명에서 시작하여 2015년 3,100명에 이르고 있으며 Chiemgauer를 수용하는 로컬 비즈니스 또한 2003년 100개에서 시작하여 2015년 561개에 이르고 있다.

이처럼 많은 뤠기오겔드 중에서 Chiemgauer가 성공적으로 자리 잡을 수 있

[그림 5-1] Chiemgauer 매출액

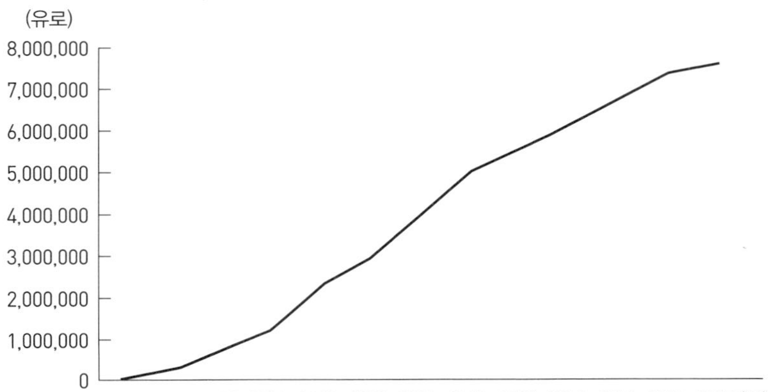

자료: Chiemgauer Statistik(2015).

[그림 5-2] Chiemgauer 유통량

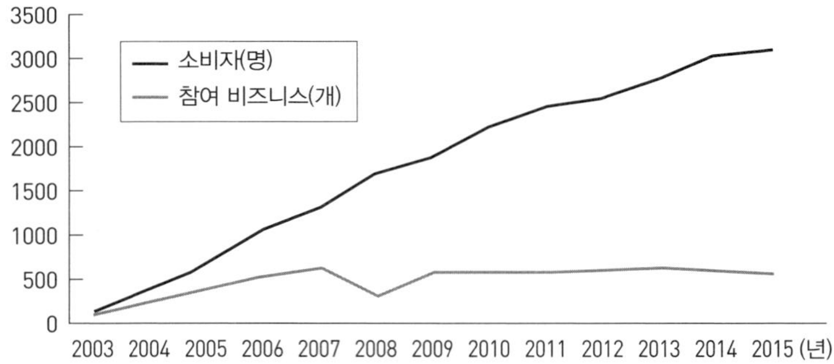

자료: Chiemgauer Statistik(2015).

었던 데에는 몇 가지 이유가 존재한다. 우선 지역 내 가동되는 네트워크를 통해 지역에 거주하는 사람들과 지역 은행 간의 협력을 이끌어냈다는 것이다(Thiel, 2011). 즉 각기 다른 선호를 지닌 지역주민들과 지역 내의 기업들을 성공적으로 묶어낼 수 있는 기능을 Chiemgauer가 수행하였기에 성공적으로 자리 잡을 수 있었다(한성일, 2013). 또한 Chiemgauer의 경우 세계화의 흐름과 다르게 지역에 기반을 둔 지역기업들의 지지가 존재했기 때문에 지역 내의 산업연관구조가 강화되어 성공적인 지역화폐로 자리 잡을 수 있었다(한성일, 2013).

3. 영국의 지역화폐: 브리스톨 파운드 [1)]

브리스톨파운드Bristol Pound는 독일의 퀘기오겔드와 마찬가지로 지역경제의 지속가능성을 목표로 만들어진 지역화폐이다(황영순·오동하, 2018). 영국 또한 독일의 스탬프 화폐와 마찬가지로 '노동증서'를 통한 초기 지역화폐의 전통이 존재한다. 앞서 언급한 것처럼 국제 금융환경의 변화, 재정위기, 재정침체 등의 지속으로 인해 보완화폐 혹은 지역화폐에 대한 수요가 증가하게 되

1) 최준규·윤소은(2018)과 문진수(2014. 7. 7.)를 참고하여 발췌·기술함.

었고, 영국 브리스톨 지역에서 시행되고 있던 브리스톨파운드가 주목받게 되었다. 브리스톨파운드의 경우 발행액만큼의 실물화폐를 금융기관에 예치하는 본위제방식의 화폐구조이며, 실물통화와 온라인·모바일(SMS 활용) 결제방식을 병행하고 있다. 브리스톨파운드는 파운드로 직접 환전은 불가능하지만, 가맹점 차원에서는 환전이 가능한 중간 형태를 취하고 있다. 브리스톨파운드의 경우 운영을 위해 시 정부, 지역금융기관, 지역사회혁신조직 등의 다양한 이해관계자의 참여를 유도하였다. 초기 단계에서는 신경제재단New Economic Foundation의 자문을 통해 화폐 도입 방안을 강구하였고, 지역에 기반을 둔 금융기관인 Bristol Credit-Union(지역 신용협동조합)은 브리스톨파운드의 전자화폐 시스템을 개발 및 운영하였다. 또한 사무국의 경우 Community Interst Company(지역 공동체 기업)이 맡아 운영하였다. 시 정부의 경우 사무공간과 운영자금(3년)을 지원하며, 지방세 일부를 브리스톨파운드로 납부할 수 있게 제도를 개선하였다. 브리스톨파운드의 경우 시 정부가 화폐 발행의 주체가 되는 것이 아니라 민간의 다양한 자원들이 결합하여 자율적으로 운영될 수 있게 돕

[그림 5-3] 브리스톨파운드의 운영구조

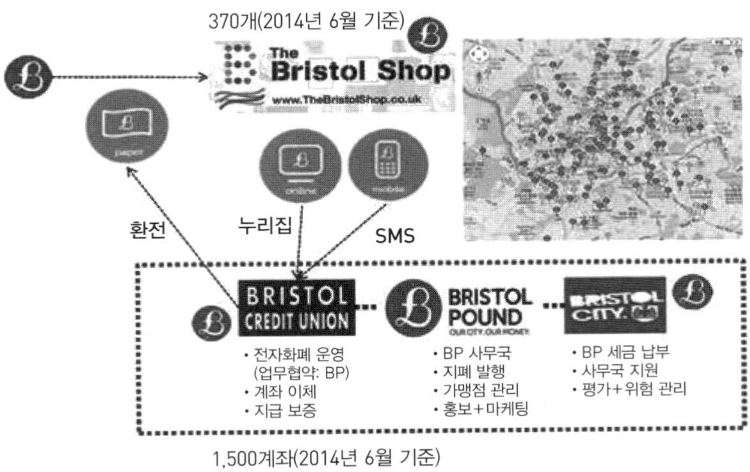

자료: 최진규·윤소은 (2018)에서 재인용.

는 역할을 수행한다.

앞서 언급한 것처럼 브리스톨시는 지방세의 일부를 지역화폐를 통해 납부할 수 있게 하는 것뿐 아니라 지역화폐 이용 활성화를 위해 다양한 방법을 사용하고 있다. 첫 번째로 직원 급여의 일부를 브리스톨파운드로 지급하며, 시장mayor의 경우 급여 전액을 브리스톨파운드로 지급한다. 두 번째로 온라인 계좌를 통한 지방세 납부의 간편화를 추진하여 개인 계좌를 통해서만 지방세를 납부할 수 있도록 하는 것이 아니라 매달 자동납부가 가능하게 만드는 시스템을 도입하였다. 마지막으로 브리스톨 지역에 기반을 둔 지역기업인 브리스톨에너지Bristol Energy와 굿에너지Good Energy의 이용요금을 브리스톨파운드를 통해 납부 가능하도록 추진하였다.

브리스톨파운드의 경우 2014년까지 발행된 총량이 11만 3,000파운드, 사용자 계좌 개설 수 는 약 1,500개, 가맹점 수는 약 370개로 파악된다. 브리스톨파운드의 주 수입원은 화폐거래 시에 징수하는 수수료 수입으로, 수입구조만

[그림 5-4] 브리스톨파운드 사용처 및 지방세 납부 화면

자료: 브리스톨파운드 홈페이지(https://bristolpound.org).

놓고 볼 경우 일정한 수의 가맹점이 만들어지고 적정 수준의 거래가 이뤄져야만 지역화폐의 지속가능성이 담보될 수 있다. 따라서 브리스톨파운드는 가맹점 확보 이외에 소비자들의 참여를 촉진하기 위한 방안으로 화폐교환 시 10%의 인센티브를 부여하는 방법(법정화폐 100파운드를 지역화폐 110파운드로 교환하는 방식)을 채택하고 있다. 만일 지역화폐 사용이 가능한 가맹점이 늘어나더라도 사용하는 소비자가 없으면 지속가능성이 떨어지기 때문에 브리스톨파운드는 가맹점과 소비자층을 확장하기 위해 노력하고 있으며, 2009년 140개에 머물던 브리스톤파운드 가맹점 수가 2010년 약 200개, 2018년 기준 약 370개로 밝혀진바, 꾸준하게 성장하고 있음을 확인할 수 있다.

4. 해외사례의 시사점

2000년대에 이르러 많은 지역에서 자립적 지역경제의 구축을 지향하는 지역화폐 실험이 이루어지고 있지만 대부분의 화폐는 성공적인 결과를 이룩하지 못하였다. 비록 실행기간이 짧아 성과를 평가하기는 어렵지만 비교적 가시적인 성과를 이뤘다고 평가를 받는 Chiemgauer나 브리스톨파운드의 경우 다음과 같은 공통점이 존재한다. 첫 번째, 지역기업의 자발적 참여를 이룩하고, 외부로부터 수입되는 상품을 대체할 수 있도록 했다는 것이다. 이는 단순히 Buy local을 의미하는 것이 아니라 지역기업의 자발적 참여를 통해 지역 내의 안정적인 산업구조를 구축할 수 있는 환경을 조성하고 이를 통해 새로운 참여자를 끌어들이는 유인책으로 활용했다는 것을 의미한다. 두 번째, 지역금융들과의 자발적 협력을 확보하는 것이다. 이러한 형태의 협력은 특히 독일의 Chiemgauer가 성공적으로 자리 잡을 수 있었던 대표적인 원인이다. 마지막으로 지역화폐를 활용하는 사회 구성원 사이의 자발적인 합의 또한 두 가지 형태의 지역화폐가 성공적으로 자리 잡을 수 있게 만든 요인으로 평가받는다.

Ⅲ. 국내의 지역화폐

1. 국내 지역화폐의 도입

지역화폐운동은 서구 사회를 중심으로 지역사회를 활성화시키기 위한 목적으로 등장하였는데, 국내 역시 1990년대 말부터 지역화폐에 대한 관심이 증대되기 시작하였다. 국내의 지역화폐는 1997년 IMF 경제위기 이후 지역경제를 활성화시키고 실업을 구제하는 등의 목적을 위하여 활발하게 도입되었는데, 1998년 민간단체인 '미래를 내다보는 사람들의 모임(미내사)'이 주도하여 만든 공동체 화폐인 '미래화폐'가 처음으로 등장한 이후 여러 지역에서 민간과 지방자치단체 차원에서 운영하고 있는 지역화폐가 등장하기 시작하였다(천경희, 2006; 김민정, 2012; 류기환, 2015).

<표 5-3> 국내의 지역화폐(공동체 화폐) 등장

연도	공동체 화폐제도	운영단체 / 주도주체	지역화폐
1998	미내사FM	미래를 내다보는 사람들의 모임 / 민간단체	미래화폐
1999	민들레 교육동화	출판사 '민들레' / 민간단체	민들레
	서초 품앗이	서초구청 / 자치단체	그린머니
	송파 품앗이	송파자원봉사센터 / 구립민영자원봉사센터	송파머니
2000	한밭레츠	지역주민 / 민간인	두루
2001	과천 품앗이	지역주민 / 민간인	아리
2002	안산 고잔 품앗이	안산1동사무소/ 민간인	고잔머니
	구미사랑고리은행	구미요한선교센터 / 민간단체	고리
2004	지역품앗이 광명그루	광명시평생학습원 / 자치단체	광명그루
2005	대구지역화폐 늘품	본동종합복지관 / 자치단체	늘품
⋮			

자료: 천경희(2006).

2. 국내 지역화폐 흐름의 변화와 문제점

앞서 보았듯이, 국내의 지역화폐는 지역경제 활성화 등 지역문제를 해결하기 위해 도입되기 시작하였으면서, 그 중심에는 시민사회의 자발적인 움직임이 있었다. 그러나 경제위기를 대처하기 위한 방안으로서 지역경제와 지역사회의 활성화를 위하여 주목받기 시작한 시민사회의 공동체 중심의 지역화폐는 시간이 지나면서 대부분 ① 운영자금의 부족, ② 한정된 재화와 서비스의 교환으로 인한 제한된 프로그램과 순환 불가능한 화폐, ③ 지역화폐에 대한 제대로 된 교육의 부재로 인한 지역화폐 시스템 운영자의 지역화폐에 대한 이해 부족, ④ 구성원 간 상호신뢰를 전제함에 따른 지속가능성의 한계 등의 이유로 운영의 어려움을 겪게 되었으며 결국 대부분의 지역화폐는 실패하였다(이창우·한소영, 2014; 최준규 2018).

그리고 2000년대 중반 이후부터는 이러한 공동체 중심의 지역화폐와는 달리 보다 지역경제 활성화라는 목표에 초점을 맞춘 지역화폐 움직임이 등장하기 시작하였는데, 대표적으로 지역상품권 형태의 지역화폐가 있다(최준규, 2018). 특히, 최근 들어서 이러한 지역상품권 형태의 지역화폐는 지역경제의 활성화 수단으로 인식되고 있어 지방정부는 지역화폐로서 지역상품권의 발행을 확대하고 있으며, 이러한 상황에서 행정안전부는 지역사랑상품권 구매인센티브와 운영비용의 절반을 국비로 지원하겠다고 밝혔다. 그 결과 지역화폐를 발행한 지방정부의 수는 2017년 56곳에서 2019년 177곳으로 상당히 많아졌으며 그 규모도 2017년 3,065억 원에서 2019년 1조 6,714억 원으로 급증하였다(김소연, 2019; 우성덕 외, 2019). 이는 즉, 국내의 지역화폐 움직임이 시민사회 주도에서 관 주도로 변화한 것이라 볼 수 있다.

이러한 관 주도의 지역화폐는 ① 화폐 발행과 운영의 주체가 지방정부이고, ② 법정화폐와 환전하는 상품권 형태이며, ③ 중앙 및 지방정부의 지원을 받으면서, ④ 특정 정책을 위해 발행되는 정책발행이라는 성격을 갖는다는 특징을 띠고 있다(김성훈, 2019b). 즉, 이러한 관 주도의 지역화폐는 정부의 세금과

[그림 5-5] 지방정부 지역화폐 발행현황

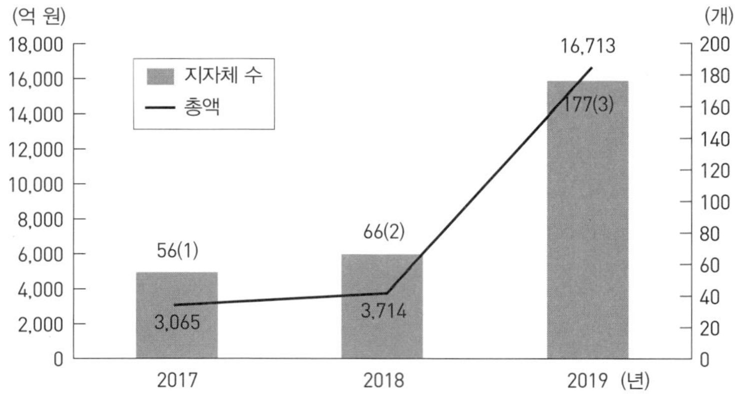

주1: 괄호 안은 광역자치단체의 수를 의미함.
주2: 2019년은 상반기 신청을 기준으로 함.
자료: 우성덕 외(2019).

행정력이 투입되어 정부의 신용에 기반하여 지역화폐를 유통시킬 수 있고 정부의 지원으로 환전에 인센티브를 제공하여 지역화폐 구매를 촉진시킬 수 있으며, 청년기본소득·산후조리비·아동수당 등 특정 정책을 위하여 발행할 수 있다는 장점이 있다(김성훈, 2019b).

그러나 관 주도의 지역화폐 역시 한계점을 내포하고 있는데, 가장 큰 한계점은 정부의 재정지원이 투입된다는 것이다. 관 주도의 지역화폐는 지역화폐를 발행하는 지방정부뿐만 아니라 중앙정부의 재정지원이 투입되는데, 이러한 정부의 재정지원이 계속될수록 정부의 재정압박은 계속 증가할 것이다. 그뿐 아니라, 상대적으로 재정 여력이 좋은 지방정부에서는 지역화폐 발행에 어려움이 없어 발행을 점차 늘릴 수 있으나 재정 여력이 좋지 않은 지방정부에서는 이러한 지역상품권 형태의 지역화폐를 도입조차 하기 어려울 수 있다(김소연, 2019). 그러나 지역경제의 상황이 열악한 곳은 재정 여력이 좋지 않은 지방정부로, 이러한 지방정부에 지역화폐가 더 필요하다는 측면에서 지방정부 간 형평성 문제가 존재한다.

또한, 상품권 형태의 관 주도 지역화폐는 지속가능성의 문제가 존재한다. 지역화폐가 민간의 자발적인 움직임으로 운영되는 것이 아니라 자치단체장의 의지와 같은 정치적 요인이나 앞서 말했던 지방정부의 재정여건 등의 환경에 영향을 받게 되며, 특정 지역에서만 사용할 수 있는 화폐로 재화와 서비스를 결제한다고 하더라도 결제된 재화와 서비스가 그 지역 외에서 생산되었다면 결국 결제 대금은 지역 외로 유출될 수밖에 없어 지역화폐의 지속가능성이 유지되기는 힘들며 지역화폐의 본래 목적인 지역경제 활성화와 지역소득 역외 유출 방지 역시 달성되기 힘들다(김성훈, 2019b).

이러한 점들을 종합하여 보면, 지역화폐가 본래의 취지를 달성하여 지역경제와 지역사회를 활성화시키기 위해서는 관의 주도가 아닌 시민사회가 중심이 되어야 하며 단순히 특정 지역에서만 통용되는 결제수단이라는 데에서 나아가 결제의 대상 역시 지역사회에 기반하고 있어야 한다는 것을 알 수 있다(김소연, 2019; 김성훈, 2019b).

3. 시민사회 중심의 지역화폐: 한밭레츠를 중심으로

앞서 언급하였듯이, 지역화폐가 본래 목적을 달성하기 위해서는 시민사회가 그 중심에 있어야 하며 지역화폐로 결제되는 재화와 서비스 역시 해당 지역에 기반해야 한다. 한밭레츠는 국내에 지역화폐의 개념이 소개된 후 만들어져 지금까지 활발하게 운영되고 있는 시민사회 중심의 지역화폐 중 하나이므로, 여기서는 한밭레츠가 지금까지 어떻게 지속될 수 있었는지를 살펴봄으로써 시민사회 중심의 지역화폐가 활성화되기 위해서 무엇이 필요한지를 알아보고자 한다.

1) 한밭레츠의 운영방식 및 현황

한밭레츠는 '두루'라는 명칭의 지역화폐를 사용하는데, 1원은 1두루로 환산된다. 두루는 통장계정에만 존재하는 화폐로 이러한 두루의 운영방식은 다음

[그림 5-6] 한밭레츠의 거래모형

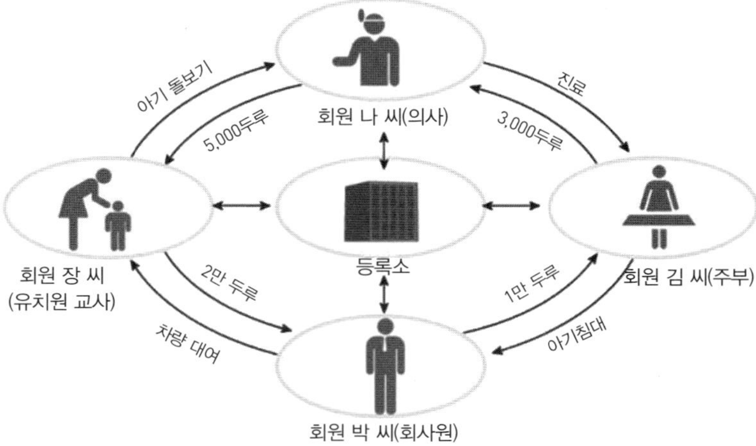

자료: 박수혁(2014).

과 같다.[2] 먼저, 두루를 사용하기 위해서는 한밭레츠에 가입을 해야 한다. 직업과 거래하고 싶은 품목, 연락처 등을 적어 등록소에 등록을 하게 되면 통장 계정이 주어져서 거래를 할 수 있으며, 등록소 또는 한밭레츠 홈페이지의 '거래하고 싶어요' 게시판에서 거래하고 싶은 이웃과 직접 연락을 하여서 재화 또는 서비스를 거래하게 된다. 그리고 거래가 완료되면 등록소 또는 한밭레츠 홈페이지의 '거래했어요' 게시판에 거래일자와 거래자, 거래내역, 거래액 등을 알리는데, 이때 거래자 간 서로 상의를 통한 뒤 두루를 받는 사람이 알리는 것을 원칙으로 한다. 이렇게 거래를 알리면 등록소는 보고된 거래를 정리하여 각 개인들이 자신들의 계정현황을 알 수 있도록 계정을 정리하는데, 이를 끝으로 거래가 완료된다.

이러한 한밭레츠의 회원 수는 운영을 시작할 때인 2000년 기준 70가구에서 2018년 기준 663가구로 증가하였고 거래건수도 2000년 기준 287건에서 2018년 기준 9,792건으로 증가하였으며, 두루를 통해 거래할 수 있는 재화와 서비

2) 한밭레츠 홈페이지(URL: http://www.tjlets.or.kr/page/pumasi_03.php)를 참고.

스 역시 약국과 카페 등 회원이 운영하는 업소와 회원이 만든 음식·식품 및 생활용품, 농축산물 등뿐만 아니라 의료 서비스와 교육 서비스 등으로 다양하여 현재에도 활발하게 운영되고 있음을 알 수 있다(권순철, 2015; 한밭레츠, 2019).

[그림 5-7] 한밭레츠 거래참여 가구 수

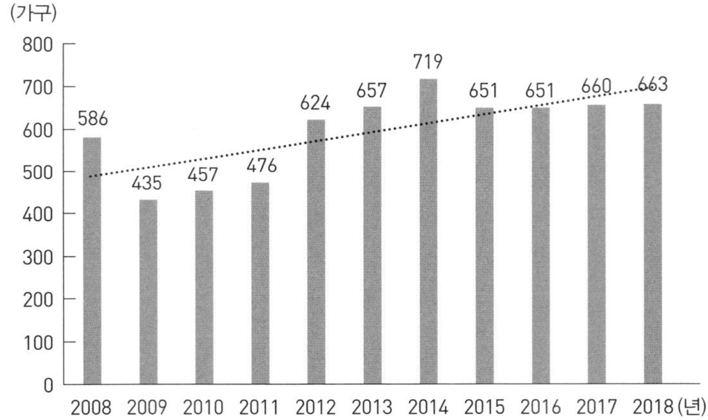

자료: 한밭레츠(2019).

[그림 5-8] 한밭레츠 거래수와 거래규모

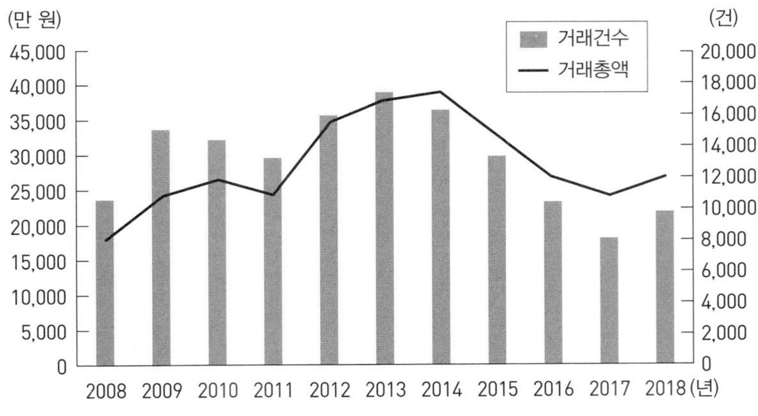

자료: 한밭레츠(2019).

<표 5-4> 한밭레츠의 분류별 거래현황 (단위: 건, 원)

분류	거래건수	거래총액(두루 비율)	분류	거래건수	거래총액(두루 비율)
농산물	883	14,335,900(21.6%)	공정무역	32	410,000(22.2%)
회원업소	1745	19,754,400(28.7%)	대여	97	4,109,500(85.5%)
음식/식품	509	6,856,800(38.7%)	기타	42	2,059,250(92.1%)
의료	2243	46,708,470(82.1%)	문화공연	21	1,723,500(81.8%)
재활용품	1210	10,726,700(97.5%)	자원활동	110	5,135,000(100.0%)
교육/행사	618	15,127,400(71.5%)	후원/감사	414	41,884,750(97.0%)
생활용품	336	8,250,490(56.6%)	월회비	1046	2965000
품	220	10,294,000(95.0%)	급여	303	47890000

주: 2018년 기준.

자료: 한밭레츠(2019).

2) 지역공동체에 기반한 한밭레츠의 지속가능성

현재까지 활발하게 운영되고 있는 한밭레츠가 처음부터 원활하게 운영되지는 않았다. 자신이 제공할 수 있는 노동과 재화를 필요한 이웃에게 제공하고 자신이 필요한 노동과 재화를 다른 이웃으로부터 제공받을 수 있는 한밭레츠는 다자간 품앗이라고 할 수 있는데, 이러한 다자간 품앗이 제도는 회원 또는 이웃 간 상호신뢰와 지역공동체적 연대의식을 기반으로 하기 때문이다.

창립 초인 2000년, 한밭레츠의 일 년 동안의 거래는 287건으로 거래량이 상당히 미미하였는데, 이에 대한 근본적인 원인은 서로 간에 신뢰가 전제되지 않았기 때문이다. 지역화폐 초기의 특성상 아이 보기, 장보기 등과 같이 개인 간 서비스 제공(품)이 많을 수밖에 없는데, 이러한 서비스는 신뢰가 형성되지 않은 모르는 사람과는 거래가 될 수 없기 때문이다(김성훈, 2019b). 이는 다시 말하면, 지역화폐가 성공하기 위해서는 회원 또는 이웃들 간 신뢰관계의 형성이 핵심이라는 것이다.

비슷한 시기에 시작된 다른 지역화폐들과 달리 한밭레츠는 여전히 운영이 되고 있어 거래가 활발히 일어나고 있는데, 이는 지역공동체의 신뢰를 제고시키기 위한 한밭레츠의 다양한 활동과 노력 때문이라고 할 수 있다. 따라서 한밭레츠가 회원들 간 신뢰관계를 형성하기 위한 활동을 살펴보는 것은 지역화폐의 지속가능성을 발전시키는 데 도움이 될 것이다.

(1) 품앗이 만찬

서로 간 고립과 단절에서 벗어나 확장된 공동체가 되기 위해 2000년 5월 처음 개최된 '품앗이 만찬'은 사람과 사람이 연대와 협동으로 더불어 살아갈 수 있도록 하는 호혜시장의 역할을 한다(김성훈, 2012; 2019b). 즉, 한 달에 한 번 또는 두 번, 서로를 위해 정성스레 준비한 음식을 나눠 먹는 '품앗이 만찬'은 그 과정에서 경계심을 허물고 서로 간 터놓고 이야기를 나누어 친목을 도모할 수 있게 하였으며 그 결과 신뢰관계가 형성될 수 있던 것이다.

또한, '품앗이 만찬'이 열린 뒤 '품앗이 놀이'와 '품앗이 장터'가 열리는데, '품앗이 놀이'는 주어진 쪽지 두 장에 각각 요청할 것(−)과 제공할 것(+)을 적어 발표함으로써 개개인의 필요 항목과 재능을 서로 확인하여 공동체 안에서 서로가 왜 필요한지를 자각하게 되는 자기소개와 관계형성의 과정이며, '품앗이 장터'는 이웃에게 나누어줄 물건을 가져온 뒤 두루를 통해 거래를 하며 물건과 있었던 사연 또는 물건의 역사를 배우고 나누는 과정인 것이다(김성훈, 2019b).

<표 5-5> 품앗이 만찬의 예(2018년)

일시	장소	내용
4.20(금)	한밭레츠	주방용품 재활용전을 테마로 '다있소전(展)'을 열고 회원 간의 만남과 거래를 촉진하기 위해 장터와 결합한 만찬
5.25(금)	한밭레츠	중고의류를 테마로 다있소전을 열고 회원 간의 만남과 거래를 촉진하기 위해 장터와 결합한 만찬
6.22(금)	한밭레츠	중고 도서.완구.문구.생활용품를 테마로 다있소전을 열고 회원 간의 만남과 거래를 촉진하기 위해 장터와 결합한 만찬
9.14(금)	한밭레츠	회원의 애장품 대상 경매를 테마로 다있소전을 열고 회원 간의 만남과 거래를 촉진하기 위해 장터와 결합한 만찬
10.31(수)	한밭레츠	酒.茶.煎을 테마로 먹거리 다있소전을 열고 오랜 회원이 레츠를 방문할 계기를 만들고 신입회원과의 만남과 거래를 촉진하기 위해 장터와 결합한 만찬

자료: 한밭레츠(2019).

(2) 품앗이 학교

한밭레츠는 뜨개질, 청바지 재활용하기, 요가 등 다양한 분야의 '품앗이 학교(교실)'가 열리는데, 회원이라면 누구나 가르칠 수 있으며 교육을 받을 수 있다(한밭레츠, 2019). 이러한 '품앗이 학교' 역시 '품앗이 만찬'에서 기획이 되는데, 누군가를 가르치고 무엇인가를 배우는 과정에서 '품앗이 학교'는 삶의 교류의 장이 되었으며 사람과 사람의 관계를 통해서 특정한 과목을 배우는 것 외에 더 많은 것을 배울 수 있게 되었다(김성훈, 2019b).

'품앗이 만찬'과 '품앗이 학교' 외에도 한밭레츠는 된장·고추장 담그기, 공동 된장·고추장 푸기, 나물 뜯기, 회원업소를 방문하고 격려하기 등 각종 계절활동을 펼침으로써 회원들 간 친목을 도모하는 것에서 더 나아가 삶을 교류하고 있으며, '좋은 이웃 뉴스레터'라는 자체 소식지를 발행함으로써 새로운 회원 소개, 행사와 거래의 알림 등 정보를 공유하고 있다(천경희, 2006; 한밭레츠, 2018; 2019).

<표 5-6> 품앗이 학교(교실)의 예(2018년)

품앗이명	일시	장소
청바지재활용품앗이교실	매주 금	한밭레츠 내 좋은이웃
줌바품앗이교실	매주 수/금	민들레건강실/품앗이방
요가품앗이교실	매주 화/목	민들레건강실/품앗이방
자수/청바지품앗이교실	매주 금	한밭레츠 내 좋은이웃
뜨개질품앗이교실	매주 화	한밭레츠 내 좋은이웃
차품앗이교실	매주 수	한밭레츠 내 좋은이웃

자료: 한밭레츠(2019).

Ⅳ. 지역화폐가 나아가야 할 방향: 블록체인

앞서 시민사회 주도의 지역화폐는 운영자금의 부족, 지역화폐로 거래할 수 있는 재화와 서비스의 한정, 운영자의 지역화폐에 대한 이해부족, 신뢰관계 형성의 전제 등의 이유로 운영상 어려움을 겪고 있다고 밝혔는데, 이러한 운영상의 어려움은 한밭레츠에서도 나타났다. 식품에서 의료 서비스까지 두루로 거래할 수 있는 재화와 서비스는 다양해졌지만, 한밭레츠의 회원들을 대상으로 한 조사에서 회원들은 한밭레츠를 활용함에 있어 거래물품의 제한(78.1%)과 사용의 불편(11.8%)을 가장 큰 불편함으로 답변하였는데(김성훈, 2019a), 이를 통해 한밭레츠를 포함한 모든 지역화폐가 당면한 과제가 지역화폐로 거래할 수 있는 다양한 가맹점을 확보하고 지역화폐 거래의 편의성을 제고시키는 것임을 알 수 있다. 그리고 블록체인 기술의 발달은 이러한 지역화폐의 미래를 위한 과제에 대한 답을 줄 수 있을 것이다.

1. 블록체인 개요

1) 블록체인의 의미

IT자문기관 가트너Gartner는 지난 세계경제포럼에서 블록체인 기술이 추후에 전 세계적인 비즈니스 혁신과 영향력 있는 산업 생태계 조성 등의 커다란 경제효과를 가져올 것을 전망하였다(Gartner, 2019). 이러한 블록체인 기술은 새로운 산업경제와 시스템 구축을 선도할 수 있는 새로운 기술력으로 제시되고 있다. 이러한 블록체인 기술은 무역, 국제송금 등 신뢰비용이 높게 적용되는 곳이나, 건강·의료 서비스 등의 정보유통이 중요하게 관철되는 분야와 융합할 수 있는 것으로 제시되고 있다(박선주·서교리, 2018). 블록체인은 블록체인을 활용하여 네트워크 내의 모든 참여자들이 공동으로 거래 정보를 검증할 수 있으며, 기록·보관할 수 있다. 또한 블록체인 기술은 공인된 제3자가 존재하지 않아도 서로 간 거래된 기록의 신뢰성과 무결성을 확보할 수 있다는 특징을 지니고 있다.

블록체인의 유형으로서는 해시hash, 암호화cryptography, 전자서명digital signature 등의 보안기술들을 활용하여 다양한 서비스를 구현할 수 있는 구조적 유형을 지니고 있다. 이런 블록체인 기술은 가치전송value transfer, 스마트계약smart contracts, 기록보존record keeping 등 공공부문에서 활용할 수 있어 정부의 과학기술정책을 활용하는 데 주요한 기술력으로 인정받고 있는 추세이다. 블록체인은 암호화폐에 대한 투기방지를 위하여 산업의 발전과 규제 방안 등의 이슈들을 다룸으로써 제품의 공급과 소비의 과정(마케팅, 생산 등)에서 신뢰성을 높이고 투명한 정보를 제공하는 데 기여할 수 있게 된다(이제영·우청원, 2018). 이는 4차 산업혁명 핵심 기술들과 융합되어 미래의 혁신 서비스 기술이 창출될 것으로 전망하고 있다.

2) 블록체인 특징

블록체인은 기술적 특징으로 인하여 불변성, 최종성, 출처증명, 합의형성의 성격을 나타내고 있다(한국우편사업진흥원, 2018). 여기서 불변성immutability은 블록체인을 통하여 정보에 대한 직접적인 처리와 이에 필요한 관리 과정에서 합의형성에 대한 과정을 기반으로 공유되며 시간의 변화나 특정한 개인에 의한 정보의 변화 현상에서 자유로울 수 있다. 이러한 불변성은 디지털에서 정보의 신뢰성과 보안성을 강화시킨다.

최종성finality은 블록체인 안에 포함되어 유통되는 정보가 수정되지 않는 정보에 해당되는지 확인하는 의미로 볼 수 있다. 정보는 블록 단위에서 저장하고, 이를 시간에 따라 순서대로 연결된 블록체인의 정보 형태가 정보의 최종성을 담보하게 된다. 이러한 블록체인은 정보에 대한 신뢰성 등을 담보한다는 특징을 지니게 된다.

출처증명provenance은 블록체인의 정보구조에 기인하는 다른 속성으로 분류된다. 블록체인에 포함된 정보는 그것을 갖고 있는 시점에서 최종성을 가지게 된다. 여기서 블록으로 연결된 데이터들을 역으로 추적함으로써 정보의 변화

<표 5-7> 블록체인 기술의 기대효과

특성	내용
보완성	불법해킹이나 정보의 유출 또는 데이터 위조의 행위로부터 얻는 이득보다 불법행위의 실행비용이 더 발생되어 높은 보안성을 유지한다.
투명성	블록체인에서 공유되고 있는 디지털 장부에서 참여자가 정보를 가지고 있는 트랜잭션 기록이 공개되어 투명하게 관리될 수 있다.
안정성	일부 시스템에 데이터를 보유하고 있으므로 데이터 손실이 발생되면 분산구조상 복구가 가능하다.
효율성	블록체인 안의 구조적 트랜잭션에 프로그램화하여 시간 순서에 맞추어 관리 및 기록하여 복잡한 트랜잭션의 추적이 가능하다.

자료: 서무경 · 정이상(2018).

와 흐름을 확인하는 출처증명의 속성을 지니게 된다. 이러한 출처증명의 특징은 정보의 원천에 대하여 투명성을 가능하게 하여, 신뢰성에 기여할 수 있게 된다.

합의형성consensus은 블록체인에서 복수의 참여자가 존재하는 경우에 블록체인에 포함된 네트워크 참여자 간의 합의로 형성됨을 말한다. 이러한 합의형성의 특징은 블록체인의 다양한 속성들을 발현시킬 수 있는 기초로 작용하게 된다.

이러한 특징들을 활용했을 때 사용자들이 블록체인 기술에 대한 투명성, 효율성, 안정성, 확장성, 보안성 등의 효과를 기대할 수 있다.

3) 블록체인 기술의 적용분야[3)]

블록체인 기술은 분산된 네트워크 참여자들 간의 상호신뢰 영역에서 공공분야로 넓게 확장되어 적용될 수 있음을 보이고 있다. 전통적인 중앙 집중식 정부에서는 전통적 시장의 거래장부에 의하여 금융권 중앙기관에 의해 정보를 보관하여 관리되는 형태였다. 따라서 거래장부의 전산화는 해킹 등의 프로그램 보호 차원에서 이를 관리하는 서버에 대한 보안과 투자가 강화되어야 하였다.

3) 박선주·서교리(2018)를 참고.

블록체인은 블록 단위에서 토큰과 같은 가치의 교환과 거래가 분류된 분산 장부의 형태이다. 기존의 각 블록에서는 암호 메커니즘으로써 피어투피어Peer-to-Peer, P2P 네트워크를 활용하여 기록이 지속적으로 이루어지게 된다. 블록체인은 익명성과 보안성이 강력한 디지털 공공장부로 정의할 수 있다. 이러한 블록체인은 거버넌스 주체에 따라서 공공 및 사설 블록체인, 이용자의 참여에 따른 허가용, 무허가용 블록체인 등으로 나눌 수 있다. 이에 따라서 활용될 수 있는 유형에 맞추어 다양하게 적용할 수 있게 된다.

최근에는 공인인증서를 통하여 발생되는 문제들이나 인터넷 전문 은행, 모바일 결제 서비스 등의 여러 금융 서비스들이 제공되고 있다. 예를 들어 블록체인 기술은 네트워크 및 암호인증 거래 응용, 플랫폼 기능에 따라서 암호통화(가상통화, 환전소/거래소, 국제 결제/송금, 투자/계약 관리 등), 공공보안(디지털계약, 공공기록, 전자시민증, 전자투표 등), 산업응용(사물인터넷, 소셜네트워크, 전자상거래, 콘텐츠 저작권 등), 거래·결제(핀테크, 지불결제, 인증 등) 등에서 활용하며 응용 범위가 넓은 특징을 지닌다.

[그림 5-9] 블록체인 기술 관련 비즈니스 가치와 성장률 전망

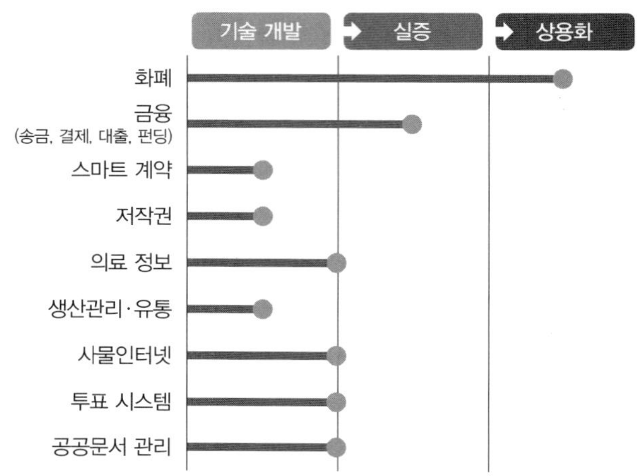

자료: 황영순 · 오동하(2018).

<표 5-8> 블록체인 기술과 금융산업

적용분야	내용
스마트 콘트렉트	블록체인 분산 원장을 사용하여 계약분야에 사용할 수 있다. P2P 데이터 베이스가 조직과 고객 사이의 모든 계약 조건을 고려하여 서버에서 가져온 데이터를 사용해 이런 조건이 충족되는지 여부를 판단하고 지불을 승인하는 형태의 운영이 가능하다.
금융결재	블록체인 기술이 은행 간 외환 거래를 정산하는 수단으로 각광받고 있다. 공개적이기 때문에 은행들은 거래대상자의 부채를 정산할 수 있는지를 검토할 수 있으며, 분산되어 있어 중앙은행에서 허용하는 것보다 빠른 내용으로 정산할 수 있다.

자료: 강승준(2018).

블록체인 기술은 금융거래부문에서 산업 전반 및 지식재산 영역으로 확대됨으로써 ICT에 대한 역할의 강조와 함께 그 중요성이 커지고 있는 추세이다. 블록체인은 기존의 블록체인 1.0에서 보였던 한계를 극복하기 위해 블록체인 2.0의 대표적인 기술(이더리움, Ethereum)이 나타났다. 이는 디지털 통화의 기능과 더불어 비트코인의 거래 스크립트를 다양한 형태로 프로그램화하여 만든 스마트 콘트랙트smart contract를 구현함으로써, 블록체인 기반 위에서 부동산 계약, 온라인 투표 등의 다양한 분산 애플리케이션을 개발하고 구동할 수 있는 플랫폼으로 확장되는 추세이다.

2. 블록체인과 지역화폐

1) 기술의 개요

블록체인 기술을 활용한 화폐 기술과의 융합은 21세기 대안화폐운동의 중심으로 부상하고 있다. 거래 당사자가 아닌 다른 사람이 증인이 됨으로써 P2P 플랫폼에 적용시킬 수 있다. 따라서 Community Serving the Community 형태를 통하여 블록체인 기술은 중앙기관의 존재에 상관없이 단기 혹은 장기 대출에 적용이 가능해지게 되었다. 이렇게 저비용, 투명성, 탈중앙이라는 특징을 가진 블록체인을 지역화폐에 접목시켜 효율화를 일으키고자 다양한 시도가 이루어졌다. 이러한 시도로 인해 종이화폐를 발행하지 않고도 거래매매를

<표 5-9> 블록체인과 지역화폐

블록체인 기술	지역화폐의 공공부문 접목
• 중앙서버 없는 데이터 교환 • 업무방식의 변혁을 가져오는 혁신기술 • 저비용, 투명성, 탈중앙화	• 비영리섹터(자원봉사, 자선, 사회적 경제) - 비현금 환전으로 저예산 부담 - 지역화폐 사용자 경험 확대 • 복지섹터(수당 · 복지) - 지역화폐로 지급 정책 제안 증가 - 부정수급 방지를 통한 재정부담 경감 - 사용처 확대 등 세부검토 필요

가능하게 하는 지역화폐와의 융합을 도모할 수 있다. 이로써 거래비용에 대한 효율화 및 저비용을 이루는 지역화폐와 블록체인 기술의 융합이 크게 부각되고 있다.

2) 대표 사례

서울시 노원구에서는 블록체인 기술을 접목한 지역 기반 가상화폐인 '노원No-Won'을 상용화하였다. 여기서 블록체인을 다시 한번 설명하자면, 거래 정보를 기록한 원장을 P2P 네트워크에 분산시켜 저장하여 관리하는 기술이다. 일정 시간에 한 번씩 만들어지는 거래 정보의 단위를 '블록block'이라고 하며, 여기서 블록들이 사슬chain처럼 엮여 있어서 블록체인이라고 부른다. 분산형 데이터베이스의 형태로 네트워크를 통해 참여자 간 데이터의 공유·검증·저장이 이루어져 조작의 어려움이 존재한다는 특징을 지닌다. 블록체인은 네트워크 참여자들의 합의를 통하여 상호 간의 거래가 성사됨으로써 거래의 안정성이나 투명성·신뢰성 확보, 비용 절감 등 다양한 이점을 보유하고 있다.

기존의 노원구는 2016년에 종이형 지역화폐를 발행하였는데, 2018년 2월을 기점으로 하여 블록체인 기술에 기반한 지역화폐 노원을 개발하였고 이를 상용화하였다. 도입 초기 노원의 가맹점들은 지역 자원봉사자들의 봉사 활동에 대한 보상의 하나로서 자원봉사자들이 지역화폐 노원을 사용할 때마다 할인 혜택을 줌으로써 쿠폰의 형태로 그것을 활용하였다. 이후 이를 사용하는 회원이 늘어나면서 회원 간 노원화폐의 거래가 증가하였고, 법정화폐에 의존하지

[그림 5-10] 블록체인을 기반으로 한 노원(NW) 시스템

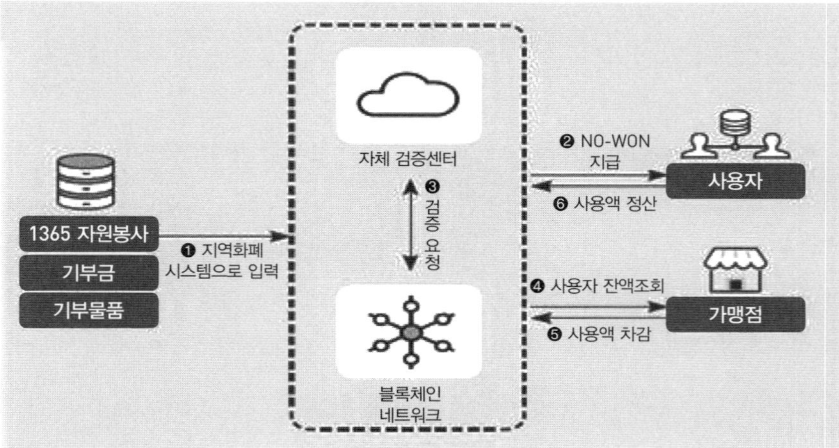

자료: 최기천(2018).

않았던 지역 차원의 물품거래 시스템으로 발전 가능성을 확대시켜 나가고자 하였다.

기존의 지역화폐가 GDP에는 표시되지 않아서 기부나 봉사 등의 확인에 어려움이 있어서 이에 대한 보완이 필요하였는데, 노원은 이러한 문제점에 기반하여 지역화폐 혁신방안의 필요성을 제기하였다. 노원 지역화폐는 전국에서 처음으로 블록체인 기술 방식의 시스템을 적용하여 비태환형 지역화폐를 사용하였다는 점에서 있다. QR코드가 장착된 앱과 카드 형태로 활용하여 상용화하고 있는데, 이는 법정화폐로 교환되지 않으며 유효기간 3년, 최대적립액은 개인당 5만 원이라는 특징이 있고, 누구에게나 선물할 수 있다. 앞서 언급했듯이 노원 지역화폐에서 1노원은 1원의 가치를 가지는데, 이것은 기존의 가상화폐의 가치가 변동되는 것과 달리 '1원'으로 가치를 확정하여 금액가치의 '안정화'를 이루고자 하는데 의의를 두고 있다. 또한 노원구에서 추진하는 지역화폐에서는 이를 통하여 공공이나 민간 등 다양한 가맹점에서 지역화폐를 사용할 수 있는 것이 가장 큰 특징이다.

노원의 경우에는 지역화폐의 활용을 통해 지역경제보다 지역 공동체를 활성화시키는 데 중점을 두고 있다고 볼 수 있다. 이는 기존 지역화폐의 대표 기술인 레츠방식을 탈피하여 지역화폐의 확장성과 범용성에 대한 이질성을 제고시키기 위함에 있는 것으로 확인되었다.

하지만 노원 지역화폐의 경우에는 별도의 수익구조가 부족하다는 점이 있어서, 지속적인 행정적 지원 없이는 유지되기 힘들다는 단점을 가지고 있다. 지역화폐를 이용하는 사람들은 5~20% 정도에 그치고, 가맹점 역시 일종의 할인 쿠폰의 개념으로만 그것을 사용하기 때문에 거래세나 지역기금을 만드는 데에는 한계점을 지니고 있다. 따라서 사용편의성과 경제성을 함께 제고하면서 지역화폐 이용의 활성화를 도모해야 한다.

[그림 5-11] 노원(NW) 시스템 적용 과정

자료: 황영순 · 오동하(2018).

V. 마치며

블록체인 기술이 적용된 지역화폐는 암호화폐와는 다른 개념이다. 이는 모바일 블록체인 상품권 형태에 가까우며 화폐 흐름을 효율적으로 관리할 수 있다는 장점을 지니고 있다. 또한 블록체인 기술이 접목된 지역화폐 시스템의 운용과 비용이 저렴하고, 투명하게 구축되어 사용하는 고객들의 신뢰를 유지하게 된다. 따라서 블록체인 기술을 활용한 지역화폐 기술의 경우 운영 시 서비스의 운영과 이에 대한 유지 및 보수비용 확보(네트워크 확장, 저장 공간 증설 등), 부수적인 비용 조달의 측면에서 세밀한 검토를 활용하여 대중을 끌어들일 수 있는 장치와 경로가 필요하게 된다.

또한, 블록체인을 활용한 지역화폐는 거래가 비가역적으로 기록될 수 있으므로 사후 모니터링이 용이하다는 장점이 제시되고 있다. 또한 지역주민들은 지역 소비에 대한 부정유통을 통제하고, 지역 내 자금 순환 관리를 효율적으로 운영하는 데 이점이 있다.

경제적 관점에서의 블록체인 기술은 비용편익의 효과성을 검증할 수 있어야 한다. 블록체인을 기반으로 한 지역화폐의 경우 기존의 범용성을 지닌 일반화폐를 사용하는 것 대비, 어떠한 산출물과 효과성을 보일 수 있는지 경제적 효율성 측면에서 효과성을 제시할 필요가 있다.

또한, 사회적 관점에서 지역에서 활용하는 지역화폐에 대하여 지방정부뿐만 아니라 중앙정부가 주도하는 다양한 투자환경이 마련되어야 할 것이다. 정부가 주도하여 블록체인에 대한 연구·개발 투자를 활성화하고 테스트베드 환경을 구축하는 것이 필요하다. 또한 지역 밀착형 블록체인 개발·상용화 및 지원을 이루어 사회적 기반을 마련해야 할 것이며, 관련 법제도의 확보 역시 필요하다. 그리고 마지막으로 블록체인을 활용한 지역화폐 정착을 위하여 서비스의 법적 효력 범위와 책임소재 등을 보완하거나 명확히 하고, 개인정보 보호 등과 관련한 법 역시 보다 명확해질 수 있도록 개정해야만 한다.

블록체인 기술의 활용성 측면에서 볼 때, 기존 지역화폐가 활용해왔던 상품권에 비하여 유통운영비를 얼마나 절감시킬 수 있을 것인가, 지역주민들에게 어떻게 효율적으로 블록체인 플랫폼을 전달하여 지역경제를 활성화시킬 수 있을 것인가 하는 점들도 이슈가 될 수 있다. 기존의 신용카드 수수료의 비용을 없애고 지역화폐와 블록체인 기술을 활용한 지역화폐 기술들이 보편화될 수 있도록 지역주민들이 보다 쉽게 접근할 수 있는 방식을 연구해야 할 것이다. 또한 지역화폐는 법정화폐보다 사용처가 적다는 한계점을 지니고 있으므로 지역화폐를 통해 특정 지역에만 국한되어 경제활동을 이루는 데 있어서 필요한 보안방안을 되새김할 수 있어야 할 것이다.

이러한 블록체인 기술을 접목한 지역화폐 기술은 지역경제 생태계에 탄력성을 부여하고, 기존에 존재하던 기술의 단점을 보완함으로써 지역화폐의 신뢰성과 기술의 적용 및 활용성을 더욱 확보해야 할 것이다.

참고문헌

강승준. (2018). 『블록체인 기술의 이해와 기술현황 및 시사점』. 정보통신사업진흥원.

김동배·김형용. (2001). 「지역통화운동이 지역사회 공동체의식 강화에 미치는 영향에 관한 연구」. 『한국사회복지학』, 45, 40-71.

김민정. (2012). 「기획: 민주주의의 새로운 흐름들; 지역화폐 운동의 성과와 한계 – 한국 사례를 중심으로」. 『기억과 전망』, 26, 116-148.

김성훈. (2012. 6.). 「한밭레츠 이야기」. 『시민교육』, 제6호, 20-25. 민주화운동기념사업회.

______. (2019a). 「대전 사회적경제 주도 블록체인 기반 호혜거래 시스템 개발 전략」. 『대전세종포럼』, 통권 제70호, 90-105. 대전세종연구원.

______. (2019b). 「지역화폐, 한밭레츠 그 이후」. (이동연 엮음.). 『문학과학』, 통권 99호, 137-164. 문학과학사.

김현옥. (2008). 「지역화폐운동에의 참여경험에 대한 질적 연구」. 『한국사회복지질적연구학회』, 2(1), 85-107.

니시베 마코토. (2006). 「우리끼리 만들어서 쓰는 돈」. (이홍락 옮김.). 돈키호테.

류기환. (2015). 「지역화폐를 통한 지역경제 활성화 방안」. 『국제지역연구』, 19(1), 103-126.

박선주·서교리. (2018). 「지능형 정부 추진을 위한 블록체인 동향분석 및 시사점」. 한국정보화진흥원.

서무경·정이상. (2018). 「4차 산업혁명시대의 블록체인 활용화에 관한 연구」. 『예술인문사회융합멀티미디어논문지』, 8, 287-296.

서울시 사회적경제지원센터. (2016). 『서울 사회적경제 아카데미 2016 사회적금융론 교안』.

아베 요시히로·이즈미 루이. (2002). 『누구나 알 수 있는 지역통화 입문』. (전정근 옮김.). 아르케.

이제영·우청원. (2018). 「블록체인 기술의 전망과 한계 그리고 시사점」. 『Future Horizon』, 2018, 제4호, 12-15. 과학기술정책연구원.

이창우·한소영. (2014). 『지역화폐를 활용한 서울시 마을공동체 강화 방안』. 서울연구원.

천경희. (2006). 「공동체화폐운동에 참여하는 소비자의 경험과 소비자주의적 함의 연구」. 서울대학교 대학원 박사학위논문.

천경희·이기춘. (2005). 「지역화폐운동의 소비문화적 의미 연구」. 『한국생활과학회지』, 14(4), 593-611.

최기천. (2018). 「블록체인을 활용한 지역화폐 '노원(NW)': 자원봉사·기부 등 사회적 가치를 실현해 창출하는 가상화폐」. (장영환·김회수·한세억·임용순 엮음.). 『지역정보화』, 111, 78-81. 한국지역정보개발원.

최준규. (2018). 「[정책제안] 지역화폐 도입 동향 및 과제」. 『월간 공공정책』, 156, 59-61. 한국자치학회.

최준규·윤소은. (2018). 『지역 활성화를 위한 지역화폐의 쟁점과 과제』. 경기연구원.

최준규·전대욱·윤소은. (2016). 『경기도 지역화폐 활용방안 연구』. 경기연구원.

한국우편사업진흥원. (2018). 『공공분야 블록체인 적용 동향과 시사점』. 한국우편사업진흥원.

한밭레츠. (2018. 3. 8.). 『제17차 총회자료집』.

한밭레츠. (2019. 3. 7.). 『제18차 총회자료집』.

한성일. (2013). 「지역화폐운동과 지역경제: 독일 Regiogeld와 영국 Transition currrency」. 『지역사회연구』, 21(4), 191-217.

행정자치부. (2017). 『지역경제 활성화를 위한 공동체 금융연구』. 행정자치부.

황영순·오동하. (2018). 『지역화폐와 블록체인 기술의 접목』. 부산발전연구.

Chiemgauer Statistik. (2015). Chiemgauer-Statistik 2003 bis 2015. [Data file]. http://www.chiemgauer.info/fileadmin/user_upload/Dateien_Verein/Chiemgauer-Statistik.pdf

Gartner. (2019, October 21). Gartner Top 10 Strategic Technology Trends for 2020. https://www.gartner.com/smarterwithgartner/gartner-top-10-strategic-technology-trends-for-2020/

Marshall, A. P., & O'Neill, D. W. (2018). The Bristol Pound: A tool for localisation? *Ecological Economics*, *146*, 273-281.

Thiel, C. (2011). Complementary Currencies in Germany. *International journal of community currency research* (Special Issue), *15*, 17-21.

Volkman, K. (2012). Solidarity economy between a focus on the local and global view. *International Journal of Commuty Currency*, *16*, 97-105.

권순철. (2015. 3. 3.). 「'인간미가 있는 착한 돈' 지역화폐」. 『주간경향』.

김소연. (2019. 7. 29). 「3000개 '정점'찍고 800개로 줄어…일본 '지역화폐' 현주소」. 『한겨레』.

문진수. (2014. 7. 7.). 「이 돈으로 세금을? 살짝 미쳤다고들 했죠」. 『오마이뉴스』.

박수혁. (2014. 7. 20.). 「인간의 얼굴 '지역화폐'…지역경제·공동체 부활 '일석이조'」. 『한겨레』.

우성덕·이상헌·최헌재. (2019. 7. 23.). 「지역화폐 발행 작년 66곳→올 177곳」. 『매일경제』.

브리스톨파운드 홈페이지, https://bristolpound.org

한밭레츠 홈페이지, http://www.tjlets.or.kr

제 6 장

정책실험 사례연구

Ⅰ. 서론

정책실험은 자연과학에서 활용되는 실험 설계방법을 사회과학 분야, 특히 정책 효과평가에 적용하여 정책의 효과를 측정하고 입증하는 방법이다(최영준 외, 2020). 정책을 일단 집행하고 나타난 결과들로 효과를 확인했던 기존의 정책집행 과정과는 달리 정책실험은 정책을 본격적으로 집행하기 전에 정책대상 일부를 추출하여 정책을 실험해보고, 정책의 효과를 확인한 후, 전체 대상으로 확대하는 것이다. 이러한 정책실험은 정책의 효과를 미리 확인할 수 있을 뿐만 아니라 정책집행 과정상에서 발생할 수 있는 재정적, 상황적 요소 등을 파악하여 보완한 뒤 더욱 효과적으로 정책집행을 할 수 있다는 장점이 있다.

최근의 사회는 저출산, 고령화, 취업문제 등 사회 문제가 동시다발적으로 발생한다는 특징이 있다. 이에 대응하기 위해 여러 정책이 제시되고 그 규모와 지출도 커지고 있는 실정이다. 그러나 당면한 사회 문제 해결에 급급하다 보면 정책의 타당성에 대한 고민은 다각적으로 고려되지 않은 채 정책집행이 이루어져 손실이 큰 정책실패로 이어질 수 있다. 따라서 박윤수 외(2018)는 「국가재정법」 제38조에 따라 대규모 재정이 소요되는 사업은 예비타당성을 실시하는 것과 같이 사회정책 분야 사업의 타당성 사전검증에는 정책실험을 활용하는 것을 제안하고 있다. 이미 미국, 영국, 덴마크, 핀란드 등 해외에서는 정책실험을 실시하고 있다. 미국의 경우 1980년대 테네시주의 '학급 규모의 효과에 관한 실험Student-Teacher Achievement Ratio: Project STAR', 2000년대 오리건주의 '건강보험에 관한 실험Oregon Health Insurance Experiment' 등 주state별로 실험을 실시해오다가, 2015년부터는 오바마 정부가 '증거기반 정책 시행계획Evidence Based Policy Initiative'을 수립하여 다음 정부가 들어서기 전까지 정책실험을 국가 차원에서 적극적으로 실시하였다. 유럽연합도 각 국가별 정책실험실을 소개하는 플랫폼인 EU Policy Lab[1]에서 유럽 각국에서 수행되고 있는 정

1) EU Policy Lab 홈페이지(https://blogs.ec.europa.eu/eupolicylab/)를 참고.

책실험을 소개하고 있다. 유럽연합의 policy lab은 미국과 마찬가지로 증거기반 정책 시행을 위해 공공부문, 시민, 기업이 참여하여 여러 혁신적이고 독창적인 실험들이 시도되고 있으며, 각국의 실무자들은 정책결정 프로세스의 각 단계의 중심에 정책실험을 두고 있다(EU, 2016). 영국은 1990년대 말부터 증거기반 정책Evidence-based policy을 내세워 정책실험을 장려하였고, 핀란드에서도 2015년 실험문화 장려와 실험을 통한 공공서비스 혁신을 위해 총리실 산하에 '실험하는 핀란드'가 만들어졌다. 유럽에 존재하는 정책실험실은 작게는 도시 수준에서 크게는 국가부처에 이르기까지 모든 수준의 정부에서 찾을 수 있다.

국내에서도 정책실험 도입에 대한 논의가 진행되고 있다. 가장 활발하게 도입을 시도하고 있는 곳은 경기복지재단으로, '복지정책커뮤니티'라는 폴리시랩(정책실험실)을 시범 운영하고 있으며, 2019년에 경기도가 시도한 정책인 '청년 기본소득'과 '경기도 일하는 청년 통장 정책' 1기 및 2기에 대해 정책실험 가능성을 검토 중에 있다.

정책실험이 다양한 분야로 확장되어 실시되고 있고, 국내에서도 도입 논의가 지속되고 있지만, 정책실험에 대한 개념과 범위가 학자들마다 다르게 제시되고 있다. 본 장은 앞으로 정책실험에 대한 논의가 많아지고 실제로 실험해보자는 논의가 많아지는 차원에서 정책실험 현황을 살펴보고 실제 실험사례 분석을 통해 정책실험의 개념, 해외 정책실험사례 시사점에 대해 논의하고자 한다.

Ⅱ. 정책실험의 개념 및 필요성

1. 정책실험의 개념

오늘날 정책실험은 여러 학문 분야에서 큰 관심을 얻고 있다. 행동경제학의 핵심요소 중 하나로서 여겨지는 실험은 대표적인 정책실험에 해당하며 사회학뿐만 아니라 정치학 분야에서도 적용되고 있다(McDermott, 2002). 행정학은 1960년대 정책분석이 도입된 이후 정책실험에 다시금 초점을 맞추고 있다. 영국의 경우 2012년부터 정부 주도로 무작위통제실험을 통해 정책효과를 검증하고 있다. 점점 많은 정책결정자와 학자들이 엄격한 실험적 방법을 정책분석에 적용하여 입법 과정 이전 단계에서 정책의 잠재적인 효과를 파악하고 있다(Pearce & Raman, 2014; McFadgen & Huitema, 2018; Jowell, 2003).

McFadgen and Huitema(2018)는 정책실험을 "정책결정에 대한 증거를 제시하는 정책 관련 혁신의 일시적이고 통제된 현장실험field-trial"으로 정의한다. 이는 자연과학 분야에서 수행되는 연역적 실험의 개념을 강조하고 있는 것이며, 자연과학 분야의 실험과 마찬가지로 실험을 통해 가설적 주장을 증명하고자 하는 의미를 포함하고 있다. 그러나 정책실험이라고 불리는 모든 사회적 실험들이 위와 같은 연역적 개념으로 이해될 수 있는 것은 아니다. Bernstein and Hoffmann(2018)은 귀납적 논리를 정책실험의 개념으로 포괄하여 정책실험을 "현 상태와는 다른 의식적인 개입을 검증하는 개념"으로 설명하고 있다. 최영준·구교준·고동현(2020)도 McFadgen and Huitema(2018)의 정의와 유사하게 정책실험을 "자연과학에서 활용하는 실험 설계를 정책분석 및 평가 분야에 응용하는 개념"으로 보고 있다.

정책실험은 사회실험social experiment, 무작위통제실험randomized controlled trial, 진실험설계true-experimental design 등의 다양한 용어로 쓰이고 있으나 쓰이고 있으나, 핵심적으로는 집단에 대한 통제, 무작위 배정, 실험 처치, 실험 대상의 측정 등의 요소를 포함해야 한다(McDermott, 2002: 32). 실험의 핵심요소들을 포함한다면 정책실험은 자연과학에서 활용하는 바와 같이 실험실에서 진행되는 실험뿐만 아니라 현장실험이나 시뮬레이션으로도 확장될 수 있다. 실험집단의 통제 및 실험 처치가 곤란하다는 한계가 있음에도 실험실 내에서의 실험은 외적 타당성external validity을 저해할 수 있기 때문에(Breakwell et al., 2012), 외적 타당성을 보장하려면 잘 조직된 현장실험이어야 한다.

이 같은 핵심요인을 고려하면 정책실험이란 "정책의 효과를 입증하기 위해

[그림 6-1] 정책실험 구조

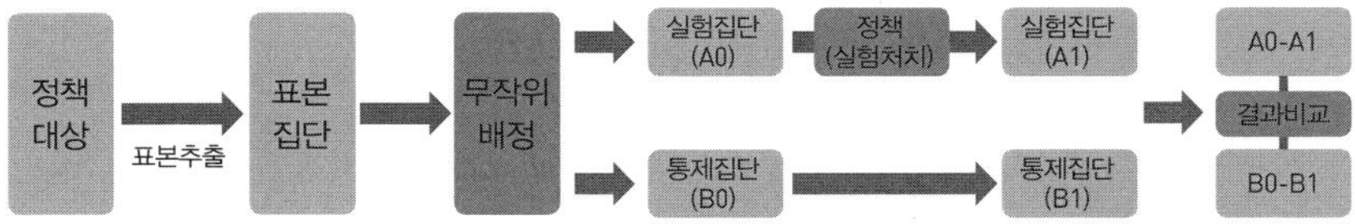

자료: 최영준 · 구교준 · 고동현(2020).

정책대상을 실험집단과 통제집단으로 무작위 배정하고 실험집단에만 의도적으로 실험 처치하여 통제집단과의 차이를 비교해 정책 효과를 추정하는 방법"을 의미한다. 정책실험은 핵심적 요소에 대한 상당한 제약이 없다면 현장실험이나 시뮬레이션으로도 이루어질 수 있다.

정책실험을 통해 정책의 효과를 확인하거나 평가하기 위해서는 체계적인 연구설계가 요구된다. 이는 자연과학에서 진행되는 실험과 마찬가지로 무작위 배정에 의한 실험집단 및 통제집단 구분, 실험 처치, 실험집단과 통제집단의 비교 등이 정책실험에서도 적용되기 때문이다. 그러므로 정책실험은 정책에 의한 변화를 통제된 환경에서 직접 측정할 수 있고 이와 같은 분석방법은 다른 방법에 비해 정책을 지지하는 증거로서 그 가치가 압도적으로 높으며(Hollister, 2008), 권력을 향해 진실을 이야기하는 수단이 될 수 있다(Wildavsky, 1979).

2. 정책실험의 이점과 필요성

최근 정책실험은 행정학, 경제학, 사회복지학 등 광범위한 분야에서 정책이나 프로그램 평가방법으로 선호되고 있다(윤승희, 2009: 15). 정책은 의제설정부터 정책 결정, 집행, 평가 및 환류의 단계를 거치는 합리적인 목표와 체계적 대안 탐색이 요구되는 과학적 추론 과정으로 무엇보다 합리성이 요구된다. 잘못된 정책을 수립하거나 부적절한 대안 집행이 이뤄질 경우 행정 능력 낭비와 함께 정부에 대한 국민의 신뢰까지 잃을 수 있다. 따라서 정부는 정책 추진의 과정에서 다양한 이해관계자를 설득하고, 동의를 얻을 수 있는 타당성이 검증된 정책증거를 통해 정책의 질을 관리하고, 정책실패를 예방해나가는 노력이 요구된다(윤영근, 2012: 1). 정책실험은 공공정책 설계뿐만 아니라 정책주기의 모든 단계에서 주요한 역할을 할 수 있으며, 새로운 정책에 대한 평가뿐 아니라 기존 정책의 평가도 가능하다(EU, 2016).

정책실험을 논의하는 연구들은 정책실험이 정책 효과를 과학적으로 설득하는 데 효과적이며, 사회실험 연구분야에서 광범위하게 활용되어야 한다고 설명하기도 한다(박동균, 1997; 김문성, 2003: 34에서 재인용). 대규모 재정이 소요되는 사업에서 예비타당성 조사를 실시하여 사전검증을 하는 것처럼 사회정책 분야 사업의 타당성은 정책실험을 통해 사전검증이 가능한 것이다(박윤수 외, 2018: 2-3). 또 다른 연구로 윤영근(2012)은 증거기반 정책의 필요성을 강조하는데, 정책증거들을 활용한다면 정책실패를 방지하면서 질 높은 정책으로 연결될 수 있으며, 정책결정가 또는 잠재적 활용자들에게 초기 정책 방향의 기준을 제시함으로써 정책 효과를 과학적으로 설득할 수 있다고 주장한다.

이처럼 정책실험은 정책을 시행하기에 앞서 그 효과를 미리 파악함으로써 정책을 둘러싼 이해관계자들의 합의 형성을 추진하는 수단으로 유용하다(양진우, 2018: 2). 즉, 정책이 사회에 가져올 결과에 대해 정책실험을 통해 미리 살펴보고자 하는 것인데, 박윤수 외(2018)는 시범사업 단계에서 정책실험을 통해 효과성을 객관적으로 검증하는 과정을 거치고 도입 여부를 결정할 수 있기 때문에 효과성이 떨어지는 사업에 예산을 낭비하는 것을 막을 수 있다고 설명한다. 또한, Widerquist(2005)는 정책실험이 어떠한 정책이 좋은 정책인지 또는 정책을 정말 도입해야 하는지와 같은 가치적 문제에 대한 해답을 주지는 않지만, 정책 결과에 대한 사전검증적 정보를 제공하여 효과적인 정책적 숙의와 토론으로 이끄는 데 도움을 준다고 설명한다(정이윤 외, 2019: 46에서 재인용).

비슷한 맥락에서 양진우(2018)는 실험결과를 토대로 본격적으로 정책을 도입할 것인지, 정책을 지속 또는 중지할 것인지를 모색할 수 있다는 점에서 정책실험의 필요성을 강조한다. 이와 함께 정책실험의 실험결과를 바탕으로 비슷한 다른 사례의 과제 해결에도 유용한 정보를 제공함으로써 효과적인 실험 성과를 제공할 수 있다는 점도 설명하면서 그 필요성을 강조한다.

최영준 외(2020)는 정책실험의 작동원리에서 필요성을 환기한다. 사회과학 분야는 인과관계를 파악하는 과정에서 '인과적 추론의 근본 문제fundamental problem of causality'가 발생할 수 있는데, 정책실험을 통해 이러한 문제를 현실적으로 해결할 수 있다는 것이다.

구체적으로, 정책실험은 충분한 표본 수가 확보된 상태에서 무작위 배정을 통해 구분된 실험집단과 통제집단의 결과변수 차이를 확인하여 정책의 순수 효과를 측정할 수 있다. 이 과정에서 무작위 배정random assignment은 실험 과정에서 핵심적인 역할을 한다. 일반적으로 무작위 통제실험은 정책 효과성 분석방법 가운데 가장 신뢰도가 높은 방법으로 알려진다(박윤수 외, 2018: 20). 정책실험 과정에서 집단을 무작위 배정을 통해 할당하지 않는 경우 선택적 편의selection bias가 발생할 수 있는데, 이 경우 정책의 효과가 두 집단 간의 결과변수에 차이를 일으키는지 정확히 분리해서 판단할 수 없기 때문에 정책의 순수 효과로 보기 어렵다(최영준 외, 2020: 9-10).

[그림 6-2] 정책실험을 통한 정책의 효과 추정

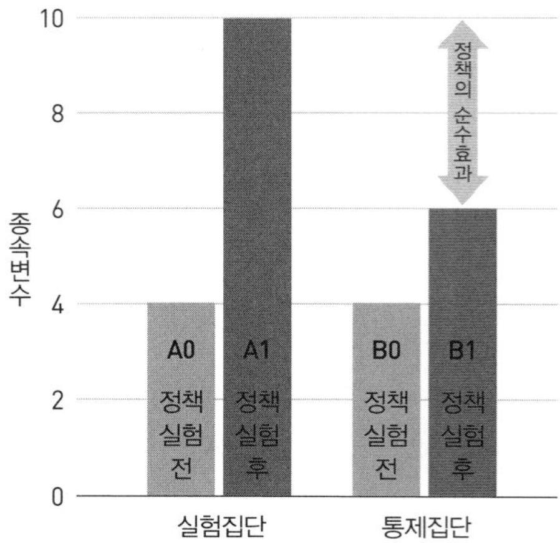

자료: 최영준 외(2020).

3. 정책실험에서의 무작위 배정 방법[2)]

무작위 배정에는 크게 세 가지 방법이 있는데, 가장 이상적인 방법은 정책수혜자를 무작위로 선정하는 것이다. 그러나 현실에서 법제도, 형평성, 윤리적 요인으로 인해 정책수혜자를 무작위 선정하는 것은 종종 어려움이 따른다. 이에 대한 대안으로 정책의 수혜 시점을 무작위로 배정한다든지 정책 참여 독려나 유인을 무작위로 배정하는 방법이 있다.

첫째로 정책수혜자를 무작위로 선정하는 방법은 무작위통제실험에서 가장 일반적으로 사용되는 방법으로, 정책 수혜자 집단(실험집단)과 정책 비수혜자 집단(통제집단)을 무작위로 배정하는 것이다. 정책을 시행하기 전에 표본 이탈률의 차이가 크지 않다는 전제하에 수혜자를 무작위로 선정해두면, 언제든 두 집단 간의 비교를 통한 정책 효과를 식별할 수 있고, 단기적인 효과뿐만 아니라 장기적인 효과도 분석할 수 있다. 다만 정책 비수혜자 집단(통제집단)은 정책실험 참여에 따른 혜택이 없기 때문에 중도 이탈 가능성이 크다는 점에서 한계가 있다.

둘째로 정책의 수혜 시점을 무작위로 배정하는 방법은 정책대상자 가운데 무작위로 실험집단과 통제집단을 구분하고, 두 집단 모두 정책 혜택을 받게 하되, 정책 수혜 시점을 달리하는 것이다. 즉, 실험집단이 먼저 정책 혜택을 받고, 이후 통제집단도 정책 혜택을 받는 방법이다. 이러한 방법은 정책수혜자를 무작위로 배정하는 방식과 비교했을 때 윤리적, 사회적, 정치적 비판을 덜 받는다는 점과 통제집단의 이탈 우려가 적다는 점에서 장점이 있다. 따라서 통제집단의 이탈 우려가 클 때 정책 수혜 시점 무작위 배정방법을 활용할 수 있다. 그러나 실험집단과 통제집단 모두 정책 혜택을 받으면서 실험군에 대한 대조군 효과를 비교·분석하기 어렵고, 정책의 장기 효과성을 측정하기 어렵다는 한계점도 있다. 따라서 정책목표가 명확하고, 단기간 내에 측정할 수 있을 때 활용하는 것이 좋다.

---

2) 정책실험에서 무작위 배정의 방법에 대해서는 박윤수 외(2018: 21-26)를 참고하였다.

마지막으로, 정책수혜자를 무작위로 선정하기 어렵거나 수혜 시점을 무작위로 선정하기 어려운 경우 정책 참여 유인 무작위 배정방법을 통해 정책실험을 설계할 수 있다. 이 방법은 정책대상자는 많지만 정책 참여율이 낮은 경우에 활용할 수 있는데, 참여율이 낮은 정책 대상자들의 참여율을 높이기 위한 유인을 고안하여 무작위 선정된 실험집단에게 해당 유인을 제공하고, 유인을 제공하지 않은 통제집단과의 참여율 비교를 통해 정책의 효과성을 측정할 수 있다. 일반적으로 정책 참여 유인방법은 관련 정책에 대한 상세한 정보를 제공하거나 부가적인 인센티브를 제공하는 것으로 구성된다. 한편, 이러한 방법은 정책의 외연적 효과extensive margin분석보다는 내연적 효과intensive margin 분석에 더욱 적합하다는 특징이 있다.

4. 정책실험의 한계

정책실험은 실험 설계 과정에서 내적 타당성internal validity 문제와 이후 정책을 확대하는 과정에서 외적 타당성external validity 문제가 발생할 수 있다는 측면에서 한계점이 있다. 먼저, 내적 타당성 문제는 이론상에서의 실험집단과 통제집단을 현실에서 구성하기 어렵다는 점에서 지적되는데, 예컨대 실험 설계를 잘 못했거나, 정책실험 기간 중 두 집단 간 발생하는 상호 교류도 정책효과에 영향을 미칠 수 있다. 따라서 절차적으로 타당하고 합리적인 방법으로 구성해야 한다.

다음으로, 외적 타당성 문제이다. 외적 타당성 문제는 일부의 정책대상자만으로 정책을 실험한 효과와 전체를 대상으로 했을 때의 효과가 다를 수 있다는 점이다. 예컨대 모두에게 정책을 집행하는 경우 정책대상자의 일부(표본) 적용에서는 관찰되지 않았던 부가적인 효과가 발생할 수 있다. 또한, Duflo et al.(2008)는 정책실험에서 외적 타당성 문제를 발생시키는 데에는 호손·존헨리 효과, 일반균형효과General Equilibrium Effects, GEE, 실험집단 특별배려가 영향을 미친다고 하였다. 호손·존헨리 효과는 실험 참가자가 실험에 참여하고 있다는 사실을 인식하고 있는 상태로 실험에 참여하여 행동에까지 영향을 미치는 것이다. 구체적으로 호손효과는 실험집단이 실험을 인식하여 행동에 영향을 미치는 것이며, 존헨리 효과는 통제집단이 실험을 인식하여 행동에 영향을 미치는 것이다. 일반균형효과는 실험 참가집단이 커지거나 실험시간이 길어짐에 따라 발생하는 효과이다. 마지막으로 실험집단에 대한 특별배려 문제는 실험 처치 과정에서 발생하며, 실험결과의 응용 가능성을 위협한다고 제시한다. 실험이 실패하는 사례들을 살펴보면 위의 세 문제 중 한 가지 이상을 갖고 있다.[3] 이를 해결하기 위해서는 실험에 대한 충분한 질적 논의를 거치고, 실험을 강요하지 말아야 하며, 실험에 영향을 미칠 요소들을 배제하여야 한다.

Ⅲ. 정책실험사례

1. 정책실험실 현황

정책의 효과를 미리 확인할 수 있으며, 객관적인 증거 기반의 정책결정이 이루어진다는 차원에서 전 세계적으로 정책실험실이 증가하고 있다. 사회과학은 실험연구가 어렵다는 한계로 인해 정책실험과 같은 실험연구가 수행된지 얼마 되지 않았다. 정책실험실에서 수행되는 연구분야들은 사회과학 계열 실험뿐만 아니라 여러 학문이 결합된 융합학문의 실험을 통해 수행되고 있다. 이 파트에서는 각국의 정책실험실이 어느 수준의 정부에서, 어떤 분야의 연구를 수행하고 있는지 살펴보고 이를 통해 정책실험의 연구분야 일반에 대해 파악하고자 한다.

먼저, 미국에서는 주정부 수준에서 정책실험이 많이 수행되고 있다. 연방

3) Duflo et al.(2008)은 실험 실패에서 내적 타당성 문제도 함께 지적하였다.

정부 차원에서는 오바마 정부 때 증거기반 정책 시행계획 차원에서 정책실험이 이루어지다가 오바마 대통령의 임기가 끝나면서 수행되고 있지 않다. 국가 차원의 정책실험에 대해 관심이 있는 사람들은 연방정부도 정책실험에 관심을 가져야 한다고 지적하고 있다(Noveck & Dinesh, 2017). 미국에서의 가장 오래된 주 정부 정책실험실은 1983년에 설립된 워싱턴주 공공정책연구소이다.[4] 워싱턴주 공공정책연구소는 정책입안자들이 증거에 기반한 결정을 내리는 데 도움을 주기 위해 설립되었다. 워싱턴주 공공정책연구소의 비용-편익 평가도구가 공공프로그램 분석에서 인기가 높아지면서 25개 주에도 공공정책연구소가 설립되었다. 워싱턴주 공공정책연구소에서 현재 수행하고 있는 연구는 비용-편익 분석, 대마초 합법화 평가, 어린이 서비스 정책실험, 형사법 평가실험, 수감자 대상 고등교육 지원 실험, 정신건강 관련 연구, 교육지원 실험이다. 미국의 비영리단체 정책실험실 중 대표적인 곳은 Public Policy Lab[5]으로, 시정부, 주정부, 연방정부와 함께 연구를 수행하고 있다. 실험연구 분야는 어린이, 디지털, 경제개발, 교육, 건강, 주택, 교통, 노인, 보훈veterans 등 사회 문제 전반에 대해 수행하고 있다.

유럽에서 수행되고 있는 정부 차원의 정책실험실은[6] 도시city level-자치주county/metro level-지역regional level-국가national level 수준이 있으며, 비영리단체 수준에서도 수행되고 있다. 실험실 개수는 도시 수준과 국가 수준의 연구실이 많다. 연구 분야는 공공부문 혁신, 건강과 통합적 사회, 디지털 경제와 프라이버시, 직업과 경제성장, 지역경제 연구, 자원 연구, 교통과 모빌리티 연구, 교육과 문화, 이주·통합 및 인도적 지원, 재정과 세금연구로 구분할 수 있다. 가장 많이 수행되고 있는 연구들은 공공부문 혁신, 건강과 통합사회이며, 지역경제연구도 상당히 수행되고 있다. 국가 수준에서는 공공부문 혁신이 가장 많이 수행되고 있었고, 건강과 지역경제발전 관련 연구가 수행되고

---

4) 워싱턴주 공공정책연구소 홈페이지(http://www.wsipp.wa.gov/)를 참고.

5) Public Policy Lab 홈페이지(http://publicpolicylab.org/our-work/)를 참고.

6) European Union(2016)을 참고.

있음을 확인할 수 있다. 도시 수준의 정책실험실에서는 주로 공공부문 혁신, 건강과 통합사회, 자원 효율성 연구가 수행되고 있고, 자치주에서는 건강 관련 연구가 가장 많이 수행되고 있다. 지역 수준에서도 공공부문 혁신과 건강 관련 연구가 주로 수행되고 있었으며, 한 곳뿐이기는 하지만 유일하게 재정과 세금 연구도 수행되고 있다. 정책실험실이 가장 많은 곳은 영국과 프랑스인데, 특히 영국은 국가 차원에서 정책실험을 적극적으로 수행하고 있는 만큼, 모든 정부 수준에서 정책실험실이 존재하고, 수행되고 있는 실험도 가장 많은 것을 확인할 수 있다. 〈표 6-1〉은 유럽 국가들의 정부 수준별 정책실험실 개수와 수행하고 있는 실험 분야이다.

정책실험은 정책의 효과 확인과 평가를 할 수 있는 대신, 비용이 많이 들기 때문에 실험을 지속적으로 유지하기 어렵고 실험기간 또한 충분히 평가하기에는 짧다는 문제가 있다. EU Policy Lab 보고서에 따르면 유럽 내 정책실험실들의 실험 기간은 1년에서 3년이며, 실험실의 평균 유지 기간은 3년으로 알려져 있다. 정책실험실 유지가 어려운 문제의 이유는 첫째, 정책실험의 결과들이 정책과정에 필수적으로 반영되는 것이 아니라는 점과 둘째, 정책실험의 결과를 확인하기 위해 오랜 시간 기다려야 하기 때문이다. 임기 내 정치적 결과물을 달성해야 하는 정치인들로서는 정책실험실 결과를 반영하는 것이 유리한 정책결정 방법이 아닐 수 있다. 정책실험실들은 정책실험의 정당성 및 타당성을 '설득'하기 위해 사례구축에 과도한 시간을 쏟게 된다는 비판을 받는다. 정책실험실을 지속적으로 유지하기 위해서는 정책결정가들과 정책실험실 간의 지속적인 네트워크가 구축되고 수행되는 실험들에 대한 가시성과 신뢰성을 높이기 위한 충분한 공유가 이루어져야 한다고 지적되고 있다 (EU, 2016).

<표 6-1> 유럽 국가의 정부 수준별 정책실험실 개수 및 실험분야

국가	수준 (실험실 개수)	공공부문 혁신	건강 & 통합사회	디지털 경제 & 프라이버시	직업 & 성장	로컬 & 지역경제 발전	자원 효율성, 순환경제 & 낭비	교통 & 모빌리티	교육 & 문화	이주, 통합 & 인도적 지원	재정 & 세금
오스트리아	국가(1)	○									
덴마크	도시(2)	○		○				○			
	자치주(2)		○		○						
	국가(1)		○		○	○					
핀란드	국가(1)		○			○	○				
	기타(1)		○			○		○			
프랑스	도시(2)		○				○		○		
	자치주(5)	○	○			○		○			
	지역(3)	○	○		○				○		
	국가(4)	○	○		○	○			○		
	기타(3)		○	○	○	○					
그리스	국가(1)	○									
	기타(1)									○	
아일랜드	도시(1)	○		○	○						
이탈리아	도시(2)	○				○					
	지역(1)	○									
네덜란드	도시(3)		○		○			○			
	국가(1)		○				○	○			
폴란드	도시(1)				○	○	○				
포르투갈	국가(2)	○		○							
스페인	도시(2)			○			○	○			
	지역(1)		○			○					
	기타(1)	○		○							
스웨덴	자치주(1)		○					○			
	국가(1)			○				○			
영국	도시(3)	○		○							
	자치주(3)	○	○			○	○				
	지역(5)	○	○	○		○	○				○
	국가(7)	○		○	○	○			○	○	
	기타(2)	○	○								
전체	도시(9)	4	2	4	3	3	4	3			
	자치주(4)	3	5		2	2		2			
	지역(4)	3	3	1	1	2	1		1		1
	국가(9)	5	4	3	3	4	2	2	2	1	
	기타(5)	2	3	2	1	2				1	
계		17	17	10	10	13	7	7	3	2	1

자료: European Union(2016).

2. 정책실험사례

1) 공공조직 성과급 차등 지급 실험

(1) 사례 개요

공공조직 구성원들의 성과를 높이고자 하는 노력은 끊임없이 이어져 왔다. 그 노력의 일환 중 하나가 성과급이다. 즉, 개개인별 성과에 따라 보수를 차등 지급함으로써 동기를 부여하는 제도이다. 이러한 성과급 제도는 1970년대 후반 불었던 신공공관리론New Public Management의 바람을 타고 공공조직에 광범위하게 도입되었으며, 현재는 대다수 국가에서 공공조직 구성원들에게 성과급 제도를 시행하고 있다(OECD, 2005). 공공조직에서 제도가 도입된 지 40년이라는 세월이 지났음에도 불구하고 여전히 성과급이 갖는 효과는 블랙박스 속에 놓여 있다. 공공조직 종사자들을 대상으로 성과급의 효과를 분석한 수많은 연구가 지속되어 왔음에도 불구하고 저마다 다른 연구결과를 제시하였기 때문이다. 이에 학자들은 성과급의 효과를 연구함에 있어 상황적 요인contextual factors을 강조하고 있다. 즉, 단순히 성과급과 공공조직 종사자들의 성과라는 단편적인 관계를 살펴보는 것이 아니라, 그 관계에 영향을 미치는 다양한 상황을 고려해야 한다는 것이다.

이러한 맥락에서 성과급과 성과 간 관계를 토대로 성과의 공개 여부, 수혜자와의 접촉 여부를 상황적 요인으로 설정하고, '실험방법'을 통해 분석하는 연구가 실시되었다. 공공부문 종사자에게 성과급을 지급하는 경우, 적지 않은 예산이 추가적으로 소요되며 국민으로부터 저항을 받을 가능성이 있다. 따라서 성과급 제도를 실제로 시행하기에 앞서 성과급을 지급할지 말지, 지급한다면 어떤 상황하에서 가장 그 효과성이 극대화되는지 실험을 통해 그 결과를 제시함으로써 국민들에게 정책 추진의 정당성을 획득할 수 있고, 이는 정부의 신뢰 향상으로 이어지는 등 증거기반 행정이 갖는 장점을 구현하는 데 도움이 된다.

(2) 연구설계

실험방법 대상은 300명의 이탈리아 간호사들이며 이들은 모두 공무원 신분이다. 300명의 실험대상은 보상의 종류(3가지)×성과의 공개 여부(2가지)×수혜자와의 접촉 여부(2가지)로 총 12개의 그룹으로 나뉘며, 각각의 그룹에는 25명이 소속되어 있다. 이들은 3시간 동안 의료키트를 조립하게 되며, 제한된 시간 내에 조립한 의료키트의 개수가 성과의 프록시proxy로 측정되었다. 이때 만들어진 의료키트는 도움이 필요한 환자들에게 무상으로 제공되므로, 간호사에게 친사회적 행동prosocial behavior이라 할 수 있다

보상의 종류는 고정급, 성과급, 명예로 나뉘는데 고정급은 정해진 액수를 제공받는 것을 의미하고, 성과급은 정해진 액수 이외에 조립한 개수에 따라 차등된 금액을 추가로 제공받는 것을 의미한다. 마지막으로 명예는 정해진 액수 이외에 상장을 수여하고 게시판에 이름을 올려 다른 구성원들이 볼 수 있게 하는 것을 의미한다.

<표 6-2> 보상의 종류

보상의 종류(3)
고정급
성과급 (고정급 + 성과급)
명예(고정급 + 명예)

×

성과 공개 여부(2)
공개
비공개

×

수혜자와 접촉 여부(2)
접촉
비공개

그룹	A	B	C	D	E	F	G	H	I	G	K	L
관찰값	25	25	25	25	25	25	25	25	25	25	25	25
조건												
금전적 보상					×	×	×	×				
상징적 보상									×	×	×	×
식별 가능한 보상		×		×		×		×		×		×
호혜적 접근			×	×			×	×			×	×

자료: Bell(2015).

성과의 공개 여부는 각각의 구성원이 조립한 키트의 개수가 다른 참가자에게 공개되는지 비공개되는지 여부를 의미하며, 수혜자와의 접촉 여부는 조립된 의료키트로 수혜를 받은 사람들과 만남 여부를 의미한다.

(3) 실험의 결과

보상의 종류에 따른 성과 차이는 다음과 같다. 성과급 그룹이 가장 높은 성과를 보였으며 명예 그룹이 중간 수준의 성과를, 고정급 그룹이 가장 낮은 성과를 보였다. 다음으로, 성과공개 여부에 따른 성과 차이는 성과급 그룹과 고정급 그룹에서 두드러졌다. 성과가 공개되지 않는 성과급 그룹과 성과가 공개되는 성과급 그룹의 차이가 크게 나타났는데, 이는 공공조직 근로자들이 자신의 친사회적 행동이 물질적인 보상을 위해 하는 것이 아님을 함의한다. 고정급 그룹에서는 성과가 공개되지 않는 경우보다 성과가 공개되는 경우에 더 높은 성과를 보였는데, 이는 자신의 친사회적 행동이 다른 이에게 공개될 때 더 높은 동기부여를 가지고 성과를 창출해냄을 의미한다. 마지막으로 수혜자와의 접촉 여부는 성과급 그룹의 성과를 가장 많이 낮췄는데, 이 또한 수혜자와의 접촉을 통해 자신의 행위가 친사회적 행동임을 더욱 강하게 지각하게 되고 이러한 지각은 성과급을 통해 부여되는 성과동기를 약화시켰다고 볼 수 있다.

(4) 시사점

이러한 실험결과를 통해 우리는 공공조직에서의 성과급 제도가 어떤 상황에서 가장 효과적인지 예측해볼 수 있다. 먼저, 고정급에 비해 성과급이나 명예 자체는 성과향상에 긍정적인 영향을 미침을 확인할 수 있었다. 다만, 그 효과는 성과가 다른 사람들에게 공개되는 경우나 수혜자와의 접촉 등을 통해 약화될 수 있으므로 정부가 성과급 제도를 설계할 때 이러한 요소들을 고려해야 함을 알 수 있다. 이 연구가 갖는 한계는 현실에서 공무원들이 자신의 업무를 친사회적 행동이라고 인식하여야 한다는 점, 실제 공무원들의 성과는 의료키트 조립 개수와 같이 정량적으로 명확하게 측정되기 어렵다는 점이다.

완벽히 통제된 환경에서의 실험이 가능한 자연과학과는 달리, 사회과학에서의 실험은 모든 상황을 통제할 수 없기 때문에 여러 가지 한계가 발생한다. 그럼에도 불구하고, 실험은 다른 사회과학에서 사용되는 실험방법들에 비해 강력하게 인과관계를 주장할 수 있다는 장점이 있으므로 어떤 정책을 시행할 때 실험결과는 좋은 근거가 될 수 있다. 특히 정부의 정책은 그 액수의 크기를 떠나, 국민의 세금으로 시행되므로 보다 엄정한 근거를 바탕으로 결정되고 시행되어야 함에도 불구하고 정치적인 이유에서의 결정이 압도적이다. 이러한 문제를 방지하기 위한 안전장치 중 하나가 근거기반 행정으로서, 최소한 정책을 채택하고 시행하기에 앞서 근거를 확보하자는 논의이다. 실험방법은 근거기반 행정의 구현에 많은 기여를 할 수 있으며, 행정학에서의 관심과 연구가 필요하다.

2) 영국의 고용유지 및 선진화 프로그램

(1) 사례개요

영국에서 시행하고 있는 고용유지 및 선진화Employment Retention and Advancement, ERA 프로그램은 저임금 근로자들의 노동시장 개선, 취업을 위한 개인의 효과적인 교육방법을 파악하기 위해 실시된 사업이다. 이 정책을 집행하는 기관은 영국에서 고용서비스를 담당하는 근로접근제도 관련 기관Jobcentre Plus offices이며, 사업은 영국의 근로복지 정책인 '넥스트 스텝next step' 정책 중 하나로, 정부에서 제공하는 교육과 현금 혜택이다. ERA 프로그램을 본격적으로 실시하기 전, 이 프로그램이 저임금 근로자들에게 실질적으로 도움이 된다는 '증거'들이 나타나는지 확인하기 위해 실험이 수행되었다. ERA 프로그램 참여 대상은 미취업자와 취업자이며, 취업자는 저임금을 받는 사람이어야 한다. 미취업자는 근로접근제도Jobcentre Plus를 통해 '고용 후 과정post-employment'인 취업코칭, 교육과 금전적 지원을 받을 수 있다. 취업이 된 이후에도 고용상담원으로부터 최소 2년 이상 노동 관련 코칭을 받아 계속 일을 할 수 있도록 도움을 받을 수 있으며, 이때 코칭비는 무료이다. 이러한 교육 과정을 거쳐서 지속적으로 정규직 근무를 하는 저임금 근로자들은 '보전 상여금retention bonuses'을 받을 수 있다.

실험의 관리 및 평가 기관은 영국의 근로연금부The Department for Work and Pensions, DWP이며, 영국의 정책연구소the Policy Study Institute, 재정연구소the Institute for Fiscal Studies, 국립경제사회연구소the National Institute of Economic and Social Research, 국가통계국the Office for National Statistics이 실험에 함께하였다. 실험 내용은 프로그램 구현에 대한 평가, 비용-편익 분석 등 여러 평가들이 함께 수행되었으며, 미국 뉴욕에 본사를 둔 MDRC가 컨소시엄을 맡아 미국과 영국 간에 광범위한 학습 교류를 통해 수행되었다.

(2) 연구설계

실험은 ERA 프로그램에 참여하는 실험집단과 ERA 프로그램에 참여하지 않는 통제집단으로 구분되었다. ERA 프로그램에 참여하는 실험집단은 영국의 실업자 정책인 '복지에서 노동으로의 정책WW, Welfare to Work'의 각기 사업에 따라 다음과 같이 세 그룹으로 구분되었다.

- NDLP 그룹The NDLP group: 국가에서 소득지원income support[7]을 받고 있는 실업자로, Welfare to Work 정책 중 하나인 한 부모 복지사업NDLP, New Deal for Lone Parents을 지원받고 있는 사람들로 구성
- WTC 그룹The WTC group: 자녀를 둔 한 부모로서, 파트타임으로 일하고 근로세액공제working tax credit를 받아서 저임금을 보충하는 사람들로 구성
- ND25+ 그룹The ND25+ group: 25세 이상 장기 실업자거나 구직자 수당jobseeker's allowance[8]을 받고 있고, Welfare to Work 정책 중 하나인 ND25+New Deal 25 Plus에 참여할 수 있는 사람들로 구성

---

7) 소득지원(income support)은 직접고용이 되지 않았거나 주당 16시간 미만으로 일하고 있는 개인이 받는 업무 외 수당이다. 자격은 소득과 가족 구성에 따라 달라진다. ERA 프로그램 참여 대상자 중 16세 미만의 자녀를 둔 한 부모(lone parents)는 소득지원을 받고 직업을 따로 찾지 않아도 된다. ERA 프로그램 정책실험 이후 참여 가능한 대상자 자녀의 나이가 16세에서 7세로 낮아졌다.

8) 구직자 수당(job seeker's allowance)은 영국에서 구직활동을 활발히 하는 실업자에게 제공되는 조건부 현금 급여이다. 실업 상태에서 받는 중에 취업이 된 경우 6개월 동안까지 받을 수 있다.

실험 및 통제 집단의 구성은 영국의 6개 지역[9]에서 지원한 참여 기준에 충족되는 1만 6,000명 이상의 사람들 중 절반은 실험집단으로, 절반은 통제집단으로 무작위 할당되었다. 실험집단과 통제집단의 차이는 ERA 프로그램에서 근로접근제도Jobcentre Plus 교육직원들의 집중적인 코칭과 금전적 지원을 받지 못하는 것이다. 하지만 실험 및 통제 집단은 ERA 프로그램이 아닌 다른 고용지원 프로그램에 참여하는 것은 자유롭게 선택할 수 있었다. 이와 같은 집단 구분은 실험집단끼리의 비교와 실험집단과 통제집단의 비교를 가능케 했다.

연구 기간은 2003년 10월부터 2005년 4월까지 참가자들을 받고, 2005년부터 2009년까지 수행되었다. 연구에서 활용된 데이터는 국세청의 고용 소득, 세금 데이터, 근로 연금부의 혜택 수령 데이터, 실험 및 통제 집단으로 구분한 이후 12개월, 24개월, 60개월마다 수행된 설문 조사 자료, 심층 인터뷰 자료이다. 설문 조사 내용은 ERA 프로그램 서비스 및 인센티브 활용 정도, 다른 고용지원 프로그램과 ERA 프로그램의 비교 설문 등으로 구성되었다.

(3) 연구결과

① NDLP 그룹

NDLP 그룹의 특징은 여성으로 주로 구성이 되었고, 자녀를 어느 정도 키운 후 노동시장에 속하는 것이다. 이에 따라, 고용안정과 한 부모로서 가족을 책임지는 것의 균형을 유지하는 것이 중요하다고 인식하는 집단이기 때문에 고용시장에 대한 적응시간이 필요했다. NDLP 그룹은 노동시장에 진입이 늦고 적응시간이 필요함에도 불구하고 다른 집단에 비해 빠르게 정규직으로 전환되는 결과가 나타났다. 프로그램 참여 후 첫 번째 세금 연도(2005~2006년)에는 약 308파운드만큼 소득이 증가하였는데, 이는 통제집단의 평균에 비해 약 9% 높았고 통계적으로도 유의미하였다. 또한, 교육자격에 따라 구분한 하위집단 간에는 2005년에서 2009년 사이 평균 수익이 약 3,500파운드 증가한 것으로 나타났고 이는 통제집단에 비해 15% 유의미하게 증가한 것이었다. 그러나

---

9) East Midlands, London, North East England, North West England, Scotland, Wales를 말한다.

NDLP 그룹은 처음 2년간 고용과 수익을 증가시켰지만, 이후 그 효과가 사라졌다. 이처럼 NDLP 그룹은 ERA 프로그램의 초기 결과는 효과가 있는 것 같았지만, 이후 소득 차원에서는 유의미한 결과가 나타나지는 않았고, 정규직으로 일을 하는 고용 차원에서는 유의미한 결과가 나타났다.

② WTC 그룹

WTC 그룹은 다른 두 개의 그룹(NDLP, ND25+)과는 다르게 파트타임으로 일을 하고 있었고, 교육상황이 더 나았으며, 자녀들은 NDLP 그룹의 한 부모 가정 자녀들보다는 나이가 더 많았기 때문에 저임금 근로자로서 유리한 위치에 있다는 특징이 있다. WTC 그룹의 목표는 고용의 일관성, 정규직 전환, 승진 및 소득 증가였다. 이 집단의 실험결과는 2005~2006년 사이에 수입이 402파운드가 증가하였는데, 통제집단의 평균보다 약 6% 높은 유의미한 수치였다. 그러나 이와 같은 수익의 영향은 시간이 지나면서 유의미한 결과로 나타나지 않았다. 이러한 결과는 설문 조사 결과를 통해 설명할 수 있는데, WTC 그룹의 ERA 참가자는 프로그램에 참여함으로써 정규직 근무 비율을 통제집단보다 13%p 높였다는 설문 결과가 있지만 이후 7%p로 감소하였다. 즉, ERA 프로그램의 초기 결과는 풀타임 정규직으로의 근무 비율을 높였지만, 이후 감소함으로써 이것이 소득에도 영향을 미친 것으로 판단할 수 있다.

③ ND25+그룹

ND25+그룹의 특징은 남성이 주로 많았으며, 36%는 공식적인 교육 자격을 가지고 있지 않았고, 건강문제, 약물 남용, 범죄 등과 관련되어 다른 그룹들에 비해 가장 불리한 그룹이었다. ERA 프로그램에서 코칭을 담당했던 사람들을 대상으로 인터뷰를 한 결과, ND25+그룹이 다른 그룹에 비해 활동과 노동에 저항이 컸고, 이들의 배경으로 인해 취업하는 것이 가장 어려웠다. 그렇지만 가장 긍정적인 결과가 나타났다고 평가되었는데, ND25+ 그룹은 ERA 프로그램에 참여함으로써 고용률과 소득이 높아졌고 이러한 결과는 연구가 끝날 때까지 나타나 이후 ERA 프로그램의 적용 대상에 대한 범위를 확정 짓는

<표 6-3> 영국 ERA 프로그램 정책실험 결과

결과		NDLP				WTC				ND25+			
		실험집단	통제집단	영향	변화율	실험집단	통제집단	영향	변화율	실험집단	통제집단	영향	변화율
고용률 (정규직, %)	실험시작 후 1년	57.1	56.5	0.6	1	77	76.6	0.4	0.6	37.3	35.4	1.9*	5.3
	실험시작 후 2년	57.8	55.6	2.2*	3.9	74.1	73.4	0.8	1	36.3	32.7	3.6***	11
	실험시작 후 3년	53.7	53.8	- 0.2	- 0.3	71.2	69.9	1.6	1.8	34.6	32.5	2.1*	6.6
	실험시작 후 4년	53.2	54	- 0.8	- 1.5	71.3	70.1	1.2	1.8	35	32.1	2.9***	9.1
	실험시작 후 5년	52.9	53.9	- 1	- 1.8	68.6	68.2	0.3	0.5	32.8	30.9	1.9*	6
	전체	79	79	- 0.1	- 0.1	88.1	86.8	1.3	1.5	57.3	55.1	2.2*	4
평균 소득 (£)	2005~2006 년도 세금	3,862	3,554	308**	8.7	7,069	6,667	402**	6	3,070	2,758	312**	11.3
	2006~2007 년도 세금	4,032	3,883	150	3.9	7,408	7,071	337	4.8	3,447	3,104	342**	11
	2007~2008 년도 세금	4,387	4,271	116	2.7	7,502	7,555	- 53	- 0.7	3,692	3,228	464***	14.4
	2008~2009 년도 세금	4,999	5,033	- 35	- 0.7	8,636	8,401	234	2.8	3,954	3,591	363**	10.1
	전체	17,280	16,742	538	3.2	30,615	29,695	921	3.1	14,162	12,681	1481**	11.7
금전 혜택 수용 평균	실험시작 후 1년	2,915	3,055	- 140**	- 4.6	190	201	- 11	- 5.4	2,359	2,406	- 48	- 2
	실험시작 후 2년	2,000	2,130	- 130**	- 6.1	218	221	- 3	- 1.4	1,457	1,581	- 124***	- 7.8
	실험시작 후 3년	1,663	1,773	- 110*	- 6.2	254	241	13	5.3	1,244	1,358	- 115***	- 8.4
	실험시작 후 4년	1,458	1,542	- 84	- 5.4	243	220	23	10.3	1,038	1,099	- 61*	- 5.6
	실험시작 후 5년	1,314	1,349	- 35	- 2.6	285	266	19	7.1	970	1,048	- 78**	- 7.5
	전체	9,349	9,848	- 499**	- 5.1	1,190	1,149	40	3.5	7,067	7,493	- 426***	- 5.7

자료: Hendra et al.(2011).

영향을 미쳤다. 또한, 이 그룹은 금전적 혜택 의존도도 낮아지는 결과를 보였는데 ERA 프로그램 참여 5년 후 한 사람당 혜택 의존도를 약 426파운드를 감소시켰고 이는 통제집단 평균의 6% 수준으로 나타났다. 실험집단의 세 그룹 간 비교와, 실험 및 통제 집단의 결과를 비교한 결과는 〈표 6-3〉과 같다.

④ 비용-편익 분석

그룹 간의 비교 후에 ERA 프로그램을 비용-편익 차원에서 지속해도 될지에 대한 '증거'를 제시하기 위해 전체 그룹 비교를 통한 비용-편익 분석도 실시되었다. 비용-편익분석은 5년이라는 실험기간이 종료된 후에 ERA의 장·단기적인 경제적 손익과 효과를 결합하여 고려함으로써 ERA 프로그램이 경제에 기여하는 순 경제적 손익을 파악하고자 하였다. 분석의 차원은 참여자의 개별적 차원 및 재무부(혹은 납세자)의 차원을 결합한 결과를 반영하였다. 그 결과, ERA 프로그램은 ND25+ 그룹에서 가장 비용 효율적인 결과를 보였다. 개인의 소득이 증가하고 변화된 삶에 만족하는 개인적 차원의 관점과, 취업이 가장 어려웠던 그룹의 안정적인 고용과 같은 목표가 달성되어 재무부의 관점에서도 긍정적인 결과를 나타냈기 때문이다. NDLP 그룹의 경우 ERA 프로그램은 만족할 만한 결과는 아니지만, 참가자들의 소득을 작게나마 증가시켰다. ERA 프로그램 운영을 위해 사용된 비용은 WTC 그룹이 NDLP와 ND25+ 그룹에 비해 두 배나 많았고, 순이익은 증가시키기는 했지만 비용-편익적인 차원에서 유효한 순이익을 달성하지는 못하고 손실이 발생했다.

(4) 시사점

영국의 ERA 프로그램은 증거가 기반된 정책으로 거듭나기 위해 앞에서 본 것과 같은 정책실험이 시행되었다. 특히 ERA 프로그램이 정책실험 차원에서 의미 있는 것은 상대적으로 취업하기 어려운 취약계층을 대상으로 수행되었고, 해결을 위해 비용이 많이 드는 사회 문제 해결을 ERA 프로그램을 통해 예견 및 기대해 볼 수 있기 때문일 것이다. ERA 프로그램의 정책실험에 대한 시사점 및 한계는 다음과 같다. 첫째, ERA 프로그램은 고용에 있어 가장 불리한

계층의 고용을 도울 수 있다. 연구결과에서도 나타났듯이 실험집단의 세 그룹 중 상대적으로 상황이 좋지 않았던 ND25+그룹의 효과가 가장 높게 나타난 것을 통해 확인할 수 있다. 둘째, 사회 문제 중에서 가장 비용이 많이 드는 분야 중 하나는 노동시장 개선 분야이다. 경제가 급격하게 좋아지지 않는 이상 해결하기 어렵고 해결방법도 교육 지원 및 현금 지원과 같은 비용이 많이 들고 결과도 확실하지 않은 방법들이기 때문에 정부 차원에서 해결하고 싶어도 어려운 분야이다. 그러한 차원에서 영국의 ERA 프로그램 정책실험은 일부 대상에게 미리 실험해봄으로써 미리 결과를 예측하고, 실제 정책집행 시에 정책실험 결과를 기반으로 NDLP그룹에 참여할 수 있는 자녀의 연령 기준을 낮추는 등 정책 실행 방법의 변화를 주어 더욱 효과적이고 효율적인 정책집행을 가능하게 한다. 그러나 다음과 같은 한계도 존재한다. 먼저, 연구방법 차원에서 그룹들 간의 비교를 중심으로 수행되었기 때문에 그룹들의 수행결과만을 기반으로 평가를 할 수밖에 없다. 또한, ERA 프로그램을 제공한 근로접근제도기관 간에는 프로그램 제공 방법이 명확히 규정되어 있지 않아 차이가 존재 하는데, 이들 간에도 프로그램 제공에 있어 비교연구가 된다면 정책의 실효성에 대한 다차원적인 결과가 나타났을 수 있다. 만약 참가자들에게 좀 더 정교한 코칭 프로그램이 지원될 경우 비용-편익적 차원에서 변화가 있을 수 있다.

3) 핀란드 기본소득 정책실험

(1) 사례 개요

핀란드의 사회보장체계에 관한 문제는 핀란드 사회 내에서 오랫동안 논의되어 왔다. 특히, 1990년대 시작된 핀란드의 경제공황은 실업률을 급증시켰고 산업환경을 변화시킴으로써 노동시장에 불안정을 확대시켰다. 기존의 핀란드 복지는 고용변화에 따라 지급되는 방식으로, 노동시장의 불안정성은 사회보장체계의 개혁 필요성을 불러일으켰다. 이에 2015년부터 집권한 유하 시필레Juha Sipilä 총리는 사회보장체계를 개혁함으로써 변화하는 삶의 욕구를 충족하고 핀란드인들이 자발적으로 일할 기회를 만들고자 했다.

핀란드 정부는 목적 달성을 위해 총리의 임기 동안 기본소득에 관한 정책실험을 실행하기로 했다. 정책실험을 통해 핀란드 정부는 기본소득이 핀란드의 사회보장시스템을 더욱 포괄적으로 만들고 노동수요를 증가시킬 수 있을지 검증하고자 했다. 구체적으로, 소규모 집단에 대한 기본소득의 효과를 검증하고 향후 이를 국가 전체에 적용하여 사회보장체계를 전면적으로 전환하는 것이 정책실험의 핵심 내용이었다. 핀란드의 보건복지부와 사회보장국(이하 'Kela')은 기본소득실험에 동의했으며, Kela가 이 실험을 주도하기로 했다. Kela 외에도 핀란드 경제연구소(이하 'VATT'), 투르쿠Turku 대학, 헬싱키Helsinki 대학, 핀란드 노동경제연구원, 핀란드 정신건강협회 등이 참여했다.

정책실험의 기본모형은 기본소득을 부분적으로 실시하는 것이다. 지급되는 기본소득의 금액은 매월 560유로(2017년 기준 한화 71만 원 수준)로 결정되었다. 이는 매월 Kela가 지급하는 실업급여와 고용보조금을 합한 금액과 동일한 수준이다. 25세부터 58세까지 인구 중 2016년 11월부터 실업급여를 받게 된 2,000명이 실제 실험대상으로 선정되었다. 무작위 추출방식으로 결정되었으며 2017년 1월부터 2018년 2월까지 2년간 기본소득이 지급되었다.

(2) 실험표본 선정방법

기본소득에 대한 실험은 2016년 11월 Kela로부터 실업수당을 받은 만 25세부터 28세까지의 인구 중 2,000명을 무작위 샘플링을 통해 선택하여 이들에게 월 560유로를 지급하였다. 또한, 이들과 비교할 통제집단 17만 3,000명을 선정하였다. 무작위 선정으로 인해 모든 요소를 집단 간에 평균적으로 균등하게 분배할 수 있지만 여전히 실험집단의 수가 적다는 단점이 존재한다. 〈표 6-4〉는 실험의 표본을 선정하는 데 있어서 다양한 배경 요소를 얼마나 균형 있게 선정했는지를 보여준다.

전반적으로 실험집단과 통제집단 표본의 요소는 평준화되어 있는 것으로 나타났다. 다만 실험집단으로 선정된 사람들이 가구 구성에 있어서 구성원의 수가 많고 자녀도 더 많았다는 것을 제외하면 실험집단과 통제집단은 적합하게 선정되었다고 할 수 있다.

<표 6-4> 핀란드 기본소득 정책실험: 실험집단과 통제집단의 특성

구분		실험집단	통제집단	집단 간 차이
응답 변수	고용일수(일)	23.83	24	- 0.17
	자영업 수입(유로)	1,864	1,896	- 31
	수령한 실업급여(유로)	8,063	8,068	- 6
배경 변수	취업 보조금 비율(%)	87.15	84.63	2.52
	실업급여 비율(%)	12.85	15.37	- 2.52
	여성(%)	47.75	47.48	0.27
	남성(%)	52.25	52.52	- 0.27
	25~34세(%)	33.5	35.12	- 1.62
	35~44세(%)	27.45	27.14	0.31
	45~59세(%)	39.05	37.74	1.31
	전체 표본 수	2,000	173,222	

자료: Kangas et al.(2019).

(3) 자료수집방법

실험 처지에 따른 변화를 확인하기 위해, 핀란드는 Kela에서 제공하는 여러 복지 혜택뿐만 아니라 고용, 과세소득, 고용촉진대책에 참여 등이 수집된 공식적인 데이터를 수집했다. 또한, 기본소득 실험을 통해 기본소득이 수급자의 웰빙wellbeing에 미치는 영향을 확인하기 위해 2,000명의 실험 참여자와 5,000명의 통제집단 사람들에게 2018년 10월 17일부터 2018년 12월 14일까지 전화를 통해 설문 조사를 실시했다. 한편, 질문은 유럽사회조사European Social Survey와 표준화된 인구조사International Social Survey Program, European Union Survey on Income and Living Conditions의 질문이 포함되어 다른 실업자나 핀란드인, 기타 유럽인과의 비교가 가능했다.

(4) 정책실험의 결과

① 기본소득 실험이 고용에 미치는 영향

수집할 수 있는 데이터의 제약으로 기본소득의 고용효과는 2017년의 효과만을 살펴볼 수 있었다. 이에 관한 결과는 〈표 6 – 5〉로 요약할 수 있다.

<표 6-5> 기본소득의 고용효과 결과표(2017년)

구분		실험집단	통제집단	집단 간 차이	유의 수준
고용 상태	고용일수(일)	49.64	49.25	0.39	0.87
	자영업 수입의 비율(%)	43.7	42.85	0.85	
	자영업 수입의 금액(유로)	4,230	4,251	-21	
Kela 혜택의 수준	실업급여(유로)	5,852	7,268	-1,415	
	사회부조(유로)	941	1,344	-403	
	주거수당(유로)	2,525	2,509	16	
	질병수당(유로)	121	216	-96	
	전체 표본 수	2,000	173,222		

자료: Kangas et al.(2019).

2016년 11월 Kela로부터 실업급여를 받은 사람들의 57%가 2017년 자영업으로 인한 소득이 없었으며, 고용된 사람들의 평균소득이 9,920유로인 것을 알 수 있다. 고용에 대한 변수를 살펴보면 일반적인 노동변수와 Kela의 서비스 변수 등에 있어, 기본소득이 고용상태에 아무런 영향을 미치지 않았음을 보여준다. 기본소득을 받은 집단의 연간 고용일 수는 통제집단보다 반나절 정도 많았지만, 통계적으로 유의미한 차이는 아니었다. 자영업에 종사하는 사람의 비율도 실험집단이 1% 많지만, 자영업의 소득은 통제집단이 21유로 더 많다. 고용효과의 경우 고용일수로 측정이 되는데 이에 대해 기본소득 실험의 결과는 유의미한 결과를 제시하지 못한다.

반면, Kela가 제공하는 혜택의 경우 실험집단과 통제집단 사이에 유의미한 차이가 존재한다. 기본소득의 목적은 Kela가 지급하는 실업수당을 대체하는 것이기에 이를 바탕으로 본다면 실험집단이 통제집단에 비해 실업수당이 적은 것을 이해할 수 있을 것이다. 사회부조social assistance의 경우도 기본소득은 취업해도 지급이 되며 소득으로 고려하기 때문에 가처분소득이 동등한 소득을 가진 통제집단보다 높아지게 되고, 이로 인해 사회부조가 덜 필요하게 된 것으로 볼 수 있다. 또한, 사회지원제도의 행정과 기본소득 실험 모두 Kela를 통하게 되면서 사회부조 업무처리가 느려지게 되었고, 이는 기본소득을 받는 집단의 신청 의지를 떨어뜨렸을 가능성도 존재한다. 질병수당은 다른 혜택보다 100유로 정도 감소한 것으로 나타났는데, 이는 기본소득 수급자는 통제집단처럼 질병수당을 청구할 필요가 없기 때문이라고 보인다. 마지막으로 주거수당의 경우 큰 차이를 보이고 있지 않다.

② 기본소득 실험이 삶의 질에 미치는 영향

핀란드의 기본소득 연구팀은 삶의 만족도를 제일 불만족스러운 0점에서부터 가장 만족스러운 10점까지로 나누어 삶의 만족도를 측정함으로써 삶의 질을 파악했다. 조사결과 실험집단의 평균적인 삶의 만족도는 7.32로 나타났으며 통제집단은 6.76이었다. 이는 성별, 나이, 교육, 가구 구성, 소득 등 여러 통제변수를 고정하더라도 큰 차이가 나오는 것으로 나타났다.

이와 함께 삶의 질을 구성하는 요소 중의 하나는 개인의 재정 상황과 역량, 그리고 미래에 대한 불안이 해소되는 것이다. 이러한 영향을 측정하기 위해 핀란드 정책실험은 재정 상황, 개인의 역량, 미래에 대한 신뢰 등에 영향을 미치는 기본소득의 효과를 파악했다. 이에 관한 결과는 〈표 6-6〉과 같다.

<표 6-6> 기본소득의 고용효과 결과표(2017년)

구분	개인의 미래에 대한 확신		개인의 재정 상황에 대한 확신		사회 문제에 영향을 미치는 개인의 역량	
	실험	통제	실험	통제	실험	통제
신뢰하지 않음	6.8	9.8	13	19.4	16	25.1
다소 신뢰하지 않음	7.8	13.2	11.8	16.8	19.5	22.6
보통	25.8	30.1	32.4	32.4	31.1	26.5
조금 신뢰	34.8	30	26.3	19.4	17.1	15.5
매우 신뢰	23.4	16.2	15.9	10.9	11.8	7.1
무응답	1.4	0.7	0.7	1.1	4.6	3.2
X2	<.0001		<.0001		<.0001	

자료: Kangas et al.(2019).

이상의 결과를 보면, 자신의 미래에 대한 확신, 재정적 상황에 대한 확신 모두 실험집단이 통제집단보다 통계적으로 유의미한 수준에서 높다는 것을 알 수 있다. 이는 결과적으로 기본소득이 시민권에서 중요한 요소인 자기 결정권에 결정적인 영향을 줄 수 있다는 것을 보여주며 이에 대한 증거는 실험집단이 통제집단보다 자신의 능력에 확신이 있다는 결과를 통해 확인할 수 있다.

이 밖에도 기본소득을 받은 실험집단은 통제집단에 비해 삶의 질을 측정하는 여러 항목에서 큰 차이를 보였다. 우선, 실험집단은 통제집단보다 더 건강하다고 생각했으며 집중력도 더 좋다고 응답했다. 또한, 다음 해에 취업할 가능성에 대해서도 실험집단이 더 긍정적으로 반응했으며, 경제적 삶의 질에서도 실험집단의 결과가 더 긍정적으로 나타났다. 특히, 실험집단은 통제집단에 비해 더욱 적은 스트레스를 받은 것으로 나타났다. 이상의 결과는 모두 통계적으로 유의미했다.

결과적으로, 핀란드의 기본소득이 고용에는 큰 효과를 주지는 못하지만, 삶의 질에 있어서는 유의미한 영향을 줄 수 있다는 것을 알 수 있다. 즉, 경제적이고 가시적인 효과 외에도 심리적인 부분에서의 중요성을 기본소득 실험을 통해 파악할 수 있게 되었다.

(5) 핀란드의 시사점

핀란드 기본소득 사례의 시사점은 다음과 같다. 첫째, 기본소득 정책실험은 기본소득 예측에 제한되었던 기존 연구와 다르게 실제 실험을 통해 기본소득의 결과를 살펴볼 수 있다는 점에 있어서 의의가 존재한다. 막연하게 기본소득의 영향으로 어떤 결과가 이뤄진다고 제시하는 것보다 실제 실험을 실시한 후 이에 대한 데이터를 수집하여 양적인 분석을 한다면 정책 시행의 정당성을 뒷받침할 수 있는 강한 근거가 되기 때문이다. 둘째, 이러한 실험의 진행과 성과를 구체적으로 제시함으로써 시민들은 수행된 정책에 대한 이해도를 높일 수 있다. 정책실험을 통해 강조하는 것은 정책의 효과이지만 이 외에도 정부는 시민들이 정책의 효과를 객관적으로 이해하도록 도움으로써 정책에 대한 민주적 타당성을 제고할 수 있다. 셋째, 핀란드의 정책실험은 기본소득이 고용에 영향을 미칠 것이라는 가설을 검증하기 위해 시행되었으나, 이러한 가설 검증 외에도 기본소득의 사회 가치적 영향을 보여주기도 했다. 비록 핀란드의 기본소득 실험결과가 의도한 바대로 나타나지 않았지만, 기본소득이 대상자의 사회적·심리적 상태에 긍정적인 영향을 준다는 것을 밝혀냈다. 이같이, 정책실험을 통해 정부는 정책의 의도한 효과 외에도 의도하지 않은 다른 부수적 효과를 밝혀낼 수 있다. 정책은 하나의 목적을 위해 결정되고 집행되기보다는 여러 목적을 다루기 위해 이루어지는 경우가 많은데, 정책실험은 이러한 정책의 다양한 사회적·경제적 영향을 밝히는 데 도움을 줄 수 있다.

그러나 핀란드가 보여준 정책실험의 여러 함의에도 불구하고, 정책실험을 수행함에 있어 고려해야 할 중요한 한계도 분명히 존재한다. 우선, 표본의 크기를 지적할 수 있다. 핀란드의 정책실험은 실험설계 단계에서 1만 명을 실험집단으로 구성하고자 했으나, 결과적으로 2,000명으로 줄일 수밖에 없었다. 일반적으로 실험의 외적 타당성은 표본의 수를 크게 할수록 증가하는데(Breakwell et al., 2012), 핀란드의 정책실험은 표본의 수를 줄임으로써 이러한 외적 타당성을 확보하지 못하는 문제를 지녔다. 다음으로 내적 타당성의 저해가 나타날 우려가 높은 것으로 나타났다. 핀란드의 기본소득 실험은 핀란드의 국내적 관심뿐만 아니라 국제적인 주목도 함께 받았다. 이는 결과적으로 실험대상자들이 기본소득에 대한 반응에 영향을 미치는 요인으로 작용할 가능성이 크다. 즉, 호손효과처럼 실험집단이 자신의 행동을 기본소득 도입에 도움이 되도록 의도적으로 바꿀 수 있는 가능성이 높아진다. 이는 결과적으로 실험결과의 왜곡을 초래하게 된다.

핀란드 기본소득 정책실험의 한계는 핀란드의 실험결과에 대한 지적이라기보다는 결과를 보다 생산적으로 활용하기 위한 보완점에 대한 논의이다. 우리는 핀란드의 사례를 통해 비록 잘 만들어진 정책실험이라 하더라도, 다양한 제3의 요인들이 실험과정에 유입될 수 있고 이를 사전에 차단하거나 이러한 요인을 고려한 실험의 진행이 필요하다는 것을 파악할 수 있다.

4) 네덜란드 기본소득 정책실험

(1) 사례 개요

네덜란드도 핀란드와 마찬가지로 기본소득정책을 중심으로 정책실험을 실시하고 있다. 특히, 네덜란드는 기존에 고용과 연계한 다양한 방면의 사회복지급여와 서비스를 제공하는 국가로, 수급자들이 사회복지급여와 서비스를 받는 데 있어 엄격한 기준을 적용하고 있다. 이러한 맥락에서 네덜란드의 기본소득은 핀란드와 같이 사회보장체계의 전환을 위한 방편이기보다는, 기존의 엄격한 수급조건을 상호성 이론에 따라 완화시킬 경우 이것이 수급자의 행동에 어떤 영향을 미치는지 살펴보는 목적을 갖고 있다(최한수, 2017: 30).

오늘날 시행되고 있는 네덜란드 기본소득 정책실험은 기본소득이 복지수혜자들의 적극적인 사회참여를 보장할 수 있는지를 확인하고자 이루어지고 있다. 기본적으로 네덜란드는 기본소득을 사회권의 차원social right에서 이해하고 있으며, 장기적 관점에서 상당한 수준의 복지서비스를 대체할 수 있을 것으로 바라보고 있다. Veen(2019)은 기본소득이 완전히 적용된다면, 최소한의 사회적 수준을 유지하는 정도에서 복지국가나 사회보험이 제공하는 복지혜택을 대체하게 될 것으로 보고 있다. 왜냐하면, 그렇게 될 경우 네덜란드의 기본소득은 보편적인 시민의 지위를 표현할 수 있는 충분하고도 독립적인 수단의 기능을 할 것이기 때문이다.

네덜란드의 기본소득 정책실험은 아직 진행 중에 있으며 그 결과에 대해서는 아직까지 밝혀진 바가 없다. 여기서는 네덜란드 기본소득의 결과에 대해 논의하기보다는 네덜란드의 맥락에서 기본소득에 관한 정책실험이 어떠한 방식으로 이루어졌고, 핀란드와 어떻게 다른 특징을 지니는지 살펴본다. 이를 통해 정책실험을 수행하기 위한 연구 설계적 측면과 함께 어떻게 제도적 기반을 마련해나갈 수 있을지를 생각해보고자 한다.

(2) 정책실험을 위한 법적 기반

네덜란드는 2015년 1월「사회참여법Participation Act」을 제정하여 정부의 사회서비스에 대한 엄격한 책임성을 규정했다. 이 법에 따라 보다 엄격한 사회보장급여 조건이 도입되었으며, 사회보장급여를 받기 원하는 사람들은 소위 사회적 복귀reintegration나 구직활동에 종사해야만 했다. '일하는 복지workfare'라는 개념의 도입으로 사회서비스 제공에 대한 중앙정부와 지방정부의 자율성은 높아졌지만 그만큼 복지수급자들의 부담은 더욱 커지게 되었다.

사회참여법에 대한 문제가 제기되는 중에, 이 법의 제83조는 정책실험의 목적을 조건으로 해당 법의 적용을 일시적으로 유예하는 내용을 규정하고 있었다. 이에 많은 학자, 지역의 정치가 및 활동가들은 법의 효율적인 집행보다 포괄적인 서비스 제공을 위해 기본소득에 관한 실험을 제안했다. 특히, 사회참여법의 개혁을 위해 조건 없는 기본소득의 효과를 증거에 기반하여 도입하기 위해 정책실험을 시작하였다.

(3) 위트레흐트주의 실험

사회참여법에 따라 이루어진 네덜란드의 가장 대표적인 정책실험 중 하나는 위트레흐트Utrecht주의 기본소득 실험이다. 위트레흐트주는 지역대학과 함께 최소 6개월 동안 복지 혜택을 받고 있는 사람들 200명을 대상으로 2017년부터 실험을 시작했다. 이들은 모두 6개의 집단으로 무작위 배정되었다(조권중 외, 2017). 첫 번째 집단은 통제집단으로, 현행 규정하에서 1인당 972.7유로(부부 1,389.57유로)의 사회보장급여를 지급받게 되며 동시에 구직활동도 수행하게 된다. 두 번째 집단은 첫째 집단과 동일 급여를 보장받지만 사회적 복귀를 해야 할 의무는 면제된다. 그러나 취업에 관한 노력을 지속하여야 한다. 세 번째 집단은 동일한 기본급여를 받지만 두 번째 집단보다는 더 많은 취업 노력을 기울여야 한다. 네 번째 집단은 같은 수준의 급여를 보장받지만, 위트레흐트주에서 지정한 활동을 수행해야 하고 이를 통해 125유로를 추가로 받게 된다. 다섯 번째 집단은 네 번째 집단과 동일한 조건을 갖지만, 지자체가 정한 활동을 하지 않을 경우 오히려 125유로를 잃게 된다. 마지막 집단은 동일한 기본소득을 받지만, 직업 활동을 하는 경우 추가적으로 한 달에 199유로까지 추가

소득을 얻을 수 있다.

요약하면, 위트레흐트주는 기본소득의 보다 구체적인 영향을 확인하고자 하는 정책실험을 시도했다. 이는 세 가지로 요약할 수 있는데, 첫째, 사람들이 직업을 찾거나 자발적으로 일하도록 하는 데 있어서 기본소득이 기존 서비스보다 더 효과적인지 확인하는 것이다. 둘째, 기본소득이 개인의 건강, 부채, 만족도에 어떠한 영향을 미치는지 보고자 했다. 셋째, 각 집단에 적용된 인센티브와 조건의 영향을 파악하고자 했다.

(4) 정책실험에 대한 법적 제약

위트레흐트주와 함께 틸뷔르흐Tilbrug, 암스테르담Amsterdam, 흐로닝언Groningen 등에서도 위트레흐트주와 유사한 정책실험이 이어졌다. 마찬가지로 기본소득 그 자체의 효과보다는 기본소득이라는 새로운 접근이 복지수급자들의 신속한 사회 복귀에 얼마나 효과적인지를 확인하려는 목적이었다. 특히, 사회참여법이 사회 복귀를 위해 강제적 제재수단만을 규정하고 있는 만큼 이들 도시의 실험은 사회 복귀를 위한 경제적 인센티브의 효과를 증명하기 위한 것이기도 했다.

그러나 각 시정부의 정책실험은 각각 다양한 방식으로 이루어졌다. 이는 기본적으로 네덜란드에서 실업과 관련된 서비스 제공의 주체가 중앙정부가 아니라 지방정부이기 때문이며, 또한 네덜란드 중앙정부가 각 지방정부를 제약하고 있기 때문이다. 정책실험을 제약하는 정부의 제약은 사회참여법에 근거하고 있으며 다음과 같이 요약할 수 있다. 첫째, 정책실험의 대상자가 되는 사람들은 실험이 끝날 때까지 참여해야 한다. 둘째, 면제조항이 적용된 정책실험은 매 6개월마다 모니터링해야 하며 1년이 지난 후에는 활발히 구직활동을 했는지 확인되어야 한다. 만약 활발한 참여가 없었다면 남은 기간 실험에서 제외한다. 셋째, 면제조항이 적용된 실험의 참가자들은 시정부가 수행하는 사회 복귀 프로그램을 다른 집단보다 2배 이상 활발히 참여해야 한다.

기본소득의 정책실험을 수행한 도시는 위트레흐트주와 같은 다양한 실험집

<표 6-7> 네덜란드 기본소득 정책실험의 실험 처치 유형과 각 지방정부의 적용

시정부	실험집단의 처치 내용			
흐로닝언	E	IC	WFI	E, IC, WFI 중 선택
틸뷔르흐	E&WFI	IC		E&IC&WFI
위트레흐트	E	IC		WFI
암스테르담	E&WFI	ID&WFI		IC&WFI
데벤터르	Online E&WFI	Offline E&WFI		WFI

주: ① 기본소득과 면제(E): 사회적 복귀를 위한 의무적 활동을 면제하면서 기본소득을 지급하되 기본적인 구직활동은 수행하는 개입방식 ② 기본소득과 코칭(IC): 지방정부의 프로그램에 참여하면서 기본소득을 받는 개입방식으로 추가적인 활동은 자율에 맡김 ③ 기본소득과 사회적 복귀(ID): 기본소득과 함께 사회적 복귀 의무가 있는 프로그램 적용 ④ 기본소득과 인센티브(FI): 고용되는 경우 기본소득 외에도 추가적인 월소득을 지급하는 개입방식으로 WFI는 약한 인센티브를 의미.

자료: Veen(2019).

단과 통제집단을 구성함으로써 위와 같은 중앙정부의 제약을 회피하고자 하였다. 그 결과 각각의 도시정부는 기본소득을 근간으로 한 다양한 개입방식을 구성하였다. 이를 정리하면 〈표 6-7〉과 같다.

(5) 네덜란드의 시사점

네덜란드의 정책실험은 핀란드와 달리 지방정부가 주도했다는 점이 특징이다. 이는 기본소득 및 복지정책과 관련한 네덜란드의 특수성과 관련되어 있는데, 네덜란드는 복지정책의 핵심주체가 지방정부이기 때문이다. 이와 함께 네덜란드의 중앙정부는 기본소득에 대하여 핀란드 정부와 다른 태도를 보였다는 것도 네덜란드 정책실험의 특징 중 하나이다. 네덜란드 정부는 국민이 기본소득에 큰 관심을 두는 것과 달리 기본소득의 도입에 부정적이었으며, 오히려 지방정부 또는 지방정치인, 활동가 중심으로 기본소득에 대한 논의가 진행되었다. 이러한 상황에 바탕을 두고 기본소득에 관한 네덜란드의 정책실험은 여러 지방정부에서 동시에 이루어졌으며, 비슷한 수준에서 각각 다른 방식으로 이루어진 점을 독특한 점으로 꼽을 수 있다. 이를 통해 네덜란드의 사례는 정책실험의 주체가 다양한 수준의 정부가 될 수 있다는 점을 보여준다.

이와 함께 사례의 중요한 시사점은 정책실험이 상당히 정치적인 맥락에서 이루어지고 있다는 점이다. 기본소득을 중심으로 중앙정부와 지방정부가 서로 다른 입장을 갖는 상황 속에서, 지방정부는 기본소득 정책실험을 통해 법률을 수정하기 위한 타당한 증거를 얻고자 하였고 중앙정부의 제약 속에서도 정책실험을 이어나갔다. 이는 정책실험이 비록 엄밀한 실험적 설계방법을 적용하고 있음에도 본질적으로는 연구에 특정한 가치가 포함될 수 있다는 것을 의미한다. 이런 측면에서 정책실험은 단순히 어떤 정책적 주장을 지지하기 위한 수단적 가치로 전락할 수 있다는 점을 보여준다. 따라서 정책실험의 가치가 증거를 드러내고 정책의 타당성을 확보할 수 있도록 정책실험을 객관적이고 투명하게 운영할 필요가 있다.

한편, 네덜란드의 정책실험은 그것이 지방정부 수준에서 이루어지다 보니 정책실험 결과를 일반화할 수 있는 정도의 충분한 표본을 확보하지 못했다. 각 도시마다 약 200여 명 수준에서 표본을 확보해 실험집단과 통제집단으로 구분하고 있어 표본의 수가 충분히 크지 않다는 한계를 갖고 있다. 이 밖에도 각 지역별로 표본의 비율이 할당되어 추출되지 않았으며, 이렇게 모집한 표본 또한 임의적인 선택이 아니라 참가자들의 자발적인 참여라는 점에서도 엄밀한 실험적 요소를 갖추지 못했다. 이처럼 느슨하게 이루어진 실험환경에서 비록 결과가 기본소득의 영향을 유의미하게 지지한다고 하더라도, 이는 정책의 효과 외에도 지역별 편차가 작용한 결과일 수 있어 결과의 해석이 제약될 가능성이 크다.

이러한 한계점에도 불구하고 네덜란드는 기본소득뿐 아니라 다양한 부문에 있어서 정책실험을 적용하고 있고, 이 과정에서 지역대학의 참여가 매우 활발하다. 이는 증거에 기반한 정책결정 과정이 도입되고 있음을 보여주고 있으며, 기본소득에 관한 정책실험의 결과와 무관하게 정책실험의 유용성이 있음을 알 수 있다.

Ⅳ. 결론

이상으로 본 장에서는 최근 국내에서 논의가 활발히 이루어지고 있는 정책실험과 이를 활발히 수행하고 있는 해외사례를 분석했다. 이탈리아 공공조직 성과급 차등지급 실험, 영국 고용 프로그램 평가, 핀란드와 네덜란드의 기본소득 실험 등 4가지 정책실험사례를 통해 각국에서 어떻게 정책실험이 이루어졌는지 살펴보았다. 정책대상, 무작위 배정방식, 실험 처치, 결과분석 등에 초점을 맞추어 각 사례를 분석하고, 향후 정책실험연구를 위한 몇 가지 시사점을 다음과 같이 제시한다.

첫째, 정책실험은 실험적 방법을 통해 정책의 결과를 살펴볼 수 있기 때문에 합리적인 정책평가방식이 될 수 있다. 이는 기존에 정책에 대한 예측적인 평가나 정책이 초래한 사회적 변화를 사후적으로 평가하는 방식과 달리, 엄밀한 실험적 통제를 통해 정책의 결과를 객관적 증거로써 증명하기 때문이다. 특히, 과학적 방식에 기반한 정책실험의 결과는 정책의 집행에 대한 정당성을 뒷받침하는 강한 근거가 될 수 있다. 정책이 집단 간의 갈등을 유발하거나 첨예한 정치적 이해관계로 얽힌 경우, 과학적인 정책실험이 갈등 해결의 실마리나 정치적 문제에 대한 해법을 제시할 수도 있을 것이다.

둘째, 정책실험은 그 자체로서 정책에 대한 시민들의 이해와 관심을 높일 수 있다. 정책실험의 절차가 투명하게 진행되고 그 결과 또한 시민들에게 잘 설명되어 공개되면, 시민들은 정책실험을 통해 정책의 목적과 의도, 내용에 대해 잘 알게 된다. 정책실험을 통해 정책결정 과정에서 소외될 수 있는 시민들을 끌어들이고 정책의 민주적 정당성을 높일 수도 있다. 게다가, 정책실험의 과정과 결과의 공개는 정책에 대한 국민적 관심도 높여 향후 본격적인 정책집행에 있어서 집행의 순응도 높일 것으로 기대할 수 있다.

셋째, 정책실험은 실제 정책을 더욱 개선할 기회를 제공하여 정책의 타당성을 높일 수 있다. 본 장에서 살펴본 사례에서 때로는 정책실험이 의도했던 결과가 실제로 나타나지 않은 사례도 있었다. 이러한 결과는 해당 정책이 실패했다는 것을 의미하지 않는다. 오히려 실제 정책을 도입하기 전에 발생 가능한 문제를 미리 확인하고 정책의 의도된 영향을 유발하기 위해 다른 접근이 필요하다는 중요한 의미를 발견한 기회였다. 정책은 한번 수립되고 집행되면 설사 부정적인 영향이 발생하더라도 이를 중단하기가 쉽지 않다. 정책의 매몰비용 때문에 정책결정자는 실패한 정책을 철회하기 어렵다. 이러한 현실에서 정책실험은 본격적인 정책의 집행 이전에 과학적 방법으로 정책의 효과를 검증하고, 그 결과를 토대로 정책집행에 따라 발생 가능한 문제를 사전에 방지하거나 새롭게 정책을 설계할 기회를 제공한다. 이를 통해 정책결정자들은 정책의 부정적인 영향을 최대한 줄이고 목적한 효과를 최대한으로 발휘할 수 있는 정책결정을 할 수 있다.

그러나 정책실험은 전체 모집단을 대상으로 수행되는 것이 아니므로 타당성과 관련한 비판을 쉽게 받을 수 있다. 특히 실제 정책에 수반되는 비용보다는 아니지만 실험에 수반되는 비용이 상당하기 때문에 엄격하고 섬세한 실험설계가 기반이 되지 않으면 안 된다. 핀란드 기본소득 실험과 같이 외부의 관심이 집중될 경우 실험 효과의 타당성을 의심받을 수 있다. 이를 위해 첫째, 실험하고자 하는 정책에 대해 정확하게 문제 정의를 내려야 한다. 둘째, 정책의 대상을 명확히 규명하는 것이 필요하다. 정책대상은 수요자(수혜자), 공급자, 이해관계자가 누구인지 파악하는 것이다. 대상들에게 가장 필요한 것은 무엇인지 파악하고, 공급자 중심적인 정책에서 벗어나 수요자의 관점에서 접근하는 것이 필요하다. 셋째, 다양한 학문 간의 융합에 기반한 실험이 이루어져야 한다. 넷째, 정책실험 이후 개선할 부분에 대한 장기적인 관점의 고려가 필요하다. 특히 정책실험에서 나타난 결과와 실제 현실과는 다른 부분이 분명 존재할 것이므로 단순히 정책실험의 결과만을 확인하는 것을 넘어서 효과가 발현된 경로mechanism를 이해하는 것이 필요하다(박윤수 외, 2018).

참고문헌

김문성. (2003). 「국정감사 개선을 위한 정책실험: 과학기술정보통신위원회의 국정감사 방법의 전환사례」. 고려대학교 석사학위논문.

박동균. (1997). 「사회조사 방법론상의 준실험설계: 내용과 평가」. 『안동전문대학 논문집』, 19.

박윤수·강창희·김부열·오윤섭·이아영. (2018). 『사회정책 효과성 평가를 위한 정책실험 도입방안 연구』. 한국개발연구원.

양진우. (2018). 「사회실험 도입을 통한 시정과제 해결방안 모색」. 『BDI 정책포커스』, 343, 1-12.

윤승희. (2009). 「준 실험적 추정법의 소개와 그 사례연구」. 중앙대학교 석사학위논문.

윤영근. (2012). 「증거기반(Evidence-Based) 정책과 정책품질관리제도」. 『한국행정학회 학술발표논문집』, 2012(0), 1-26.

정이윤·최현수·반가운. (2019). 「청년 기본소득 실험 설계: 모형 및 방법론적 쟁점」. 『정부학연구』, 25(1), 43-88.

조권중·최상미·장동열. (2017). 『기본소득의 쟁점과 제도연구』. 서울연구원.

최영준·구교준·고동현. (2020). 『정책실험의 개념과 필요성: 청년 기본소득 지급 실험 모델 제안』. LAB2050.

최한수. (2017). 『각국의 기본소득 실험이 한국에 주는 정책적 시사점』. 한국조세재정연구원.

Bellé, N. (2015). Performance-related pay and the crowding out of motivation in the public sector: A randomized field experiment. *Public Administration Review*, *75*(2), 230-241.

Bernstein, S., & Hoffmann, M. (2018). The politics of decarbonization and the catalytic impact of subnational climate experiments. *Policy Sciences*, *51*, 189-211.

Breakwell, G. M., Smith, J. A., & Wright, D. B. (2012). *Research methods in psychology* (4th ed.). London, U.K.: Sage Publications.

Duflo, E., Kremer, M., & Robinson, J. (2008). How high are rates of return to fertilizer? Evidence from field experiments in Kenya. *American Economic Review*, *98*(2), 482-488.

European Union. (2016). *Public policy labs in european union member states*. Luxembourg: Publications Office of the European Union.

Hendra, R., Riccio, J. A., Dorsett, R., Greenberg, D. H., Knight, G., Phillips, J., & Smith, J. (2011). Breaking the low-pay, no-paycycle: Final evidence from the UK Employment Retention and Advancement(ERA) demonstration. London: Department for Work and Pensions.

Hollister, R. (2008). The role of random assignment in social policy research. *Journal of Policy Analysis and Management, 27*(2), 402-409.

Jowell, R. (2003). *Trying it out: The role of 'pilot' in policy-making*. London: Government Chief Social Researcher's Office.

Kangas, O., Jauhiaunen, S., Simanainen, M., & Ylikännö, M. (2019). *The basic income experiment 2017-2018 in Finland: Preliminary results*. Helsinki: Ministry of Social Affairs and Health.

McDermott, R. (2002). Experimental methods in political science. *Annual Review of Political Science, 5*, 31-61.

McFadgen, B., & Huitema, D. (2018). Experimentation at the interface of science and policy: A multi-case analysis of how policy experiments influence political decision-makers. *Policy Sciences, 51*, 161-187.

Noveck, B. S., & Dinesh, A. (2017, December 13). The Policy Labs We Urgently Need. Governing. https://www.governing.com/commentary/col-data-policy-labs-states-urgently-need.html

OECD. (2005). *Performance-related pay policies for government employees*. OECD Publishing.

Pearce, W., & Raman, S. (2014). The new randomised controlled trials(RCT) movement in public policy: challenges of epistemic governance. *Policy Sciences, 47*, 387-402.

Peters, J., Langbein, J., & Roberts, G. (2016). Policy evaluation, randomized controlled trials, and external validity. *Economics Letters, 147*, 51-54. PublicPolicyLab. http://publicpolicylab.org/our-work/

Sadowski, B. M. (2017). Advanced users and the adoption of high speed broadband: Results of a living lab study in the Netherlands. *Technological Forecasting & Social Change, 115*, 1-14.

Sutcliffe, S., & Court, J. (2005). *Evidence-based policymaking: What is it? How does it work? What relevance for developing countries?* London: Overseas Development Institute.

Veen, R. (2019). Basic income experiments in the Netherlands? *Basic Income Studies, 14*(1), 1-13.

Widerquist, K. (2005). A failure to communicate: What (if anything) can we learn from the negative income tax experiments? *The Journal of Socio-Economics, 34*(1), 49-81.

Wildavsky, A. (1979). *Speaking truth to power: The art and craft of policy analysis*. New Jersey: Transaction Publishers.

EU Policy Lab, https://blogs.ec.europa.eu/eupolicylab/

Washington State Institute for Public Policy, http://www.wsipp.wa.gov

제 7 장

코로나19 팬데믹에 따른 초변화 사회

Ⅰ. 들어가며

코로나19COVID-19 확산 방지를 위한 사회적 거리 두기 캠페인이 전 세계적으로 이어지게 되면서 '언택트untact'라는 뉴노멀new normal 트렌드가 생겨났다. 코로나19 팬데믹으로 인한 '사회적 거리 두기' 확산에 따라, '언택트untact 소비'가 일상화되면서 '언택트 사회'는 새로운 패러다임으로 등장했다(배영임, 2020). 언택트는 사회 전반으로 확산되고 있는데 원래부터 언택트 소비에 선두주자 격인 소매·유통뿐 아니라, 원격의료, 원격학습, 원격근무까지도 점점 퍼지고 있다. 포스트 코로나19 시대는 언택트 사회가 뉴노멀로 자리 잡을 것으로 예상된다. 이러한 추세에 발맞추어 언택트 관련 기술개발과 산업육성을 통한 새로운 성장력 확보가 이뤄져야 할 시기이다. 비대면·무인 상점의 확대, 원격의료 플랫폼 개발, 에듀테크 학습콘텐츠 다양화, 원격근무 협업 툴 시장 확대 등 언택트 혁신 비즈니스 시장이 급성장하면서 경쟁력 확보를 위한 대응 전략 마련이 필요하다(배영임, 2020).

코로나19로 인하여 2020년 글로벌 경제성장률은 3.5%, 우리나라는 −1.0%로 역성장을 기록했다(IMF, 2021; 한국은행, 2021). 2020년 1/4분기, 한국의 수출은 −1.4%로 감소하였다. 중소기업은 코로나 사태로 인하여 전년 동기 대비 국내 매출액이 −9.1%로 감소하고 수출은 −6.3%, 현금성 자산은 −4.3%로 감소하는 등 경영상황이 악화하였다(김군수·성영조·한영숙, 2020).

코로나19 이후 뉴노멀 시대는 비대면(언택트) 비즈니스와 온라인 서비스의 급성장으로 인한 디지털 경제가 활발할 것으로 전망된다. 특히 디지털을 기반으로 온라인 유통, 디지털 콘텐츠 산업, AR·VR을 활용한 스마트 헬스케어 산업, 에듀테크 및 화상회의 관련 산업이 코로나19 이후 뉴노멀 시대 신산업으로 등장할 것이다(김군수 외, 2020).

이에 초변화 사회의 도래가 가속화된 시점에서 4가지 분야의 언택트 사례를 살펴보고자 한다. 앞서 언급하였듯이 비대면 유통에 관한 기술 발전이 무궁무진할 전망이다. 초변화 사회에서 가장 중요한 미래 기술적 측면으로 유통

사례를 먼저 살펴본 후 다음으로 콘텐츠 사업의 결정체인 문화예술 분야의 언택트 사례를 보고자 한다. 또한 교육과 직무에 관한 변화도 살펴보고자 한다. 특히 대면에 익숙해 있던 교육이나 직무에 있어서 코로나19 바이러스에 의한 팬데믹 상황에서 과연 어떻게 대면에서 비대면화되었는지까지 살펴보고자 한다.

II. 언택트 유통

1. 언택트 유통의 개요

언택트 유통은 크게 e커머스e-commerce로 대변되는 온라인 거래와 실제 상점에서의 비대면 오프라인 거래로 나뉠 수 있다. 전자는 코로나 사태 이전부터 대세로 정착한 거래방식이며, 후자의 경우 아마존Amazon의 기술혁신을 계기로 새로운 국면을 맞이한 방식이다.

e커머스는 온라인상에 구축된 가상의 상점 플랫폼을 통해 제품과 서비스를 사고파는 모든 행위를 말한다. e커머스는 전통적인 대면 상거래를 대체하는

[그림 7-1] 온 · 오프라인 소비 비중

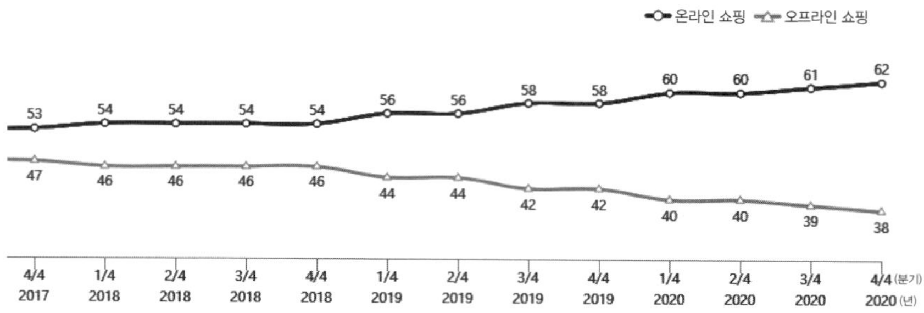

자료: 컨슈머인사이트 · 한양대학교 유통연구센터 공동기획 홈페이지(https://www.consumerinsight.co.kr/retail/consume1_2).

방식으로 발전해왔다는 점에서 상거래 패러다임의 전환을 대표한다. 컨슈머인사이트와 한양대학교 유통연구센터의 공동조사 결과 개인별 전체상거래 중 온라인거래 비중은 조사가 시작된 2017년부터 줄곧 50%를 상회했으며 2020년 1분기에 처음으로 60%를 돌파했다.[1)]

상점에서의 일반적인 비대면 거래는 계산을 위한 종업원이 따로 존재하지 않는 대신 소비자가 직접 바코드 스캔 후 비용 지불 및 포장까지 하는 계산대가 존재한다. 이러한 방식은 일면 전통 상거래 방식으로부터의 진화라 볼 수 있으나 e커머스에 비해 여전히 불편함을 감수해야 한다는 점에서 혁신의 범주에 포함되긴 어려웠다. 미국의 유통 공룡인 아마존이 탄생시킨 '아마존 고 Amazon Go'는 비대면 오프라인 거래의 진정한 새 장을 열었다.

2. 언택트 유통의 진화

미국의 대표 상거래기업인 아마존은 2014년 미국 특허상표청에 한 특허를 출원했다. 이는 매장에 설치된 여러 대의 카메라가 개별 고객의 상점 입장에서부터 퇴장까지의 동선을 일괄 추적하고 모든 움직임을 파악·식별·기억하는 기술이다(Puerini, Kumar, & Kessel, 2015). 이 기술을 바탕으로 2017년 미국 워싱턴주 시애틀에 처음 문을 연 오프라인 무인편의점이 '아마존 고'이다.

아마존 고에서의 상품 구매는 다음과 같은 방식으로 이루어진다. 소비자는 매장 입구에서 아마존 고 앱을 켜 개인 바코드를 태그한 후 개찰구를 통과한다. 이후 원하는 상품을 꺼내 들고 다시 개찰구를 통해 퇴장하면 앱을 통해 자동으로 결제가 이루어진다. 이는 매장 내 수많은 카메라가 소비자의 모든 움직임을 판별해, 그가 상점을 퇴장할 때까지 물건을 끝까지 들고 있는지 다시 선반에 놓았는지 확인함으로써 가능하다.

데이터 과부하 문제, 행동인식 오류 등의 초기 우려와 달리 아마존 고는 현

---

1) 컨슈머인사이트·한양대학교 유통연구센터 공동기획 홈페이지(https://www.consumerinsight.co.kr/retail/)를 참고.

[그림 7-2] 아마존 고 운영원리

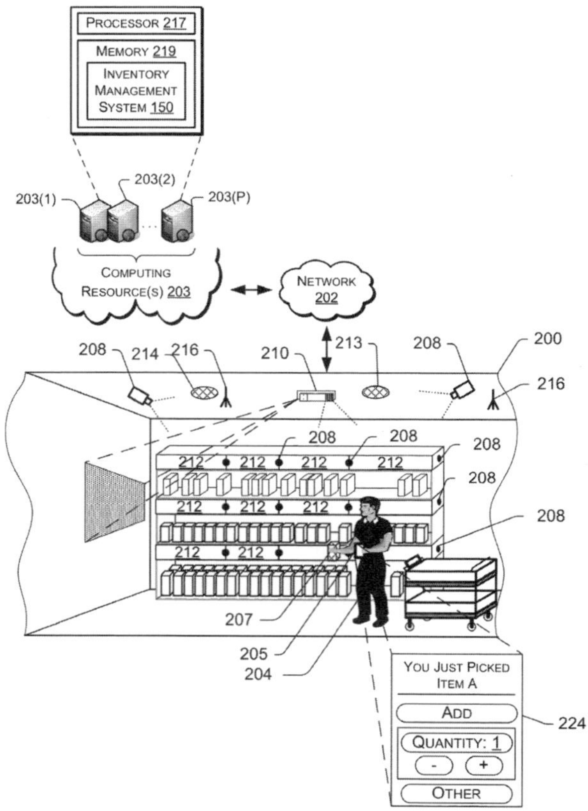

자료: Puerini, Kumar, & Kessel(2015), https://patents.google.com/patent/US20150012396A1/en

재까지 순항하여 최근에는 '아마존 고 그로서리Amazon Go Grocery'라는 중형 크기의 슈퍼마켓도 선보였다. 아마존의 이러한 혁신은 여전히 육안으로 상품의 상태와 품질을 확인 후 구매하길 원하는 소비자의 욕구를 해소하는 동시에 언택트의 효율성을 극대화하기 위함이었다.

한국에서 이러한 신기술의 도입은 느린 편이나, 다른 방면에서 품질에 대한 소비자의 욕구와 유통의 효율성을 동시에 충족하기 위한 상거래의 진화는 일어나고 있다. 불과 몇 년 전 마켓컬리가 처음으로 신선상품의 온라인 새벽배송 서비스를 시작 한 이후 한국의 e커머스 공룡인 쿠팡 및 신세계, 롯데 등 기존 대기업의 가세로 해당 서비스 산업은 불꽃 튀는 경쟁을 치르고 있다. 이는 수확에서 제조, 유통 및 배달까지 최소한의 시차가 존재하는 온라인시장에서 신선도가 생명인 상품의 거래는 힘들 것이란 편견을 극복한 혁신사례이다.

또한 최근에는 '라이브 커머스'라는 새로운 형태의 온라인 상거래가 부각되고 있다. 이는 온라인에서 소비자의 상품 구매의 현장감을 높이기 위한 방법으로 모바일 앱이나 인터넷 플랫폼을 통해 실시간으로 소비자와 판매자가 쌍방향으로 소통함으로써 유통이 이루어진다. 실시간 영상을 통해 소비자는 판매자에게 궁금한 점을 질문하고 판매자는 이에 즉각적으로 답변하거나 소비자가 원하는 행동을 함으로써 궁금증을 해결해준다. 이는 기존의 TV 홈쇼핑과 가장 두드러진 차이점이다. 이미 그립Grip이라는 전문 플랫폼이 출현하였으며 종합 플랫폼인 네이버와 카카오, 그리고 유통 대기업인 롯데도 해당 서비스를 시행함으로써 진화를 모색하고 있다(정연승, 2020). 추가적으로 코로나 사태를 계기로 강화되고 있는, 타깃Target 등 대형 유통체인의 드라이브스루drive-thru 서비스도 유통프로세스의 혁신 및 비대면 거래의 새로운 형태를 보여주는 사례로 주목받고 있다(신수지, 2020).

3. 언택트 유통의 미래

이처럼 코로나 사태를 계기로 언택트 유통의 가치는 더욱 제고될 것이며, 그 진화의 방식은 프로세스 및 기술 혁신과 함께 더욱 다양하게 펼쳐질 것으로 예상된다. 아마존 고가 보여준 것과 같이 첨단 신기술의 접목이 유통산업에 끼칠 영향도 더욱 자명해질 것이다.

온라인 언택트 유통의 가장 큰 단점으로 지적될 수 있는 것이 시공간의 단절과 현장감의 결여라면, 이러한 한계를 극복하기 위한 방식으로 가상현실Virtual Reality, VR 및 증강현실Augmented Reality, AR 기술의 접목을 들 수 있다.

특히 직접 테스트해보거나 입어보는 것이 중요한 화장품·패션 업계에서 이러한 기술 접목 시도는 활발히 이루어지고 있다. 앞으로 포스트 코로나 시대에 대면접촉을 꺼리는 소비자들의 경향이 보다 증대될 것으로 예상됨에 따라 VR·AR 기술의 발전과 해당 기술의 유통산업으로의 접목 역시 가속화할 것으로 기대된다(Imtiaz, 2020).

마지막으로, 앞으로는 아마존이나 알리바바Alibaba 등의 유통플랫폼을 거치지 않고 제조업체와 소비자 간 직거래가 늘어날 것으로도 예상된다. D2CDirect-to-Consumer로 대변되는 이러한 프로세스의 혁신에서는 유통의 중간 단계에서 지속적으로 가중되는 거래비용을 없애 가격경쟁력을 제고하고, 제조업자가 소비자의 니즈needs와 구매 형태를 실시간으로 수집해 이를 활용한 마케팅과 신제품 개발에 용이해진다는 점이 부각된다. 이미 나이키Nike는 2019년 말 선제적으로 아마존에서 자사 제품의 판매를 중단하고 자체 온라인·앱 서비스를 키워 D2C 판매에 집중할 것을 선포했다(김은영, 2020. 1. 29.). 이와 같이 언택트 시대가 도래함에 따른 유통체계 전반의 체질개선 시도는 곳곳에서 가속화될 것이다.

Ⅲ. 문화예술콘텐츠의 언택트화

1. 문화예술콘텐츠의 언택트 기술 도입

최근 언택트 기술과 접목한 문화예술콘텐츠[2]가 급부상하고 있다. 코로나19 확진자 증가세로 '사회적 거리 두기'가 시행됨에 따라 지난 2월 25일부터 전국의 문화예술시설이 휴관되었기 때문이다. 「2018 국민문화예술활동조사」[3]

2) 문화예술콘텐츠란 "문화적 정체성에서 비롯되거나 문화적 정체성을 표현하는 상징적 의미, 예술적 중요성, 문화적 가치" 등을 일컫는다(김정수, 2017).

3) 「국민문화예술활동조사」(이전 「문화향수실태조사」)는 한국문화관광연구원에서 2년 주기로 국민들의 문화향유 실태와 수요에 대해 파악하기 위해 시행하는 것으로, 2018년 조사는 전국 17개 시도(제주도 및 세종시 포함)의 만 15세 이상 남녀 1만 558명을 조사 대상으로 설정하였다(한국문화관광연구원, 2019).

에 따르면, 해당 연도의 국민들의 문화예술행사 관람률은 81.5%로 2016년도 78.3% 대비 3.2%포인트 증가하여 처음으로 80%대로 진입하기 시작하였다(한국문화관광연구원, 2019). 이처럼 국민들은 여가시간을 주로 문화예술행사 관람에 소비하였으나 코로나19 확산으로 인해 문화예술시설이 점차 휴관하기 시작하면서, 수요자 측면에서, 집 안에서 휴식과 놀 거리를 찾기 시작하는 홈루덴스Home Ludens[4]가 늘어나기 시작하였다(이현주, 2020). 그리고 동시에 공급자 측면에서는 문화예술계 종사자들이 활동 무대를 온라인으로 옮기기 시작함에 따라 언택트 기술을 활용한 문화예술콘텐츠가 활발히 형성되고 있다.

2020년 3월 18일, 세계적인 뮤지컬 거장인 앤드류 로이드 웨버Andrew Lloyd Webber는 유튜브YouTube를 통해 「오페라의 유령」 25주년 기념 공연을 48시간 동안 온라인으로 상영하였다. 이 공연을 보기 위해 전 세계에서 무려 1,000만 명이 접속하였으며, 공연을 공개하면서 코로나19 구호기금 마련 캠페인도 동시에 진행하였다(이한철, 2020). 이 외에도 세계보건기구WHO는 코로나19기금을 마련하기 위해 셀린 디온Céline Dion, 엘튼 존Elton John, 테일러 스위프트 Taylor Swift 등 세계적인 팝 가수들이 참여한 온라인 자선 콘서트 「One World: Together at Home」을 스트리밍하기도 하였다. 루브르 박물관은 세계 유명 미술관·박물관과 협력을 맺고 약 3만여 점의 작품을 공개하고 있다(박영배, 2020).

국내에서도 연예기획사 SM 엔터테인먼트를 선두로 하여 케이팝K-pop 온라인 콘서트가 시작되었다. 방탄소년단BTS은 4월 18일과 19일 유튜브 공식 채널 '방탄 TVBANGTAN TV'를 통해 「방방콘(방에서 즐기는 방탄소년단 콘서트)」을 스트리밍하여 이틀간 조회 수가 5,059만 건을 기록하였으며, 최대 동시접속자는 무려 224만 명, 매출액은 수백억 원에 달하였다(이한철, 2020). 또한, 팬들에게 공연 현장감을 선사하기 위해 응원봉(아미밤)을 블루투스에 연결하면 오디오

4) 홈루덴스는 '놀이하는 인간'이라는 뜻의 호모 루덴스(Homo Ludens)에서 나온 말로 '홈(집)'과 '호모 루덴스'를 합친 말로, 밖에서 활동하지 않고 주로 집에서 시간을 보내는 사람을 뜻한다(김서현, 2020). 최근 화제가 된 '달고나' 커피나 '모여봐요 동물의 숲' 게임 등은 모두 '사회적 거리 두기' 조치가 강화됨에 따라 홈루덴스 사이에서 유행한 활동의 대표적인 사례라 할 수 있다.

신호에 따라 응원봉 색이 달리지는 기술을 적용하여, 전 세계 162개국 지역에서 약 50개의 응원봉이 연동되기도 하였다(박영배, 2020).

국립현대미술관은 전시를 기획한 학예사가 직접 전시장을 둘러보며 작품을 설명하는 '학예사 전시 투어'와 가상현실을 통해 온라인 전시를 진행하였으며, 이강소, 이배, 김창열 작가 등의 작품을 온라인으로 경매하기도 하였다(국립현대미술관, 2020).

이러한 문화예술 비대면 콘텐츠는 문화예술향유자에게 새로운 경험의 장을 제공해주고 있다. 그리고 시간적·공간적·경제적 한계를 극복하고 무대와 관객 간의 거리를 축소하여 생생한 관람을 가능케 하며, 유통플랫폼의 확장을 통해 새로운 관객 기반을 형성하여 새로운 수익모델을 창출할 것이라는 기대를 받고 있다(한국문화관광연구원, 2020).

[그림 7-3] 문화예술콘텐츠의 언택트 사례

자료: 김은영(2020. 3. 11.).

자료: 이한철(2020. 4. 23.).

자료: 오보람(2020. 6. 17.).

2. 문화예술콘텐츠의 언택트화로 인한 변화 및 양상

문화예술콘텐츠의 언택트화가 부상하면서 기존의 문화예술콘텐츠가 지니고 있던 고유한 특성들이 변화하기 시작하였다. 첫째, 문화예술콘텐츠를 소비하기 위해서는 소비자가 직접 문화예술시설 등 현장에 방문해야 하는 시·공간적 제약이 따랐으나 이제는 '우리집 텔레비전 앞 방구석 1열'에서 인터넷만 있으면 쉽게 문화예술콘텐츠를 소비할 수 있다는 것이다.

예컨대, 현장 공연의 경우, 공연장까지 직접 찾아가야 할 뿐만 아니라 이에 따른 경제적인 요건 역시 문화예술콘텐츠 소비에 영향을 미치는 주요한 요소였다. 또한, 입장까지 수 시간이 소요되고, 좌석의 위치에 따라 무대를 감상함에 있어 불편함이 발생할 수 있다. 따라서 같은 문화예술서비스를 소비하였을지라도 현장감을 저해할 수 있는 여러 요인들이 발생할 경우, 소비자들 간 만족도 측면에서 큰 차이가 날 수 있다.

그러나 이제는 집 안에서 온라인으로 공연을 쾌적하게 관람할 수 있으며, 보다 양질의 문화예술콘텐츠를 향유할 수 있다는 장점이 존재한다. 한국콘텐츠진흥원(2020)의 한 조사에 따르면, 응답자의 57.9%가 사회적 거리 두기가 종료된 이후에도 사회적 거리 두기 기간 동안 접한 새로운 콘텐츠를 계속 즐길 예정이라고 응답하였으며, 집에서 즐기는 언택트 공연이 점차 주목받을 것이라고 보았다.

둘째, 일반적인 소비품은 소모될 때까지 사용할 수 있지만 공연과 전시와 같은 문화예술콘텐츠는 한 번 관람하고 나면 그 값을 또 지불하지 않는 이상, 계속해서 사용할 수 없다는 일회적인 특성을 가지고 있다. 그러나 문화예술콘텐츠의 언택트화는 온라인 플랫폼을 기반으로 하기 때문에 문화예술콘텐츠 서비스 관계자가 관련 영상을 삭제하지 않는 이상, 계속 관람할 수 있어 비용적인 측면에서도 부담이 감소된다.

셋째, 기존의 현장 공연에서 접하지 못했던 AR 합성 기술Live Sync Camera Walking 및 실시간 3D 그래픽 기술 등을 구현(박윤석, 2020)할 수 있어 소비자가 문화예술을 향유함에 있어 다양한 볼거리를 누릴 수 있다는 것이다. 이뿐만 아니라 문화콘텐츠 소비자들끼리 온라인 플랫폼의 댓글창을 통해 즉각적인 의사소통이 가능하기 때문에 소비자들에게 새로운 경험의 장을 열어줄 수 있다.

3. 문화예술콘텐츠 언택트화의 한계점

코로나19 확산에 따라 랜선 공연·전시 등 문화콘텐츠 확산을 위해 문화예술계는 다양한 노력을 기울이고 있지만, 그럼에도 불구하고 문화예술콘텐츠 언택트화의 한계는 존재한다. 이에 대한 한계점을 수익적 측면, 생산적 측면, 소비적 측면, 유통적 측면으로 정리하자면 다음과 같다.

첫째, 수익적인 측면이다. 기존 대면 공연예술의 경우 입장권 판매 등에 따른 수익이 창출되었지만, 언택트 제작물의 경우 별도의 입장 수익 없이 누구에게나 공개되다 보니 수익 창출에 그다지 도움이 되지 않는다는 것이 공연예술계의 주장이다(김종찬, 2020).

둘째, 수익적인 측면뿐만 아니라 언택트 기술을 활용하여 문화예술콘텐츠를 만드는, 생산적인 측면에서도 한계가 존재한다. 어느 정도 완성도 있는 콘텐츠를 만들기 위해서는 상당한 제작비용이 소요되는데 영세한 예술단체일 경우 이러한 제작비용을 감당하기 어렵다(한국문화관광연구원, 2020). 대중성이 비교적 강하고 팬덤이 형성되어 있어 수익이 일정 부분 담보되는 뮤지컬과 콘서트 분야와 달리, 특히 순수예술 분야는 수익 창출 부분이나 경제적인 측면에서 한계가 존재하기 때문에 양질의 언택트 콘텐츠를 만들기 쉽지 않다.

셋째, 언택트화된 문화예술콘텐츠를 소비하는 측면에서도 한계점이 존재한다. 먼저, 현장감이 감소한다는 것이다. 문화예술콘텐츠는 기존의 오프라인 예술이 가지는 현장성, 즉 특정한 장소와 시간에서 예술인과 관객이 만나 만들어내는 특별한 감동과 경험이 퇴색되며, 몰입이 어렵고, 오프라인 관람을 오히려 감소시킬 수 있다는(한국문화관광연구원, 2020) 한계가 엄연히 존재한다.

다음은 문화예술콘텐츠를 언택트로 접근함에 있어 디지털 격차digital divide

가 존재한다는 것이다. 한국정보화진흥원(2018)의 디지털 격차실태조사에 따르면, 디지털 활용도를 접근, 역량, 활용이라는 3가지 측면으로 나눠서 평가하였을 때, 60대 이상 장·노년층은 3가지 모든 측면에서 가장 낮은 점수를 받은 것으로 나타났다(박윤석, 2020). 이를 유추해보았을 때, 문화예술콘텐츠가 언택트화되면서 물리적인 접근의 한계는 일정 부분 해소되었으나 노인, 저소득층, 장애인 등을 포함한 디지털 취약계층의 문화적 접근의 격차가 더욱 커질 것으로 예측된다.

마지막으로 저작권과 관련하여 유통적인 측면에서도 한계가 존재한다. 코로나19로 인해 인간의 사회적 행동이 급격히 변화되면서 그 충격으로 저작권법의 적용에 혼란이 유발되면서, 현재 콘서트를 온라인으로 개최하거나 미술작품을 온라인으로 전시하는 경우 저작권법상의 전통적인 공연 또는 전시 행위로 봐야 하는지 아니면 전송 또는 방송 행위로 인정해야 하는지 명확하지 않다(박윤석, 2020).

그리고 온라인으로 실시간으로 방송되기 때문에 이를 불법 복제 및 배포하는 문제가 쉽게 발생하기도 하며, 문화적 표현 다양성을 침해하는 사례도 발생하기도 한다. 건강한 문화예술콘텐츠의 언택트 문화를 형성하기 위해서는 문화예술콘텐츠의 언택트화가 내재하고 있는 한계점을 명확히 이해하고 이에 대한 대응방안을 마련해나갈 수 있도록 노력해야 할 필요가 있다.

Ⅳ. 언택트와 유연근무제

코로나19 사태 이후 근무방식에 있어서도 '언택트'가 대안으로 주목받고 있다. 직원 밀집도를 낮추기 위한 방안으로 재택근무, 스마트워크 등 여러 형식으로 유연근무제가 시행되고 있으며 이에 따라 국내외 구분 없이 원격근무 및 유연근무제가 확대되고 언택트 근무가 '뉴노멀new normal(새로운 일상)'이 되고 있다. 코로나19 사태로 국내 대기업의 75%가 재택 및 원격근무 등의 유연근무제를 시행 중에 있으며 대다수의 기업이 유연근무제를 지속적으로 확대 및 시행할 계획이다(김혜원, 2020. 7. 20.).

정부에서도 코로나19 확산 방지를 위해 민간과 공공 영역에서 모두 유연근무제 사용을 적극적으로 권하고 있다. 인사혁신처는 2020년 5월 46개의 중앙행정기관을 대상으로 비대면, 비접촉 근무방안 등에 관한 「2020년 공무원 근무혁신 지침」을 실시한 바 있다(홍석호, 2020. 5. 25). 「2020년 공무원 근무혁신 지침」은 '생활 속 거리 두기 이행'을 위한 공무원 관리 지침을 담고 있으며, 비대면·비접촉 방식의 '언택트' 근무가 공직사회에 정착될 수 있도록 재택근무, 스마트워크 근무 등 교대 원격근무를 적정 비율로 시행토록 한다는 것을 주요 내용으로 하고 있다. 공직사회 재택근무 활용은 꾸준히 증가해 지난해 200여 건에서 올해 4만 7,000여 건으로 200배 넘게 증가하였으며, 시차출퇴근제 역시 25% 늘어난 것으로 집계되었다.

[그림 7-4] 2020년 공무원 근무혁신 지침

목 표	코로나19로부터 안전한 공직사회, 일과 삶 양립을 위한 근무혁신 동력 재가동		
전략 1	**전략 2**	**전략 3**	**전략 4**
감염위험 최소화한 효율적 업무추진	지속가능한 근무혁신을 위한 인식 전환	상시·체계적 근무혁신 추진	가정 친화적 복무운영 강화
① 코로나19 관련 공무원 복무관리 지침 전파·준수 철저 ② 비대면·비접촉 근무 활성화 ③ 재택근무 등 코로나19에 적합한 복무관리	① 관리자 : 근무혁신 매니저 → 서포터 ② 소속 공무원 : 근무혁신 대상 → 주체 ③ 근무혁신 인식변화 확산을 위한 노력	① 적극적인 근무혁신 계획 수립 및 관리 ② 근무혁신 실적과 평가 연계 ③ 근무혁신에 우호적인 여건 마련 ④ 근무혁신을 위한 다양한 제도 활용	① 가정친화 복무제도 안내 및 활용 장려 ② '가족사랑의 날' 적극 이행 ③ 고충상담 등 근무환경 개선

자료: 인사혁신처(2020)에서 재구성.

감염병 예방을 위해 확대되고 있는 원격근무, 유연근무제, 화상회의 시스템 등에 대해 정부와 전문가들은 코로나19 이후에도 그 이전으로 돌아갈 수 없을 것이라고 지적하고 있다. 최근 약 7만 명의 국가공무원을 대상으로 한 설문조사에서 응답자의 49.7%가 코로나19가 종식된 후에도 재택근무를 하겠다고 응답했으며 '재택근무를 앞으로 더 확대해야 하는가'에 대한 질문에도 응답자의 35%가 확대할 필요가 있다고 답해 '필요없다'는 응답(30.5%)을 넘어선 것으로 나타났다. 즉 감염병 사태가 마무리되더라도 유연근무제에 대한 수요는 지속되고 근무방식에 있어서도 이러한 변화가 확대될 것이라고 예측되고 있다. '언택트' 근무방식으로의 변화가 요구되는 시점에서 다양한 방식으로 도입 및 확대되는 유연근무제 사례를 살펴보는 것은 의미가 있을 것이다.

1. 유연근무제 유형 및 운영방법

고용노동부에 따르면 유연근무제는 ① 근로시간의 유연화, ② 근로장소의 다양화, ③ 근무량 조정, ④ 근무연속성 유연화 제도로 구분된다. 「근로기준법」에 따라 유연근무제는 다음과 같이 분류되는데 근로시간의 유연화로는 탄력적 근로시간제, 선택적 근로시간제 사업장 밖 근로시간제, 재량 근로시간제가 해당된다. 근무장소의 다양화는 재택근무제와 원격근무제로 실현된다. 근

<표 7-1> 유연근무제의 유형과 운영방법

유형	운영방법
시차출퇴근제	기존의 소정근로시간을 준수하면서 출·퇴근시간을 조정하는 제도
선택적 근로시간제	1개월 이내의 정산기간을 평균하여 1주 소정근로시간이 40시간을 초과하지 않는 범위에서 1주 또는 1일 근로시간을 조정하는 제도
재량근로 시간제	업무특성상 업무수행방법을 근로자의 재량에 따라 결정하고 사용자와 근로자가 합의한 시간을 근로시간으로 보는 제도
원격근무제	주거지, 출장지 등과 가까운 원격근무용 사무실에 출근해서 일하거나, 사무실이 아닌 장소에서 모바일 기기를 이용하여 근무하는 제도

자료: '찾기 좋은 생활법령 정보' 홈페이지(http://easylaw.go.kr/CSP/CnpClsMain.laf?popMenu=ov&csmSeq=1326&ccfNo=1&cciNo=1&cnpClsNo=1).

무량 조정으로서 직무공유제와 시간제근로 등이 시행되고 있으며, 마지막으로 근무연속성 유연화로 장기휴가, 안식년제도, 기족의료휴가, 보상휴가제 등이 해당된다.

2. 정부의 유연근무제 지원제도

정부가 제공하는 유연근무제 지원은 크게 유연근무 활용 지원, 재택·원격 근무 인프라 구축 지원, 일터 혁신 컨설팅으로 구분된다. 유연근무 활용 지원에는 민간기업을 대상으로 한 유연근무제 간접 노무비 지원이 해당된다. 즉 재택근무, 시차 출퇴근, 원격근무 등의 유연근무제를 도입·확대하는 중소·중견 사업장을 대상으로 정부가 인건비 일부를 지급하는 제도이다. 실제로 코로나19 확산으로 재택근무제를 실시하고 정부에 지원금을 신청한 기업도 2,000곳 이상으로 2월 말부터 7월 중순까지 고용노동부에 '유연근무제 간접노무비' 지원금을 신청한 기업이 4,789곳으로 집계되었다.

재택·원격 근무 인프라 구축 지원은 재택 또는 원격 근무를 도입 및 확대하는 사업장을 대상으로 정부가 인프라 설치비용을 제공하고 있다. 지원금은 그룹웨어, 업무용 소프트웨어 등의 정보시스템, 보안시스템, 취업규칙 변경 및 제도 도입의 컨설팅 비용, 인사담당자 교육·훈련, 클라우드 사용료 등에 사용된다. 마지막으로 일터혁신 컨설팅 지원은 기업의 경쟁력을 확보하고 근로자의 삶의 질 향상을 위해 사업장 내·외부의 환경 및 인적자원관리 시스템 전반

<표 7-2> 정부의 유연근무 활용 지원 내용

구분	내용
유연근무 활용 지원	유연근무제를 도입·확대하는 중소·중견기업에게 간접노무비 지원
재택·원격근무 인프라 구축 지원	재택·원격근무를 도입·확대하는 중소·중견기업에 인프라 설치비용 지원
일터혁신 컨설팅	일터 환경과 시스템을 분석해 기업 경쟁력과 근로자 삶의 질을 향상

자료: 고용노동부 홈페이지(http://worklife.kr/website/index/m2/support4.asp).

을 진단 및 분석하는 제도이다. 컨설팅 대상으로 분류되는 분야는 장시간 근로 개선, 시간선택제 일자리, 일·가정 양립 등이 해당된다.

3. 스마트워크

코로나19 이후 민간기업에서는 '일하는 방식'의 획기적인 변화를 꾀하며 업무 비중을 늘리되 디지털 업무 추진을 가속화하는 방식을 취하는 모습이다. 예컨대 기업들은 문서출력과 대면보고를 가급적 줄이고 시스템을 클라우드로 이전하는 등으로 디지털 운영체계를 갖추고 달라지는 업무환경에 적극적으로 대응하고 있다. 이에 따라 주요 대기업에서는 총수부터 일선 직원까지 업무방식 전환에 참여하고 있다. 특히 코로나19는 기업들의 스마트워크 확대를 가속화하고 있다. 스마트워크는 기존의 고정된 근무 장소에서 정해진 근무시간 동안 일하는 방식이 아니라 정보통신기술을 활용하여 시간과 장소의 제약 없이 업무를 수행하는 근로형태를 의미한다(이은곤·최재원, 2012).

스마트워크는 보다 적극적으로 IT 기술을 활용하여 근무 장소와 시간을 뛰어넘어 네트워크로 연결하며 다양한 자원을 공유하고 협업을 가능케 한다(이은곤·최재원, 2012). 더불어 스마트워크는 포스트 코로나와 같은 사회적 변화나 조직 및 사회적 환경에 따라 재택근무와 출근을 유기적으로 바꿀 수 있는 유연한 근무방식을 가능케 한다는 점에서 주목받고 있다. 스마트워크는 정보통신기술을 활용한 재택근무, 원격근무, 스마트워크센터로 구현된다. 예컨대 최근 모 기업의 경우 본사 건물 전체를 스마트워크를 위한 '거점 오피스'로 탈바꿈함으로써 업무방식의 혁신을 추진하고 있다. 전 계열사에 공유 오피스를 도입하고 재택 및 원격 근무의 인프라를 구축하는 등의 변화를 추진함으로써 AI 기반의 얼굴 인식 시스템과 좌석 예약 시스템, 화상 회의 시스템 등이 설치되었다. 이로써 본사에 출근하지 않고도 업무가 가능한 환경이 갖춰진 것이다.

4. 재택근무

트위터Twitter 창업자인 잭 도시Jack Dorsey 최고경영자는CEO 최근 코로나19 확산 방지를 위해 시행한 재택근무를 장기화하고 일상화하겠다는 의지를 밝힌 바 있다. 페이스북Facebook과 마스터카드Mastercard 역시 재택근무 체제를 이어가겠다는 의지를 밝혔다(황서종, 2020. 8. 10.). 이와 같은 현상은 국내의 기업에서도 확산되고 있다(박혜수, 2020. 5. 6.). 국내 모 그룹 대기업의 경우 두 달간 육아 부담이 큰 직원을 대상으로 '주 4일 출근'을 시행하고 있으며 다른 기업에서도 재택근무를 일시적 도입이 아닌 전 직원을 대상으로 의무적으로 시행하는 모습을 보이고 있다. 이처럼 코로나19가 장기화되면서 당연시되었던 사무실 내 대면근무 문화가 언택트 근무 방식으로 변화하고 있다. 이러한 변화는 화상회의 등 IT 기반의 업무시스템이 비교적 잘 갖춰진 대기업을 중심으로 선제적으로 나타나고 있다. 재택근무가 확대되면서 '언택트'와 관련된 IT 기술 및 제품군도 주목을 받고 있는데 크게는 그룹메신저, 원격회의시스템,

[그림 7-5] 민간부문의 비대면 근무로의 변화

재택근무 '일상화'하는 기업들

기업	재택·원격근무 방침
twitter 트위터	• 코로나19 이후에도 원할 경우 재택근무 허용
facebook 페이스북	• 향후 5~10년 내 임직원 절반 재택근무
mastercard 마스터카드	• 코로나19 백신 출시 전까지 재택근무
shopify 쇼피파이	• 2021년까지 재택근무 연장
롯데지주 롯데지주	• 주 5일 중 하루 의무 재택근무
SK telecom SK텔레콤	• 집 근처 거점 오피스 근무 확대

자료: 하남현(2020. 6. 30.), 자료: 각 기업.

원격 PC 제어, 클라우드 기반의 가상 데스크톱 인프라Virtual Desktop Infrastructure 기술 등으로 구분된다(최민지, 2020. 5. 18.).

5. 유연근무제에 대한 논쟁

근로시간의 유연성과 근로공간의 유연성을 모두 포괄하는 '근로형태의 유연화Flexible Work Arrangement, FWA'는 성과 중심을 강조하는 사회적 흐름에서 조직의 목표를 달성하는 데 효과적인 방법으로 여겨지며 또 다른 조직 관리의 전략으로 사용된다(안세연·김효선, 2016). 유연근무제는 노사 모두에게 도입할 유인이 있음에도 조직문화에 따라, 업종에 따라 과도기적 문제가 존재하며 유연근무제와 성과와의 관계에 대해서도 혼재된 연구결과와 의견이 존재한다(정민하, 2020. 7. 18.). 취업포털 인크루트의 '재택근무 만족도'의 조사결과 출퇴근 시간 비용 절감, 불필요한 회의 자체의 감소, 업무효율 증진, 가사와 육아 도모 가능 등의 이유로 근로자들은 재택근무에 대해서 77% 비율로 만족한다고 답했다.

하지만 재택근무 경험자와 미경험자 비율 간의 큰 격차가 존재하였으며 기업 형태에 따라 실시 비율이 크게 다른 모습이다(뉴시스, 2020. 7. 27.). 대기업의 재택근무 비율은 70%로 활발한 한편 중소기업은 47.9%로 격차가 오히려 커졌다. 더불어 직종별, 소득별로 재택근무의 가능 여부가 달라져 오히려 불평등을 초래한다는 우려가 나오고 있다. 다만 유연근무제들은 단일 형태의 근무에 비해 구성원 간 대면시간이 줄어든다는 공통점을 보이는데(안세연·김효선, 2016), 코로나19가 장기화된다는 전망이 나오고 있는 만큼 민간과 정부 모두는 언택트와 콘택트를 어떻게 절묘하게 조화시킬 것인지에 대한 고민이 필요한 시점이다.

Ⅴ. 비대면 강의

1. 전면 비대면 강의의 도입

2020년 3월 2일, 교육부는 한 차례 대학의 개강을 4주 이내로 연기하라는 권고안을 발표하였고, 국내 코로나19의 전국적 확산으로 위기단계가 '심각' 단계로 격상되면서 대학의 학사 운영에 추가적인 대책이 필요하게 되자 「2020학년도 1학기 대학 학사운영 권고안」을 발표하였다.

「2020학년도 1학기 대학 학사운영 권고안」의 주요 골자는 코로나19의 확산으로 사람 간 대면 접촉이 제한되는 상황에서 이미 계획된 학사일정의 변경에 따른 대학과 학생의 피해를 최소화하기 위하여 대면 강의 대신 비대면 강의를 활용하여 학사를 운영하도록 한 것이다. 이로 인해 대학에서는 강의의 성격에 따라 ① 간편 강의 녹음/녹화, ② 실시간 화상 강의, ③ 대형 강의 사전 녹화, ④ 기존 강의 미디어 활용 등 다양한 방식의 비대면 강의를 실시하였으며, 온라인을 통한 비대면 강의가 어려울 경우에는 교과목 개설 학부장과의 협의를 통해

<표 7-3> 2020학년도 1학기 대학 학사운영 권고안

○ 코로나19 사태가 안정될 때까지 등교에 의한 집합수업은 하지 않고 원격수업, 과제물 활용 수업 등 재택수업을 실시한다. - 구체적인 방식은 각 대학의 여건에 맞게 교원 및 학생들의 의견을 수렴하여 자율적으로 정하도록 한다. ○ 「2020학년도 1학기 적용 일반대학의 원격수업 운영 기준」에 따라 대학이 원격수업 교과목 개설, 콘텐츠 구성방식 등을 자체적으로 편성·실시할 수 있도록 한다. ○ 2020학년도 1학기 학사운영을 위해 필요한 행정조치는 대학이 우선 실시하고 추후 학칙 개정을 통해 소급 적용 할 수 있도록 한다. ○ 교육부는 대학의 원격수업 지원 및 원격수업의 질 담보를 위해서 (가칭)원격교육운영자문위원회를 구성하고 원격교육지원센터를 지정·운영한다. ○ 대학의 학사 관련 조치로 인해 교육부가 실시하는 평가·감사 등에서 불이익을 받지 않도록 한다. ○ 교육부 및 대교협, 전문대교협 공동 TF 운영을 통해 중장기적으로 「고등교육법 시행령」 개정을 검토한다.

자료: 교육부(2020. 3. 2.).

학습자료를 제공하여 학생과의 상호작용이 가능한 수업을 진행하였다.[5)][6)]

2. 비대면 강의의 장점

비대면 원격강의는 인터넷 등장으로 정보와 지식이 중시된 1990년대 이후부터 광범위하게 확산되었으며(강대식·김정겸·정회인, 2011), 수많은 대학이 비대면 원격강의를 보조수단으로 활용하였다. 이는 비대면 원격강의가 학습과 토론을 진행함에 있어서 시공간적 제약을 해결하고 자유롭게 학습과 관련된 자료와 피드백을 주고받을 수 있는 장점을 가지고 있기 때문이다(고일상·최수정·정경호, 2006). 그리고 이러한 점은 코로나19의 확산으로 대면 강의에 제한이 있

[그림 7-6] 대학생/대학원생이 생각하는 대면 강의 대비 비대면 강의의 장점

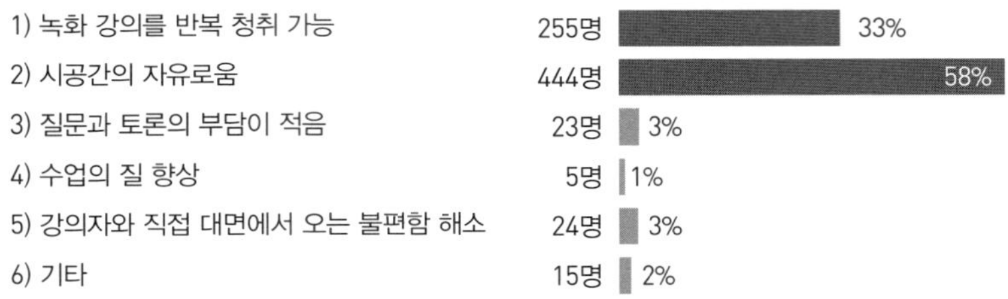

자료: BRIC(2020a).

[그림 7-7] 교수자가 생각하는 대면 강의 대비 비대면 강의의 장점

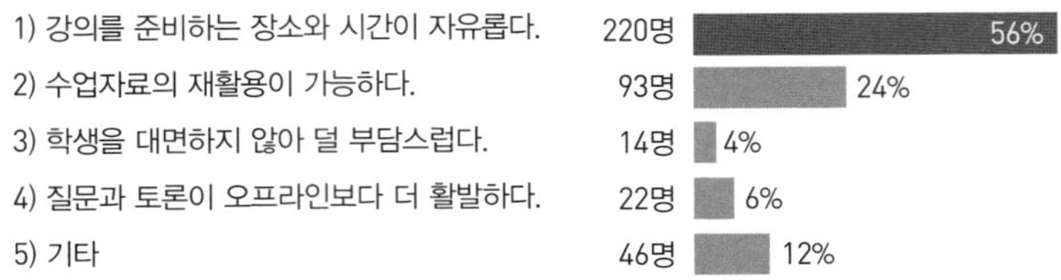

자료: BRIC(2020b).

---

5) 연세대학교 홈페이지(https://www.yonsei.ac.kr)를 참고.

6) 본 글에서 제시한 비대면 강의 방식은 연세대학교가 실시한 비대면·온라인 강의 방식으로 타 대학별로 실시한 비대면 강의 방식과 다를 수 있다.

었던 상황에서 가장 큰 장점으로 뽑혔다.

국내 5개 전문연구정보센터(기계·로봇연구정보센터(MERRIC), 생물학연구정보센터(BRIC), 의과학연구정보센터(MedRIC), 전자정보연구정보센터(EIRIC), 한의약융합연구정보센터(KMCRIC))가 주최하여 국내 이공계 대학생·대학원생을 대상으로 실시한 설문조사 결과에 따르면, 학생들은 대면 강의와 비교해 온라인 강의가 갖는 장점으로 '시공간의 자유로움'(58%)을 가장 많이 답하였으며 '녹화 강의를 반복 청취 가능'(33%)이 그 뒤를 이었다(BRIC, 2020a). 이러한 결과는 다른 조사에서도 대체로 비슷하게 나타났다. 그리고 교수자의 입장에서도 비대면 원격강의의 시공간적 제약으로부터의 자유로움은 대면 강의와 비교하였을 때 최대 장점으로 손꼽혔다(BRIC, 2020b).

3. 비대면 강의의 문제점

하지만 비대면 강의가 이러한 장점을 지녔음에도 불구하고 추후 비대면 강의 도입에 관한 설문조사 결과를 보게 되면 찬성으로 답한 비율(11%)이 가장 적었으며, 반대(33%), 부분 찬성(56%) 순으로 나타났는데(BRIC, 2020a), 이는 그만큼 비대면을 통한 강의 진행에 많은 문제점이 있으며 이러한 문제점이 해결되지 않는 한 비대면 강의보다는 대면 강의를 통한 수업진행이 더 선호될 것임을 의미한다.

비대면 강의의 문제점을 보게 되면, 우선 비대면 강의는 수업 내용의 전달력이 대면 강의보다 떨어진다. 대면 강의와 비대면 강의의 수업 전달력을 묻는 질문의 답을 보게 되면 대면 강의보다 비대면 강의의 내용 전달력이 떨어진다는 의견(44%)이 대면 강의보다 좋다는 의견(9%)보다 많았다(BRIC, 2020a). 이는 교수자와 학습자 간 상호작용이 수업의 질을 향상시키는 데 중요 요소라는 점을 고려하였을 때(송충진, 2014), 교수자와 학습자 간 상호작용 측면에서 비대면 강의가 대면 강의에 비해 부족하기 때문이라 할 수 있다. 실제로 교수자들은 비대면 강의의 가장 큰 애로사항으로 다른 요인(예를 들어 비대면 강의 준비 또

[그림 7-8] 대학생/대학원생의 비대면 강의 만족도(수업내용 전달력 측면)

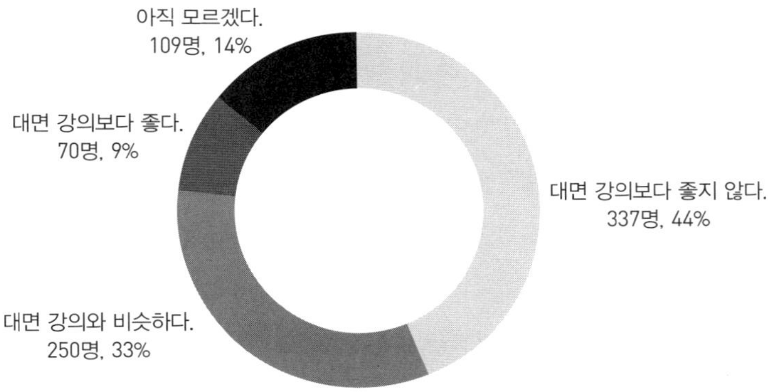

자료: BRIC(2020a).

[그림 7-9] 교수자가 생각하는 비대면 강의의 애로사항

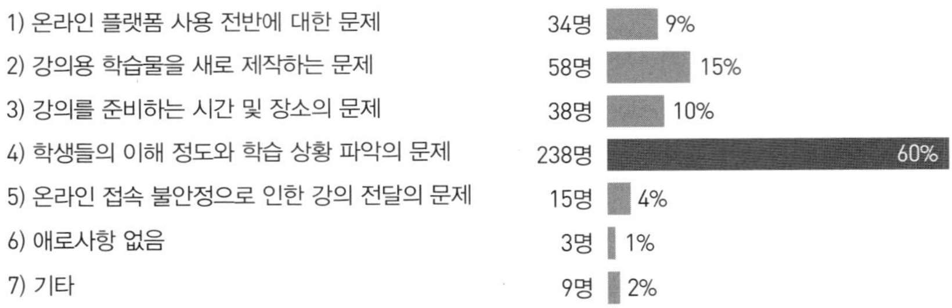

자료: BRIC(2020b).

는 기술적인 어려움)보다 학생들과의 상호작용 측면의 요인 즉, 학생들의 이해 정도, 학습 상황을 파악하기 힘들다는 점이 60%로 가장 높았다는 점을 꼽았다(BRIC, 2020b).

또한, 비대면 강의는 공정성 측면에서도 문제점을 가지고 있다. 실제로 많은 대학에서 학생들이 비대면으로 진행된 시험에서 모여서 시험을 치르거나 SNS를 통해 공유를 하는 부정행위를 하다가 발각되었다(권혜림, 2020). 따라서 여러 대학에서 화상회의 시스템을 활용하여 시험 응시생의 신분을 확인하고, 시험을 감독하기도 하였으나 이러한 노력에도 공정성을 완전히 확보하기에는 한계가 있으므로 공정성 문제로 인하여 코로나19 전염의 확산위험이 있는 상황에서도 대면 시험을 치르고자 하는 대학들과 이를 반대하는 학생들 사이에 의견충돌이 발생하기도 했다(오유신, 2020; 남궁민·양인성, 2020).

4. 대면 강의와 비대면 강의의 조화: 혼합교육

비대면 강의의 장점은 명확하다. 교수자와 학습자 모두에게 시간과 장소에 얽매이지 않을 수 있도록 해준다. 하지만 이러한 장점을 가졌음에도 비대면 강의는 수업의 질적 측면(수업 내용의 전달력), 공정성 측면에서 많은 한계점이 있다. 이러한 문제점이 해결되지 않는 한 비대면 강의는 대면 강의 대체제가 아닌 보완제일 수밖에 없다. 이러한 점에서 전문가들은 대면 강의와 비대면 강의의 조화(혼합교육, Blended leaning)를 강조한다(남윤서·천인성, 2020).

현재 우리는 4차 산업시대로 진입하였으며 따라서 교육에 있어서도 이에 적합한 변화가 요구된다. 특히, 4차 산업을 대비하기 위해서는 창조적 문제해결 및 소통 기반 협력의 역량을 제고해야 한다는 점에서 기존의 지식 주입식 교육방식 역시 창의력 및 융합력 기반의 혁신역량을 갖출 수 있는 자기 주도적인 학습으로 전환이 필요하다(양연호, 2018).

미국의 미네르바스쿨Minerva School은 4차 산업혁명에 가장 적합한 교육방식으로의 전환에 성공하였다고 평가받는데, 이러한 미네르바스쿨의 교수학습법의 특징을 살펴보면 다음과 같다. 미네르바스쿨은 단순히 교수가 지식을 전달하는 수업이 아닌 학습자가 모든 수업 과정에 참여하는 완전 능동학습을 위해 플립드 러닝flipped learning 방식으로 수업을 진행한다(이혜정·임상훈·강수민, 2019). 플립드 러닝이란 학습자가 수업 전 수업에 필요한 지식을 스스로 찾아 습득하고, 학습자 본인이 학습한 내용의 수준을 바탕으로 개별 수업이 진행되기 때문에 수업이 문제 해결을 위한 토론을 중심으로 이루어질 수 있다는 장점이 있다(이동엽, 2013). 그리고 미네르바스쿨이 이러한 완전 능동학습이 가능한 이유는 액티브 러닝 포럼Active Learning Forum(이하 'ALF')이라는 온라인 학습 플랫

<표 7-4> ALF의 기능

기능	설명
문제해결 중심형 소그룹 구성 메뉴	• 교수자가 수업에 참여한 학습자를 다양한 형태로 그룹화할 수 있도록 함. • 그룹활동에서 교수자가 자유롭게 이동 및 관리할 수 있음.
대량의 교수학습 관련 데이터 자동 수집 기능	• ALF를 통해 이루어지는 모든 상호작용은 질적·양적 데이터로 확보됨. • 이러한 데이터는 학습자를 위한 피드백 및 교수자의 강의역량 평가를 위해 활용됨.
수업 흐름에서 손쉽게 활용할 수 있는 부가 기능	• 교수자가 수업에서 활용할 수 있는 다양한 기능(퀴즈, 여론조사, 시뮬레이션 등)을 제공함. • 전반적인 학습 이해 정도를 반영하여 교수 상황을 재설계할 수 있도록 함.
문서 작업 기능	• 협업을 위한 문서 작업을 할 수 있어 온라인에서 상호작용 및 실시간 기록이 가능함. • 이를 통해 만들어진 자료는 학습자 간 기여 정도나 교수자 피드백의 근거로 활용됨.
개별 학습자 참여 정도 자동 측정 및 교수자 안내 기능	• 교수자는 학습자의 동등한 수업 참여를 위하여 전반적인 흐름을 관리함.
학습 몰입 방해요소 차단 기능	• 학습자의 수업 몰입에 방해되는 요소를 관리할 수 있음.

자료: 이혜정 외(2019).

폭이 있기 때문인데, ALF는 〈표 7-4〉와 같은 기능을 통해 학습자가 좀 더 효과적으로 학습할 수 있도록 지원한다(이혜정 외, 2019).

우리 정부 역시 4차 산업 시대를 대비하기 위한 교육혁신을 추진하기 시작하였다. 2020년 8월 3일, 유은혜 부총리 겸 교육부장관은 코로나가 종식되어도 혼합교육에 맞춘 미래 교육계획을 발표할 것이라 밝혔는데, 이를 통해 4차 산업에 적합한 자기 주도적이며 창의적인 역량을 높일 수 있는 교육환경을 기대할 수 있을 것이다(김채현, 2020).

Ⅵ. 마치며

코로나19 바이러스가 전 세계에 확산된 후 다시 코로나 바이러스가 없던 시기로 돌아갈 수 있을 것이라는 낙관적인 전망은 아직 희미해 보인다. 전례 없던 마스크 대란은 물론이고 산발적으로 재택근무까지 이어진 바 있다. 충분한 대비 시간이 주어지지 않은 채 일어난 이 모든 변화는 사회 전반에 혼란을 가중시켰다. 일단 불특정 다수의 '접촉'이라는 것 자체를 완벽하게 차단해야 하기 때문에 재택근무나 원격수업이 필수 불가결하게 이뤄져야만 하는 상황이 지속되고 있다. 바이러스 감염위험에서 벗어나기 위해 마스크 장착은 선택이 아니라 필수가 되어버렸다. 전염병이라는 것은 경우에 따라 '순식간'일 수도 있다. 코로나가 급속도로 퍼졌을 당시를 떠올려보면 마스크를 사기 위해 줄을 지어 대기해야 했고 주가는 폭락했으며 개학이 연기되는 사태가 벌어졌다. 회사에 출근했던 수많은 사람들이 집에서 원격으로 접속해 근무를 하는 재택근무와 스크린을 바라보며 수업을 진행하는 원격수업이 일상화되었다. 이 모든 것이 준비된 체계 속에서 이뤄지지 못하고 팬데믹에 따라 초변화한 사회에 적응해가야 하는 우리의 현실이다.

이에 산업연구원은 2020년 5월 18일 「포스트 코로나 시대의 비대면 서비스 모델과 정책 과제」라는 연구자료와 보도자료를 게시한 바 있다. 포스트 코로나 시대에 신산업 분야 중 비대면 비즈니스 모델로 앞서 살펴본 유통사례에도 언급한 무인 매장, 자율주행차, OTT 서비스와 디지털 전시관 등을 실제 언급하기도 했다. 비대면 방식의 새로운 비즈니스 모델을 활성화하기 위해서는 "서비스 R&D의 체계적이고 적극적인 지원, 법적인 제도의 개선과 정비, 그리고 정부 규제 개선과 함께, 무엇보다 사회적인 갈등의 해결이 필요하다."라고 말한다.

이 시점에서 또 하나의 과제는 코로나19 바이러스 확산으로 인한 환경적 변화 때문에 언택트가 절대 선善처럼 여겨지고 있지만, 과연 언택트 기술 접목이 전방위 무조건적인 대안일지에 관한 고민이 필요하다는 것이다. 특히 업무의 유형과 특성에 따라 대면과 비대면일 때의 효과성이 분명 다르게 나타날 수 있다는 부분을 유의해야 한다는 점이다. 코로나19 바이러스가 확산되는 초기에 혼란스러웠던 상황부터 현재까지도 코로나19 바이러스가 지속되고 있는 상황에서 서비스의 유형과 특성에 따른 업무환경에 대한 체계를 다시 한번 재정비하여 코로나 바이러스 발생과 종식을 기준으로 우리 생활의 거대한 티핑 포인트tipping point가 생성되어야 할 것이다.

결론적으로 당면한 현실은 초변화 사회 속에서 신뢰받는 미래정부의 모습을 구축할 단계라고 생각한다. 언택트를 위한 미래 기술 변화에 있어 정부가 해야 할 일, 팬데믹의 난제를 해결하는 민첩한 정부의 모습, 범세계적인 코로나19 바이러스 상황에서 국제사회 변화에 대응하여 국제 이슈를 해결하는 글로벌 대응 정부 모습에 대해 앞으로 심도 있게 다뤄볼 필요가 있다고 생각한다.

참고문헌

강대식·김정겸·정회인. (2011). 「대학 원격교육환경에서 학습자의 정의적 특성, 학습실재감, 몰입감, 학습만족도간 구조적 관계 분석」. 『교육정보미디어연구』, 17(1), 133-152.

고일상·최수정·정경호. (2006). 「웹 기반 원격교육에서 학습자 몰입의 영향요인과 학습효과에 관한 연구」. 『인터넷전자상거래연구』, 6(1), 83-108.

교육부. (2020. 3. 2.). 「코로나19 대응을 위한 교육 분야 학사운영 및 지원방안 발표」. 보도자료.

김군수·성영조·한영숙. (2020). 『포스트 코로나19, 뉴노멀 시대의 산업 전략』. 경기연구원.

김정수. (2017). 『문화행정론 (개정 2판)』. 집문당.

박윤석. (2020). 「비대면 환경과 저작권법의 대응」. 『저작권 이슈 리포트』, 1-14.

배영임. (2020). 『코로나19, 언택트 사회를 가속화하다』. 경기연구원.

송충진. (2014). 「대학에서의 교수·학습활동과 의사소통, 수업만족도에 관한 연구: 교수자와 학습자간 인식차이와 영향요인을 중심으로」. 『아시아교육연구』, 15(2), 171-200.

안세연·김효선. (2016). 「스마트워크센터 정착 과정 탐구」. 『한국인사조직학회 발표논문집』, 1-19.

안수란. (2020). 「사회복지 생활시설의 감염병 대응 현황과 과제」. 『보건·복지 Issue & Focus』, 381호, 1-11. 한국보건사회연구원.

이동엽. (2013). 「플립드 러닝(Flipped Learning) 교수학습 설계모형 탐구」. 『The Journal of Digital Policy & Management』, 11(12), 83-92.

이은곤·최재원. (2012). 「효과적 스마트워크 도입을 위한 핵심요소 및 구현 전략」. 한국경영정보학회 2012년 춘계공동학술대회 발표자료, pp. 1189-1207.

이혜정·임상훈·강수민. (2019). 「4차 산업혁명 시대 대학교육 혁신 방안 탐색: 미네르바스쿨 사례를 중심으로」. 『평생학습사회』, 15(2), 59-84.

한국문화관광연구원. (2018). 『국민문화예술실태조사』.

__________. (2020). 「코로나19가 문화예술분야에 미친 영향과 향후 과제」. 『문화·관광인사이트』, 146, 1-6.

한국은행. (2021). 『2020년도 연차보고서』.

한국정보화진흥원. (2018). 『2017년 디지털정보격차지수 실태조사보고서』.

한국콘텐츠진흥원. (2020. 7. 22.). 「코로나19 이후, 콘텐츠를 말하다」. 랜선포럼 세미나자료.

BRIC(생물학연구정보센터). (2020. 4. 21.a). 「대학/대학원 온라인 강의에 대한 의견수렴 조사－국내 이공계 대학생 및 대학원생－」. https://www.ibric.org/myboard/read.php?id= 3496&Page=1&Board=REPORT&TodayReview=1

__________. (2020. 4. 21.b). 「대학/대학원 온라인 강의에 대한 의견

수렴 조사-국내 이공계 교수 및 강사-」. https://www.ibric.org/myboard/read.php?id=3495& Board=report

IMF. (2021. January). World Economic Outlook Update. https://www.imf.org/en/Publcations/WEO/Issues/2021/01/26/2021-world-economic-outlook-update/

Puerini, G. L., Kumar, D., & Kessel, S. (2015). US 2015/0012396 A1. Washington, D.C.: US Patent and Trademark Office. Retrieved from https://patents.google.com/patent/US20150012396A1/en

권혜림. (2020. 6. 4.). 「인하의대 '집단 커닝' 사태에 "학교도 책임있다"는 학생들의 항변」. 『중앙일보』.

김서현. (2020. 6. 11.). 「'모동숲'과 '달고나 커피'만 있다면 홈루덴스족은 행복해」. 『여성신문』.

김은영. (2020. 1. 29.). 「[팀장칼럼] 나이키의 아마존 탈출」. 『조선비즈』.

______. (2020. 3. 11.). 「코로나에 멈춘 미술관, 안방 찾아간다...온라인 전시 열풍」. 『조선비즈』.

김종찬. (2020. 8. 3.). 「지속가능한 언택트 지원 이뤄줘야 한다」. 『경인일보』.

김채현. (2020. 7. 21.). 「"1학기 비대면 수업, 만족하셨나요?"」. 『서울신문』.

김혜원. (2020. 7. 20.). 「대기업 75% 재택·원격근무 시행…'근로기준법 개선 시급'」. 『아시아경제』.

남궁민·양인성. (2020. 6. 9.). 「"비대면 시험 원하면 혈서 받아와라" 학교가 학생에게 한 말」. 『중앙일보』.

남윤서·천인성. (2020. 8. 3.). 「유은혜 "감염병 없어도 원격수업 병행...미래교육 이달 발표"」. 『중앙일보』.

뉴시스. (2020. 7. 27.). 「코로나로 4배 늘어난 재택근무…만족도 높지만 위화감도 키웠다」.

박영배. (2020. 3. 27.). 「사회적 거리두기가 불러온 '언택트' 라이프스타일」. 『더 드라이브』.

박혜수. (2020. 5. 6.). 「[포스트 코로나19] 재계 조직·사업 스마트하게… "일하는 방식 대전환"」. 『뉴스웨이』.

신수지. (2020. 8. 10.). 「징둥닷컴, 인터넷으로 아파트 1000채 팔고… GM, 3D프린트로 인공호흡기 만들어」. 『조선일보』.

양연호. (2018. 1. 24.). 「'어떻게 배우는지'를 배우는 자기주도 학습역량의 힘」. 『매일경제』.

오보람. (2020. 6. 17.). 「'방방콘' 빅히트 "플랫폼 중심 통합형 공연사업 모델 만들 것"」. 『연합뉴스』.

오유신. (2020. 6. 9.). 「'비대면 시험 공정성 논란'...기말고사 앞둔 대학가 고민 중」. 『조선비즈』.

이한철. (2020. 4. 23.). 「BTS·오페라의 유령, 코로나19로 발견한 언택트 공연의 위력」. 『데일리안』.

이현주. (2020. 5. 18.). 「'예술 감상의 혁신' 언택트 뮤지엄·공연 시대」. 『한국경제매거진』.

정민하. (2020. 7. 18.). 「"재택근무하니 노는 직원 딱 보여요"…그 끝은 구조조정?」. 『조선비즈』.

정연승. (2020. 5.). 「유통업 지각 변동 몰고 온 언택트, 쌍방향 소통 '라이브 커머스'에 올라타라」. 『Dong-A Business Review』, 297.

최민지. (2020. 5. 18.). 「코로나 이후, 더 빨라진 업무혁신」. 『디지털데일리』.

하남현. (2020. 6. 30.). 「출퇴근이 사라진다, 저커버그도 강추하는 재택근무」. 『중앙일보』.

홍석호. (2020. 5. 25.). 「공직사회도 언택트 근무 시행…26일부터 재택근무, 시차출퇴근 활성화」. 『동아일보』.

황서종. (2020. 8. 10.). 「[한경에세이] 내가 정하는 근무시간」. 『한국경제』.

Imtiaz, M. (2020. February 26). Machine Learning, Artificial Intelligence, Virtual Reality And Retailers. *Forbes*. https://www.forbes.com/sites/forbestechcouncil/2020/02/26/machine-learning-artificial-intelligence-virtual-reality-and-retailers/#7cd7a523a6ad

고용노동부 홈페이지, http://worklife.kr/website/index/m2/support4.asp

국립현대미술관 홈페이지, https://www.mmca.go.kr

연세대학교 홈페이지, https://www.yonsei.ac.kr/ocx/news.jsp?mode=view&ar_seq=20200313150000793086&sr_volume=626&list_mode=list&sr_site=S (검색: 2020. 8. 5.)

인사혁신처 정책브리핑 홈페이지, http://www.korea.kr/news/pressReleaseView.do?newsId=156391971 (검색: 2020. 9. 10.).

찾기 좋은 생활법령 정보 홈페이지, http://easylaw.go.kr/CSP/CnpClsMain.laf?popMenu=ov&csmSeq=1326&ccfNo=1&cciNo=1&cnpClsNo=1 (검색: 2020. 9. 10.)

컨슈머인사이트·한양대학교 유통연구센터 홈페이지, https://www.consumerinsight.co.kr/retail/consume1_2 (검색: 2020. 9. 10.)

Healthermcgowan, https://www.heathermcgowan.com/writing/

혁신사례로 보는 미래정부

1판 인쇄 2021년 4월 9일
1판 발행 2021년 4월 16일

지은이 연세대학교 미래정부연구센터
펴낸이 김영훈
편집인 전영완
펴낸곳 도서출판 문우사
주소 경기도 고양시 일산서구 킨텍스로 255, 일산 디엠시티 스카이뷰 오피스동 1304호
전화 031) 901-6542, 070) 4200-6542 **팩스** 031) 906-6542
홈페이지 www.munu.co.kr **대표메일** moonwoosa@hanmail.net
출판신고번호 제396-2013-000113호

ISBN 979-11-85994-85-7 93350

값 25,000원